Johann Schadow

Aufsätze und Briefe nebst einem Verzeichnis seiner Werke

Johann Schadow

Aufsätze und Briefe nebst einem Verzeichnis seiner Werke

ISBN/EAN: 9783743684836

Hergestellt in Europa, USA, Kanada, Australien, Japan

Cover: Foto ©ninafisch / pixelio.de

Weitere Bücher finden Sie auf **www.hansebooks.com**

GOTTFRIED SCHADOW

AUFSÄTZE UND BRIEFE

NEBST

EINEM VERZEICHNIS SEINER WERKE

ZUR HUNDERTJÄHRIGEN FEIER SEINER GEBURT

20. MAI 1764

HERAUSGEGEBEN VON

JULIUS FRIEDLAENDER

ZWEITE VERMEHRTE AUFLAGE

STUTTGART

VERLAG VON EBNER & SEUBERT (PAUL NEFF)

1890

VORWORT.

Dem ersten Herausgeber des Schadowbuches, der nicht blos der erste Numismatiker seiner Zeit war, sondern zugleich ein allseitig gebildeter Kenner und feinsinniger Beurteiler von Kunst und Dichtung im weitesten Sinn, lagen mehr Aufzeichnungen und schriftstellerische Arbeiten Gottfried Schadows vor, als er zu veröffentlichen für angemessen hielt. Um so mehr schien es den Angehörigen des Meisters geboten, auch in der neuen Ausgabe dem bewährten Urteil des nun schon seit sechs Jahren verstorbenen Julius Friedlaender in der Regel zu folgen. Wo die eigenhändigen Aufzeichnungen Schadows zugänglich waren, wurde auf sie zurückgegangen. So ist die Biographie (I) zum ersten Mal in ihrer ursprünglichen Fassung gegeben und um einige Stücke, wie den Anhang (S. 9), vermehrt worden. Zu der Reise nach Schweden und Russland (III) kamen noch drei bisher ungedruckte Briefe hinzu. Das Tagebuch von 1805 bis 1824 (X) mit dem wehmütigen Anhang (S. 96) erscheint hier zum ersten Mal. Der in einem besonderen Nachtrag veröffentlichte Aufsatz von 1801 (VI) ist an seiner Stelle eingereiht worden. Die bereits früher gedruckten Aufsätze VIII und IX haben kleine Ergänzungen aus den Handschriften erhalten. Alles übrige ist unverändert geblieben.

Unter den ungedruckten Stücken, deren Verzeichnis unten mitgeteilt ist (S. 164), verdienen manche ohne Zweifel das Interesse weiterer Kreise. Auch in diesen vertraulichen Aufzeichnungen treten die vielseitige Bildung, der humane Sinn, die gesunde Lebenslust ihres Verfassers vielfach unmittelbarer hervor, als in den für die Oeffentlichkeit bestimmten Schriften. Sie werden von den Angehörigen, Frau Lida Bendemann, der Tochter Schadows und Gattin des uns jüngst entrissenen Eduard Bendemann in Düsseldorf, und der Schwiegertochter Frau Eugenie Schadow geborenen D'Alton-Rauch in Berlin, als ein theures Vermächtnis gehütet. Von ihrer Veröffentlichung hielt die Erwägung ab, dass dem Andenken an die Kunst und die Künstler unserer nächsten Vergangenheit noch nicht allgemein die Pietät und das liebevolle Verständnis entgegen gebracht wird, die sie verdienen. Noch vor wenigen Jahren musste einer die Wahrheit völlig entstellenden Mitteilung über Schadows Verhältnis zu dem letzten seiner königlichen Gönner von seiten der Angehörigen öffentlich entgegen getreten werden.

Die Verzeichnisse der Werke sind, soweit möglich, vervollständigt worden. Doch mögen leicht noch manche Arbeiten des unermüdlich Schaffenden übersehen oder über ihren jetzigen Aufenthalt nicht alle erreichbaren Angaben beschafft worden sein. Mühe ist darauf verwendet und vielfach bereitwillige Auskunft von Behörden und Einzelnen gegeben worden, wofür hier der schuldige Dank erstattet wird.

Gern wären mehr und vollendetere Abbildungen von noch unbekannten Werken beigegeben worden (vgl. S. 158), wenn es möglich gewesen wäre. Professor Dobberts schönes Werk (S. 165) findet hoffentlich einmal eine Fortsetzung, zu welcher Stoff in Fülle vorliegt.

Die Werke Rauchs sind seit Jahren in einem freilich abgelegenen und daher wenig bekannten Museum von Abgüssen vereinigt. Es ist eine Pflicht des Staates gegen den Meister, der ihm sein Sinnen und Schaffen von Jugend an zugewendet hat, für Schadows Werke eine ähnliche Vereinigung hervorzurufen, für sie allein oder als Theil einer umfassenden Sammlung von Werken der vaterländischen Kunst. Ob wir Lebenden eine solche Sammlung noch mit Augen sehen werden? Das hier Gegebene reicht auf alle Fälle aus, eine deutliche Vorstellung von des Meisters Eigenart zu gewinnen. Es bleibt der Zukunft vorbehalten, sein Bild aus den Werken seines Meissels, seines Stiftes und seiner Feder noch eingehender darzustellen und noch lebendiger für alle Zeiten festzuhalten. So möge denn das kleine Buch, das seinen Weg nach einem Vierteljahrhundert zum zweiten Mal antritt, dem grossen vaterländischen Künstler, dem trefflichen Manne zu den alten neue Freunde gewinnen.

Dem Unterzeichneten ist nur die Aufgabe zugefallen, den Stoff zu sichten und den Druck zu überwachen.

Berlin, Januar 1890.

Emil Hübner.

INHALT.

Verzeichniss der Werke Schadows.

Verzeichnisa der Abbildungen.

I.

BIOGRAPHIE.

Die folgende biographische Skizze hat G. Schadow in den Jahren 1805 und 1806 selbst geschrieben; sie ist in Meusels Archiv für Künstler und Kunstfreunde, II. Band, 4. Heft, Seite 91-111 in einer wahrscheinlich von dem Herausgeber herrührenden Umarbeitung gedruckt und danach mit geringfügigen Aenderungen in der ersten Auflage der Aufsätze und Briefe wiederholt worden. Sie erscheint hier zum erstenmale in der ursprünglichen Fassung, gemäss dem bei den übrigen Stücken dieser Sammlung beobachteten Verfahren, und ausserdem vermehrt durch einige im Besitze der Frau Eugenie Schadow, geb. D'Alton-Rauch, und des Herrn Simson befindliche Stücke.

Schadow starb als Direktor der Akademie der Künste zu Berlin am 27. Januar 1850.

Der Bildhauer Gottfried Schadow ist geboren zu Berlin den 20. Mai 1764. Seine Eltern waren zwar von Bauernabkunft, aber sein Vater als Schneidermeister ansässig. Denn sein schwächerer Körper war Ursache, dass man ihn nach der kleinen Stadt Zossen gebracht hatte, um das Schneiderhandwerk zu lernen. Seine Mutter war früh vom Dorfe nach Berlin gezogen zu einem Oheim, der ehmals Buchdrucker war und nun von Haus und Hof und einem kleinen Kramladen lebte. So erhielt sie eine einigermassen feine Erziehung und behielt immer viel Neigung zum Bücherlesen, hatte auch, ohne je einen Teil der Mathematik erlernt zu haben, ein gutes

Einsehen in Landkarten und allen Arten von Plänen und konnte mit Kreide den Plan eines Hauses, Gartens u. dergl. richtig angeben[1]).

Unser Schadow hatte mehrere Geschwister und obwohl die Eltern fleissig waren, so gabs doch nur so viel, eine kleine Wohnung und dünne Kost zu bestreiten. Er und sein Bruder wurden in die Schule nach dem grauen Kloster gebracht, weil das wenig kostete. Ausser den gewöhnlichen Lehrstunden gab es da auch eine im Zeichnen, der er nicht beiwohnen konnte, weil sie besonders bezahlt wurde. Er betrachtete diese Schüler als vornehme junge Leute und war froh nur zuweilen zuschen zu dürfen. In der Rechenstunde dagegen, wo jeder Schüler eine Schiefertafel hatte, zeichnete er kleine Pferde mit solchem Beifall, dass die andern Schüler ihm ihre Tafeln heimlich zuschoben und ihm unterdessen sein Rechenexempel machten. In der breiten Strasse im königlichen Marstall hatte ein Italiener seine Kupferstiche ausgestellt und da vertrödelte er mit seine angenehmsten Stunden, verdarb aber seine Augen, weil die Blätter mehrenteils von der vollen Sonne beleuchtet waren.

Als Schadow 11 Jahre alt war, kam der Bildhauer Tassaert nach Berlin, den König Friedrich der Grosse sich aus Paris verschrieben hatte. Dieser hatte noch sieben bis acht pensionierte Bildhauer unter sich und das ganze Etablissement mit den Emolumenten und Gehalten war gewiss eines der splendidesten in Europa. Denn der König liebte es bis dahin in kurzer Zeit eine Menge Statuen hervorzuzaubern, verlor aber bald darauf nach und nach diese Neigung.

Unter diesen pensionierten Bildhauern war einer Namens Selvino, von flüchtiger Gemütsart, der bei Schadows Vater arbeiten liess, aber nicht bezahlte. Um dies zu decken, wurde verabredet, dass er dem Sohne Zeichenstunden geben solle. Als unser Schadow die ersten Elemente nachmachte, meinte Selvino, er müsse schon gezeichnet haben und verwunderte sich, da er erfuhr, dass dies nicht der Fall war, schüttelte den Kopf, gab bald schwerere Originale mit Schatten und Licht, grössere Blätter, mehrenteils nach Demarteau, wie es damals Gebräuch war, lachte, pfiff, sang, blies die Flöte und brachte den besten von Tassaerts Compagnons eines Tages zu sich nach Hause mit und zeigte nun seinen Schüler und dessen Arbeiten. Dieser, Namens Godecharles, auch ein munterer Fink, wunderte sich, bei Selvino einen soliden Schüler und soliden Unterricht zu finden, sagte nichts, mochte aber davon viel bei Tassaert im Hause posaunt haben, denn nach ein paar Tagen kam der Befehl: Madame Tassaert wolle den deutschen Jungen mit seinen Zeichnungen sehen[2]). Madame Tassaert war eine Pariserin, eine Malerin, von strengen Sitten, vornehmthuend, tabakschnupfend nach der Schnur, vor niemand sich vom Stuhle aufrichtend, von einem Papagei, vielen Töchtern und einem Sohne umringt, und ausser dem Handküssen alle übrigen deutschen Sitten und Gebräuche detestabel findend. Das Auftreten des deutschen Jungen mit seinem Portefeuille gab eine

---

1) Sie lebte zuletzt im Dorf Lichtenberg, dicht vor den Thoren Berlins und ward dort begraben; vor der dortigen Kirche steht auf einer Säule von Sandstein eine Urne von grauem Marmor mit der Inschrift: der Asche seiner guten Mutter weihet dies der Bildhauer Schadow. Sie starb den XXVIII. Juli MDCCXCVII.

2) Tassaert wohnte in dem ersten Hause jenseits der Königsstrasse links (jetzt Alexander-strasse 71), welches Friedrich d. Gr. ihm geschenkt hatte; es war bis vor wenig Jahren ein hübsches zweistöckiges Haus, mit den Attributen der Bildhauerkunst verziert.

— 3 —

Scene, in welcher Madame Tassaert bei jedem Blatte ihrem zeichnenden Sohne und zwei Töchtern bittere Vorwürfe machte, indem sie schon längern und ihren Unterricht genössen und doch zurück wären. Sie fand die deutsche Sprache abscheulich, hat auch gewiss nie nach einer einzigen Benennung gefragt, wollte jedoch, dass ihre Kinder sie erlernen sollten, deshalb wurde der Vorschlag gemacht, ihn ins Haus zu nehmen, nämlich den Tag über. Da sass nun Schadow über Jahr und Tag von morgens bis abends und zeichnete mehrenteils nach Boucher. Denn dieser übertraf nach seiner Lehrmeisterin Meinung alles und sie hielt bei ihren Korrekturen ihren kleinen Finger immer an die sogenannten Touches oder stärkeren Crayondrucke und sah darin den göttlichen Funken der Kunst[1].

Von ihres Mannes Talenten hatte sie einen hohen Begriff, glaubte aber doch, dass, da er ein geborener Brüsseler war, sie eine Pariserin, es bei ihm rohe Naturgabe, bei ihr aber der verfeinerte Geschmack der ersten Stadt der Welt sei, welcher das Urteil in Kunstsachen bestimme. Daher kam es, dass die Wände im Hause mit Kupferstichen nach Rubens und Boucher behängt waren.

Schadow ging zuweilen in die Bildhauerwerkstatt, wo gerade grosse Statuen in Marmor gearbeitet wurden, und erklärte sich für die Bildhauerei (denn Madame Tassaert gab Unterricht im Malen und so hatte man ihm die Wahl gelassen) und kam nun in einen andern Kreis.

Nach Gips zeichnen, Thon kneten, bossieren, Formen in Gips ausgiessen, reparieren, in Marmor ebauchieren, schleifen, dazwischen ausfegen, einheizen, Frühstück holen war nun sein Tagewerk. Tassaert, ein Mann von rauher Gemütsart, gross, stark und von furchtbarem Ansehen, griff selbst zwar mit an, wenns grosse Steine zu heben galt, oder grosse Gipsformen zu handhaben und loszuschlagen waren, welches letztere eine schmutzige Arbeit ist. Obwohl unser Schüler alle Handgriffe, die in einer grossen Werkstatt vorkommen, ersah und erlernte, so blieb ihm doch wenig Zeit zum eigentlichen Studium. Die Italiener und Franzosen, die sogenannten pensionierten Kompagnons, waren Handarbeiter, welche ein gegebenes Modell bis auf einen gewissen Punkt in Marmor ausführten, übrigens unwissende und von lockerer Lebensart. Der Geschmack des Prinzipals war ein Gemisch von Französischem und Niederländischem, und über die Antiken äusserte er, dass es deren acht oder neun gäbe, die gut und musterhaft wären, dass aber doch, bei der Richtigkeit der Verhältnisse und anderen Vollkommenheiten, allen die Anmut (la grâce) fehle. Den Brustbildern, welche er nach dem Leben machte, gab er ein Lächeln und dem berühmten Abbé Raynal, der eine Zeitlang bei ihm wohnte, ein Lachen mit offenem Munde, weshalb diese Büste, ohngeachtet sie gut gemacht ist, einen widrigen Anblick gewährt.

Seinem Schüler sagte Tassaert nie ein ermutigendes Wort, und daher entstand Mutlosigkeit und der Wunsch frei zu werden, obwohl demselben durch eine Vakanz schon im neunzehnten Jahre eine Pension von 300 Thlr. jährlich zufiel. Auch liess man ihm merken, er könne durch Verwandtschaft sich enge und auf immer mit dem Hause seines Meisters verbinden. Statt dessen verliebte sich Schadow in eine Fremde, die sich in Wien in einem Kloster hatte taufen lassen und deren

[1] Felicité Tassaert, geb. Moreau, starb am 11. Oktober 1791. Im Jahre 1788, nach Tassaerts Tode, werden (in den Papieren des Staatsarchivs) die Kinder bezeichnet: die Malerin T., die Kupferstecherin T., der Kupferstecher T.

eigener Vater sie daraus befreite und nach Berlin brachte. Mit dieser flüchtete er nun nach Wien, nahm sie, noch nicht einundzwanzig Jahre alt, zur Frau, ging mit Bewilligung und auf Kosten seines Schwiegervaters nach Italien und gab Meister, Pension, Eltern und alle Berlinschen Aussichten auf.

Als er nach Florenz kam und die kolossalen Arbeiten des Michelangelo und Giovan di Bologna auf offenem Platze sah, lief ihm eiskalt über den Rücken. Dies war die erste und heftigste Erschütterung, welche aus Bewunderung für die Schönheiten der Kunst in ihm erregt wurde. Beim Anblick der vielen Antiken sah er die Entfernung, in der er davon abstand und zugleich die Annehmlichkeiten, die der Weg, dahin zu gelangen, darbot. In Rom 1785 angekommen, hielt Schadow sich die ersten Monate in der Werkstatt des Bildhauers Trippel auf, eines Schweizers, der ein guter Marmorarbeiter war. Die Deutschen räumten ihm den Präzeptorrang ein und unter seiner Leitung stand das Studium nach dem lebenden Modell. Die Gipsabgüsse waren in der französischen Akademie im Corso besser beleuchtet, als die Marmors in den Museen, und der Direktor Lagrenée gab uns andern, wenn man darum anhielt, die Erlaubniss, da zu zeichnen und zu modellieren; welches Schadow mehrere Monate hindurch benutzte. Die vollständigen Abgüsse der Colonna Trajana waren noch vorhanden, welche König Ludwig XIV. hatte machen lassen. Im Museum des Capitols modellierte er eine Kopie nach der Gruppe Amor und Psyche. Ein Zeichenbuch hatte er stets bei sich und wurde so geübt, dass er sitzend oder stehend allerorten darin zeichnen konnte, und hat er so eine Folge von Reliefs und Statuen traciert.

Ein halbes Jahr hat er fortwährend im Vatikan zugebracht. Darin war die reichste Sammlung von Skulpturen, mehr als ein Mensch aufzufassen vermag. Zudem eine Menge von Tierabbildungen, und als im Jahre 1786 die Nachricht vom Tode Friedrich des Grossen einging und man an ein Denkmal dachte, entwarf er in Zeichnung und in Wachs eine Idee dazu und fing an die Gestalt des Pferdes zu beobachten, wozu in Rom wenig Gelegenheit vorhanden war. Man zählt zwar dahin als Muster die Statue des Marc Aurel, allein diese genügt nur denen, die von der Struktur des Pferdes keine genaue Kenntnis haben.

Mit Trippel konnte unser Künstler nicht einverstanden bleiben. Er hatte sich aus Michel Angelo und einigen Antiken einen Konvenienz-Menschen erschaffen, den er aus dem Aermel schüttelte, und obwohl Schadow das Gemein-Natürliche der damaligen französischen Schule nicht mehr bewunderte, so wollte ihm doch diese gemachte und eingelernte Art noch weniger gefallen. Bei den Büsten, welche Trippel nach der Natur machte, überzeugte er sich von der Richtigkeit seiner Ansicht, indem diesen jede Spur von Natürlichkeit mangelte.

In Marmor hat er dort nichts gearbeitet; nachdem er bei Tassaert genug dazu war angehalten worden, suchte er in Rom gleich der Biene aus vielen Blumen Honig zu saugen. Der Concorso di Balestra nahm auch mehrere Monate Zeit. Ein zweites grösseres Modell eines Achill könnte er nicht beenden, Familienverhältnisse unterbrachen seine Studien.

Der Wetteifer unter uns dortigen jungen Künstlern war nicht geringe. Die Eleven, aus verschiedenen Ländern zusammenkommend, bringen verschiedenartige Schulmanieren mit. Wer für die seinige nicht blind eingenommen, sucht in jener ihren das Gute auf. Unter uns Deutschen waren, durch Trippel bestärkt, die mehrsten blind für dieses Gute, auch haben sie Schadow für einen gehalten, der nie die reinen Prinzipien erlangen würde.

Die Gemäldesammlungen in den Palästen wurden in Gesellschaft von fünf oder sechs Malern an Sonntagen besehen. Auf diese Art kostete es wenig.

Zu dem schon genannten Concorso di Balestra machte er die geforderte Gruppe in gebranntem Thon und bekam die goldene Preismedaille, obwohl er für sich niemand hatte, wie die jungen Leute der anderen Nationen, für welche sich viele Grosse, besonders aber die Gesandten, sehr lebhaft zu verwenden pflegten. Diese Preisverteilungen beruhen auf der Stiftung eines Marchese di Balestra bei der Akademie der Künste in Rom. Die Akademie gibt nämlich zu gewissen Zeiten einen Gegenstand zur Preisbewerbung für die dort sich aufhaltenden jungen Künstler, und derjenige, der nach dem Urteile der Mitglieder der Akademie die Aufgabe am besten löst, erhält alsdann eine goldene Medaille von zwölf Dukaten an Wert [1]).

Die Zuerkennung des Preises geschieht mit vieler Feierlichkeit. Wenn die konkurrierenden Künstler ihre Arbeiten zur Prüfung abgeliefert haben, versammeln sie sich in der Akademie. Hier schreibt ein jedes Mitglied derselben ein zu bearbeitendes Sujet auf einen Zettel. Diese werden dann in eine Urne geworfen und einer herausgezogen. Das darauf angegebene Sujet muss nun von jedem Preisbewerber, Bildhauer oder Maler, auf der Stelle skizziert werden, wozu dem Künstler eine Zeit von ungefähr drei Stunden zugestanden wird. Wenn dies geschehen ist, werden diese Skizzen mit den zu dem Preise übergebenen Arbeiten verglichen, um daraus beurteilen zu können, ob die Preisbewerber imstande gewesen sind, das abgelieferte Werk ohne fremde Hilfe auszuarbeiten. Nun entscheidet die Mehrheit der Stimmen der akademischen Mitglieder und alsdann erhält derjenige Künstler, der den Preis davongetragen hat, auf dem Kapitol die goldene Medaille von einem Kardinal, dem sie zu diesem Behuf von einem dazu bestellten Diener auf einem silbernen Teller überreicht wird. Das ganze Schauspiel, wozu sich fast alle Einwohner Roms, Vornehme und Geringe, versammelt haben, ist mit vielem Pomp begleitet. Vor der Verteilung bieten die Grossen Roms und die dortigen fremden Gesandten alles auf, um ihren Günstlingen als jungen Künstlern ihrer Nation diese ehrenvolle Auszeichnung zu verschaffen, und es war daher desto schmeichelhafter für Schadow, dass ihm die Akademie den Preis zuerkannte, da er ihn ohne alle vornehme Beschützer einzig und allein seinem Talente zu verdanken hatte.

Im Jahre 1788 starb sein Meister und Lehrer Tassaert und der gütige Minister Heinitz, Kurator der Akademie, hatte das Zutrauen zu Schadow, ihm nach seiner Rückkehr, ohngeachtet seiner Jugend, dessen Stelle zu übertragen, obwohl mit viel geringeren Emolumenten und Vorrechten, welches auch billig war [2]). Was aber noch mehr Zutrauen erforderte, war die Uebertragung der Anfertigung eines grossen und prachtvollen Denkmals für den verstorbenen Grafen von der Marck, einem natürlichen Sohn des Königs. Tassaert hatte schon ein Modell dazu angefangen, Schadow hat es nie gesehen. Man sagte ihm, es wäre ein Felsen ge-

---

[1]) Auf dem Avers der Medaille sieht man das Bildniss des Stifters mit der Unterschrift: Carolus Pius Balestra Civ. Rom. Bonis artibus; auf dem Revers eine sitzende Minerva, auf ihren Schild sich stützend, auf welchem die Worte stehen: Aequa Potestas, ein Genius legt einen Lorbeerkranz auf den Schild. Die Umschrift ist: Pictor Sculptor. et Archit. Urbis.

[2]) Nach den Akten des K. Staatsarchiv waren im Jahr 1788 Tassaerts Gehilfen die folgenden: Fourneau, Geussaut, Selvino, Chr. Räntz, Fr. Unger, Bernard Aumont (Monteur).

wesen, auf welchem zerstreut die Parzen gesessen hatten, in dem Felsen hätte man
den Eingang einer Höhle gesehen, vor welcher ein alter Mann, die Zeit vorstellend,
den jungen Grafen, der sich sträubte, mit hineinziehen wollte. Schadow wählte
eine zartere Idee. Er legte seinen Knaben, in kolossaler Grösse, schlummernd auf
einen Sarkophag. Ueber diesem ist eine grosse Nische, in welcher die drei Parzen
sitzen. Die Atropos ist alt dargestellt, nach Art unserer neueren Dichter (welches
aber falsch ist) und sie zerreisst den Faden. Die Lachesis liest im Buche des Ver-
hängnisses und die Clotho will die Atropos zurückhalten. Am Sarkophag ist ein
Relief: Minerva sitzt dort, der Knabe wird ihr von der Zeit entrissen. Dies letztere
wurde ihm befohlen anzubringen.

Mit unglaublicher Anstrengung hat er dieses sein erstes Werk in Zeit von
drei Jahren vollendet. Es ist ihm nachher kein so grosser und zugleich so poetischer
Auftrag wieder zu teil geworden, vielmehr hat er sich mit vielen undankbaren
prosaischen Teufeleien befassen müssen, wohin er nämlich alles zählt, worin unsere
Röcke, Tressen, dreieckten Hüte, Zöpfe u. dergl. die wesentlichen Bestandteile für
den Anblick ausmachen.

Nach Vollendung jener grossen Arbeit wurde die Einleitung zum Denkmal
des grossen Königs Friedrich vom Minister Heinitz eifrig betrieben. Er schickte
insbesondere zur Erlernung des Gusses in Erz den Schadow nach Stockholm, wo,
wie er glaubte, gerade die statue equestre Gustav-Adolfs gegossen wurde. Dieser
fand solche aber schon gegossen, lernte an Sergell daselbst einen der grössten
Künstler Europas kennen, ging nach Petersburg und sah daselbst von Gateclou in
einer Grube zu gleicher Zeit vier lebensgrosse Statuen giessen. Wer in Zarskoe-
selo war, wird wissen, dass dort die grösste Anzahl der Antiken vom ersten Range
in Erz gegossen stehen und dass man dort leichter eine Statue in Erz als in Marmor
liefert. Er reiste durch Finnland und Schweden zurück, um in Kopenhagen Salys
Reiter [1]) zu sehen und hatte so viele Bemerkungen übers Giessen in Erz gesammelt,
dass er sich einbildete, es könne ihm nicht fehlen, wenn mans ihm übertrüge.

Indessen hat es seitdem sich gezeigt, dass, so gross auch die Begeisterung
für Friedrichs Andenken beim ganzen Volke war, die Herrscher und ihr Nimbus lau
waren, und so blieb das Projekt gelähmt.

Nach dieser langen Reise machte unser Künstler die kolossale Statue des
General Zieten im Husarenkostüm mit drei Basreliefs am Piedestal, militärische
Scenen aus dessen Feldzügen vorstellend. Unter unseren bizarren Bekleidungsarten
gefällt diese noch am meisten und hat diese Arbeit Beifall. Dagegen findet eine
andere Statue vom grossen König, welche die Pommern in Stettin errichten liessen,
weniger Beifall. Sie hat den dreieckten Hut auf dem Kopf und einen Hermelinmantel um und ist überdem in den Falten und Details missglückt.

Darauf machte er zu einer Kunstausstellung ein Gipsmodell in Lebensgrösse.
Es war die Kronprinzessin und ihre Schwester, die Prinzessin von Solms-Braunfels,
sich herzlich aneinanderlehnend und umschlingend, und auch diese Gruppe hat
er in Marmor ausgeführt. Der König Friedrich Wilhelm II. starb, ehe diese Arbeit
fertig war. Nachher hat sie ein paar Jahre in einer Kiste gelegen und es be-
kümmerte sich niemand darum, bis die russische Grossfürstin Helene nach Berlin
kam, in deren Zimmer sie aufgestellt war, aber dem Fenster gegenüber in schlechter

[1]) Die Statue Christian V., Königs von Dänemark.

Beleuchtung. Diese Gruppe hatte durch den Schmutz der Mäuse, die in der Kiste genistet hatten, viel gelitten und der Marmor hat hässliche Flecke behalten.

Unter des jetzigen Königs [1]) Regierung hat er nur ein Denkmal ausgeführt, nämlich das des Fürsten von Dessau, der alte Dessauer genannt, in seinem bizarren Kostüm mit dem kleinen dreieckten Hute, Zopf, Knebelbart u. s. w. Diese Statue steht im Lustgarten, dem Schlosse gegenüber, war aber bestimmt, auf dem Wilhelmsplatze zu stehen, wo die übrigen Generale aufgestellt sind.

Von Sandsteinarbeiten muss man sein Basrelief am neuen Münzgebäude anführen. Denn hier war die Aufgabe poetisch, auch ist der Ausführung ein genialer Zug nicht abzusprechen. Es sind mehrere drapierte Figuren darunter, die auf der Stelle nach dem lebenden Modell mit der Bekleidung entworfen wurden. Diese Art zu arbeiten kommt nur dem Künstler zu, der durch viele Uebung einen hohen Grad von Promptitude in Blick und Hand erlangt hat.

Auf dem Glacis von Breslau steht das Denkmal Tauenziens von ihm. Auf dem Sarkophag oben liegt die trauernde Bellona und unten im langen Piedestal sind zwei Reliefs, einen Ausfall der Preussen aus Breslau und das Ausrücken der Oesterreicher aus Schweidnitz darstellend.

In Lehnhaus, dem Gute der Baronin von Grünfeld in Schlesien, steht eine andere Arbeit, ein hoher Denkstein: auf der einen Seite im Hautrelief die Religion, auf der andern der Todesengel, ein zerbrochenes Wappen haltend. Ohne Zeichnung ist es nicht möglich, von der Gestalt des Ganzen einen Begriff zu geben.

In Boitzenburg steht in einer eigens dazu erbauten Kapelle eine Gruppe. Es ist der Aschenkrug des Staatsministers Grafen Arnim, dessen Gemahlin trauernd dabei abgebildet ist.

In Schöneiche ist ebenfalls eine Urne, bei welcher die himmlische Hoffnung steht, ein Denkmal des berühmten Banquiers von Schütz.

Noch sieht man beim Künstler eine Figur von vorzüglichem Studium und Fleiss, ein Werk eigener Laune. Es ist ein nackendes Mädchen aus Träumen erwachend, den Körper dehnend, hingestreckt auf einer Matratze, Arm und Kopf auf ein weiches Kissen lehnend. Seine Absicht war nicht, eine Venus oder Göttin zu bilden, sondern das Bild einer wollustatmenden, wohlgebildeten Sterblichen zu geben.

Die Zahl der kleinen Monumente, Grabsteine und Urnen, teils in Marmor, teils in Sandstein, ist zu zahlreich, um sie namentlich aufzuführen. Dasselbe ist der Fall mit den Brustbildern, teils nach der Natur, teils nach Bildern. Unter den letzteren sind einige von den Männern, die Deutschlands Zierden sind, und er hat den Auftrag, deren noch mehr zu machen. Unter diesen ist nennenswert, dass er z. B. die Büste Wielands zweimal in Marmor zu arbeiten hatte, für Engländer und einmal für einen deutschen Prinzen [2]) Ende des Jahres 1805. Ohngefähr ein Jahr vor dem Ausbruch dieses Krieges fing er an sich mit dem Denkmal Luthers zu beschäftigen. Das Lesen von dessen Schriften, sein Lebenslauf, alles ausführlich, wie es Walch gibt, erfüllte ihn mit staunender Bewunderung, und wenn nicht mehrere die Grösse dieser Heldenseele einsehen, so liegt es in der Unbekanntschaft, wovon wohl auch nur wenige seiner heutigen Schüler auszunehmen sind.

Er entwarf ein Modell, wenig abweichend von der Metalltafel zu Jena, nur

[1]) König Friedrich Wilhelm III.
[2]) König Ludwig I. von Bayern.

mit der offenen Bibel in der Hand. Danach ging er nach Weimar, Jena, Erfurt, Eisenach, Kassel, Leipzig, Wittenberg und Dresden, sah, sammelte und durchzeichnete alle dort noch vorhandenen Abbildungen Luthers, und als er sich ein Bild von ihm eingeprägt hatte, machte er dessen kolossales Brustbild. Auch entwarf er eine Zeichnung zu einem Relief, das Anschlagen der Thesen wider den Ablass darstellend. Mancherlei Volks, was zum Feste kommt, schaut die Handlung mit an, in den Lüften sind Engel, die das Evangelium entschleiern, die Roma santa, der Genius des Mönchtums und der Böse. Genug, er mag sich wohl zehn Monate lang mit diesem Gegenstand beschäftigt haben. Diese Unternehmung ist bei der allgemeinen Lähmung mit gelähmt. Es steht aber zu hoffen, dass mit dem allgemeinen Leben und Weben sie auch wieder wird rege werden [1].

Ueber National-Physiognomie, über Wachstum des menschlichen Körpers und über den Unterschied in den Gesichtszügen von Mann und Weib hat er Materialien gesammelt, als Belege zu Beobachtungen, welche zu allgemeinen Resultaten führen und die er einst mitteilen wird [2].

Sein Haus, seine Wohnung und Werkstatt, welche er der Gnade seines Königs verdankt, sind eigens für sein Kunstfach eingerichtet. Sein eigener Hang zum Splendiden hat ihn freilich in der Auszierung etwas weit übers Notwendige hinausgeführt. Dies ist aber im allgemeinen die Weise seiner Landsleute, der Berliner [3].

---

[1] Die Bildsäule Luthers von Schadow ist bekanntlich in Wittenberg aufgestellt.

[1] Auch dies ist geschehen. Er hat zwei bedeutende Werke über die Verhältnisse des menschlichen Körpers und über National-Physiognomien herausgegeben.

[1] Hier endet das im Jahr 1806 abgeschlossene Manuscript.

ANHANG.

In das Jahr 1783 führen die Notizen betreffend die Frau Henriette Herz zurück[1]. Hofrat Marcus Herz, hochgeachtet als Arzt, angenehm und geistreich, Freund von G. R. Selle, gab seine Abhandlung vom Schwindel heraus und verbreitete damit seinen Ruf auch auswärts.

Henriette de Lemos hatte schon im fünfzehnten Jahr die junonische Gestalt erreicht, und die Männer hielten den Schritt an, wenn sie vorbeiging. Unbefangen und munter wie ein Student gab sie ihre Hand dem Doktor Marcus Herz, den jedermann gern sah und hörte; wie sie denn wohl in vertraulicher Neigung für die Männer jederzeit neutral war und geblieben ist.

Man versetze sich in jene Zeit, wo Berlin in Einverständnis leben sah: Biester, Nicolai, Engel, Lessing, Ramler, Mendelssohn, Spalding, Feller, Dietrich, Zöllner etc. Beim Hofbildhauer Tassaert sah man die Mitglieder de l'académie des sciences: Mersan, Bernoulli, Erman, Tralles etc., und Nord, den Cuisinier du Roi.

Marcus Herz ward begeistert von den Entdeckungen der Luftarten, schaffte herbei den nötigen Apparat, und hielt Vorträge in der Physik u. s. w. (der alte Hermstädt); dasselbe that der Pasteur Boquet in französischer Sprache und vor Damen.

Marcus Herz empfing an zwei Abenden in der Woche Gesellschaft in seinem Zimmer, wo von den oben genannten Männern, auch jüngere sich einfanden. Neben dem seinen war das Zimmer seiner Frau; da sammelten sich die schönen Geister. Brinkmann, G. Meier, Wortmann, von Meierink, von Kleist, die beiden Grafen Dohna, der eine nachmals Gesandter, der andere Staatsminister, GR. Kunth, Erzieher der beiden famosen Herrn von Humboldt. Nachmals kam hinzu der berühmte Schleiermacher. Mancher ist dem Gedächtnis entfallen. Man las Eigengedichtetes und Neuerschienenes, recensierte dieses und was auf der Bühne gegeben wurde.

Sie verwendete nun ihre Zeit, um mit solcher Umgebung in Verständnis zu bleiben, was ihr nicht leicht wurde.

Des George Benda Ariadne auf Naxos, sowie dessen Romeo und Julia entzückten alles, und jede andere Musik musste nachstehen. Gerade diese Kunst hatte bei diesem Ehepaar geringe Beachtung, dagegen hatte Schroeder von Hamburg, Lessing und Shakespeare den Berlinern dermaassen aufgestellt, dass der Hamlet ihr Lieblingscostüm wurde; wie auch die Galerie manchen enthielt, der Stellen daraus frei declamieren konnte.

[1] »Erinnerungen« überschriebene Aufzeichnung aus späterer Zeit (das Jahr liess sich nicht ermitteln), welche hier eingefügt wird. Sie befindet sich im Besitz der Frau Eugenie Schadow.

Das königliche Schauspielhaus war für die französische Truppe erbaut, und vor kurzem hatten die Opern von Gretri, die belle Arsene und Zemir und Azor, sogar solche hingelenkt, die kein Französisch verstanden. Hier stand alles in Königs Gehalt. Das deutsche théâtre personale erwartete es jeden Freitag bei ihrem Direktor Döbbelin, welcher vom Eintrittsgeld sich zum Gonfaloniere erhoben hatte.

Meister Tassaert hatte den Auftrag, die Büste Mendelssohns in Marmor zu arbeiten. Sein Schüler G. Schadow hatte hierzu den Thon aufgebaut, den grossen Tisch und den Tritt gestellt. Der kleine Mann wurde herauf gesetzt. All dies hätte ganz Gutes zur Folge gehabt, wenn die Büste, ohne den Ausdruck des Lächelns, grade weg modelliert wäre. Mendelssohn, hiess es, man sähe ihn selten unmutig, im Zorn nie, stillfreundlich jeder Zeit, aber nicht mehr; und der Meister war rauher Art und der Schüler schwieg. Im Hause waren zwei Töchter, unter Aufsicht ihrer Mutter hatten diese sich im Malen geübt.

Anton Graf in Dresden, damals der beste Portraitmaler in unserem nördlichen Deutschland, hatte in Berlin einige Portraits nach dem Leben zu malen, und nahm Quartier im Tassaert-Hause. Zu seinem Studium bat er nun die 17 Jahr alte Frau Doctor Herz ihm zu sitzen. Er bot alles auf, um den Zauber der Natur zu erreichen; dies glückte, bis auf die Augen. Diese dunkeln Sterne waren durch die leichten Schatten der langen Augenwimper gemildert; indessen möchte diess Gemälde nach längst verflossener Zeit noch den klarsten Begriff geben von der Schönheit jener jugendlichen Gesichtszüge, die im hohen Alter keine Spur hinterliessen[1]).

Dem Schüler von Tassaert sass sie auch zu ihrer Büste. Dieser führte es aus, um das Original in gebranntem Thon zu haben; dies missglückte, mehrere Jahre nachher modellierte er dieselbe wieder nach dem Leben; davon sind Abgüsse vorhanden.

Marcus Herz, umgeben von den reiferen Gelehrten, war der einzig Tabakrauchende. Dieses Kraut, sagte er, gewährt allen fünf Sinnen die ruhigste Unterhaltung: die sonst unnütze linke Hand hat das Gefühl, der blaue Dampf ist dem Auge angenehm, dem Ohre das paffen, und dem Geschmack die magische Bitterkeit.

Weiter: Noch läuft ein Process: an der böhmischen Grenze besitzt Joseperl ein Haus, dessen Hinterwand den sächsichen Grenzstrich berührt. Mit einem langen Pfeifenrohr legt er den mit sächsischem Kanaster gefüllten Kopf [zum Fenster hinaus]. Die kaiserliche Maut verlangt die Steuer; diese wird verweigert, weil der Tabak auf sächsischem Boden brennt, wo die Steuer gering ist.

Drei Jahre nach obigem starb der grosse König; die académie des sciences verwandelte sich in die Akademie der Wissenschaften und Engel wurde Theaterdirektor, Ramler unterschrieb. Die Akademie der Künste lebte wieder auf. Die vornehmen Leute fingen an deutsch zu lernen.

[1]) Das Bild befindet sich im Besitz der Frau Eugenie Schadow.

II.

Drei Briefe seiner Mutter,

die italienische Reise betreffend, 1786—1787.

1. Brief vom Jahre 1785.

Lieber Sohn!

Wenn Du Solchen Vater gefunden, Wird es Dir nicht schwer werden Berlin zu vergessen, Ehre und liebe dise Würdige Eltern so viel in Deinem Vermögen ist. Wir haben uns so hertzlich gefreuet über Deine gute Aufnahme, es ist mehr als Ich erwartet habe; sey gäntzlich versichert, wir lieben Deine gute Mariane, o Gott lasse euch lange glücklich und vergnügt zusammen leben! Glaube mir wenn ich mich über Deinen Verlust trösten soll, so mach ich es wie die Dichter, ich Vergesse die Hinreise und denke nur an die Wiederkunfft, und denke mir da einen kleinen Römer vielleicht auch eine Römerin, o wie glücklich bin ich, an jeder Hand einen. Ihr kommt dann zu uns und wir bei euch, o Wie vergnügt Wollen Wir denn sein. Ich vergesse gantz dass ich Dir mehr zu sagen habe, Du hast doch den Kupfer gemacht zu den Euseup[1]), dass Buch hat viel lerm gemacht, und Lawa War dreist genug es öffentlich zu Verkauffen, der Minister H. voderte seinen Abschied oder Revange, der König der seinen Minister gewis höher schätzt als solchen leichtsinnigen Franzosen, hat Lawa in bittern Ausdrücken dergleichen untersagt, und da man sich sehr genau erkundigt Wer die Kupfer gemacht, und erfahren dass ein Scholar von Tassa, vermuthlich unter seiner Direckzion sie gemacht, so soll der König sehr ungnädig auf Tassa sein, und Berger hat zu Genelli gesagt Du wäres doch ein närrischer Mensch dass Du um die Geschichte wärst Weggelauffen. Frisch war gleich nach den Feiertagen bei Tassa und hat alles so consternirt gefunden das er gesagt er könte nicht Klug Werden Was da Wäre Vorgegangen, nun kam dass darzu dass Du wegblibst, den Donnerstag Früh schickte er seinen Sohn und liss fragen. Hertzvater sagt, Du

---

¹) Eusèbe, von de la Veaux, ein französischer Roman, welcher Satiren gegen den Minister Hertzberg enthält, erschien 1785, und ward confisciert.

Wärst fort; weil er das gehört. So kommt er in die Werkstelle und sagt. Schado ist Verlohren, ich hab es so gut mit ihm gemeint; hät ers mir gesagt (dass er fortreisen wollte) ich hät ihm gebeten nur noch ein Monat hir zu bleiben, und dan hät ich ihm Recommandazion an den Französischen in Rom und 3 monat Tracktament mitgegeben, und hätte ihm auch Wass geschenkt; um ein Weilchen Ruflt er sie alle in die Stube zu seiner Tochter und sagt sie möchten doch sehn Was seine Tochter vor schöne arbeit machte und hat sie alles gezeigt. seit der Zeit ist er sehr gut, er arbeit selbst und Wen er Sellwino oder sonst einen Was sagt, so heisst es, seied so gut und macht mir das. nu weiter, Genellis Waren recht Wild dass Du ohne abschid Weggereiset hast aber Dein Briff den ich sie lesen lis und Ihnen den klaren Wein Einschenkte hat sie gantz Wieder beruhigt, und sie nehmen sich Deine Sache mit den grösten Eifer an; da ich vor den Mitwoch das Certifikat nicht krigen kan, so Weis ich nicht Wen ich diesen Briff schlissen kan. der Junge Tassa ist untröstlich dass Du ohne abschid weggereiset bist und wen er dass gewust dass Du nicht wieder kämst, so wäre er zu Fuss nach Möllen[1]) gekommen um von Dir abschid zu nehmen. ohne abschid und ohne andencken, dass ist zu hart (sagt er); er sieht orntlich Schlim aus, er hat zu Rudolpff[2]) gesagt, er hätte gehört Du wärst mit Marrian weggereist und hättes sie geheirahtet, es Währe ihm lib wenn es War wäre, er gönte sie lieber Dir als einen andern. Wir haben ihm Deinen Brif aus Wien verschwigen, ich habe ihm gesagt Du würdest an ihm schreiben. Vor Einigen Tagen war Herr Genelli und der alte Tassa bei Frisch zusammen in geselschafft, Tassa sagte kein Wort zu genelli dass Schado fort wäre, aber zu jemand in der geselschafft hat er gesagt, Du hättest kein Talent zum Bildhauer, zum Kupferstecher schicktes Du Dir besser, Dein Gesicht wäre zu kurtz, und deshalb hätte er Dich zuletz immer zeichnen lassen, er wäre auch in Willens gewesen Dir Platten stechen zu lassen, und Du hättes sie denn vor Dir behalten sollen, daher denn das gerede kommt Du wärst von der Bildhauerei abgegangen; andere sagen Du hättes Penzion von Kronprinzen. Wen Du Dir nicht selbst wirst Ruhm erwerben, von Tassa hast Du nicht viel zu erwarten auf der Casse hat er gemelt Du wärst mit Seiner Bewilligung nach Rohm gereist um Dein Studio vortzusetzen. er modelirt jetz lessing und Gellert beide sollen in Marmor gemacht werden.

eben meine liebe Kinder bekomme ich den zweiten Brief. sagt mir doch warum eilt ihr so aus Wien? seid ihr bange die guten Tage

---

[1]) Mellen, ein Dorf bei Zossen, in der Nähe von Saalow, wo Schadow's Vater geboren war.

[2]) Schadow's Bruder.

möchten euch nicht bekommen? nun liebste Tochter, wie steht es denn um die Gesundheit, ihr neues Amt die beständigen reisen werden ihnen vermutlich keine Zeit übrig lassen zum Krancken. Freilich die Veränderung der Lufft die warme Gegenden die hitzigen Weine die Veränderung der speise und die fattale reise zur See, dass alles wird auf euren Körper grossen Eindruck machen drum nehmt euch in acht führet nicht alles geld in eure Taschen näht es euch in eure untersten Kleider seid vorsichtig in allen euren Handlungen, reist nicht zu prächtig, ihr müsst sonst in allen Wirtshäusern vor büssen, stelt euch lieber arm wie reich, unterwegs kennt euch nichmahnd und die spitzbuben werden sich weniger um euch bemühn, macht keine grosse Bekantschafft mit den Italienern, und wann es geschiht, so hüt euch vors verzürnen, es soll eine Falsche Nazieon sein: meine guten Wünsche zu Gott um euer Wohl und meine gedanken sollen Euch begleiten.

2. Brief der Mutter vom Jahre 1786.

Liebe Kinder,

Wie viel Freude mir Euer Briff gemacht, wie sprachlos stum wir uns anstaunten und mit einem wiederholten: ach Gott ist dass möglich, Gottfried eine Goldene Medallge — dass hättet ihr sehn müssen, beschreiben kan ich es nicht. Kurtz, wir feierten diesen Tag recht festlich und unsere Freunde gingen (erst) nach Mitternacht zu Hause. Die Freude lis mir nicht schlaffen, der Gedancke diese Nachricht zu Deinem baldigen Vortheil an gehörigen Ort anzubringen war mein Hauptzweck. Vor dass allgemeine lis ich Selwino und Boy sorgen, ich ging den andern Tag zu H. Meil, ich wis ihm Deinen Briff, versicherte Ihm das er der erste wäre dem ich diese Nachricht brächte, sein Stoltz fand sich so geschmeichelt, und er war bei Lesung Deines Briefes gantz auser sich seine Freundschafft gegen Tassa war mir bekant! er behilt Deinen Briff, versichert mir, er wollte ihn Selbst den Minister (Finkenstein) überreichen, welches denn auch geschahe, wobey er den Minister sagte: wen er die Mutter selb sprechen wolte, so würde sie ihm alles deutlich sagen können. Der Minister lis mich ruffen, man Empfing mich mit aller der Achtung als wen ich von Stande wäre, ich war nicht wenig Stoltz drauff Deine Mutter zu sein. Der Graff Solms, der Dockter, der Bergraht Gerhartt waren bey ihm, ich sagte dem Bediente ich wolte warten bis die Weg wären, nein sagt er, Ihr Excellenz haben befohlen Ihnen sogleich zu melden, und die andern mussten warten. Der Minister sprach ¾ Stunde mit mir, er wunderte sich nicht wenig dass Du ihm so unbekant bis jetzt wärst gewesen, er frug wie alt Du wärst, ich sagte ihm 23 jahr, ich habe ihm nichts verschwigen, alle die unter-

drückung von Tassa, von Deiner Pansion, von Deiner heiraht, dass Du
an Buchholtz und auch am König geschrieben, und dass ich sicher
glaubte Tassa zöge bis jetz noch Deine Panzion, welches er auch
glaubt; sagte auch wie es Tassa noch jetz machte. Er sagte mir: ich
reise jetz weg, und wen ich wiederkomme werde ich dass untersuchen,
ich habe auch schon so Ettwass gehört. Doch kan ich nichts zu sehn
bekommen von Ihren Sohn? Ihro Exzelentz, ich habe noch Einige
Schkizen, wen sie befelen — gut meine liebe Frau, schicke sie sie her aber
morgen noch. Wird denn ihr Sohn wieder kommen? Ihr E., er hat
mir in Einigen Briffen Schon versichert dass er wünschte in sein Vaterland zurück zu gehn, dass er aber zweifelte ohne Ettwas gewisses zu
haben, hir sein Glück zu machen. Und seine Pansion wird er nie annehmen mit dem beding unter Tassa zu stehn. — Dass braucht er nicht,
Tassa ist gar nicht der man der Panzions geben und nehmen kan, es
ist Königs Wille das Junge leute reisen sollen und ich werde in Zu-
kunfft sehr drauf sehn; und wo denkt den ihr Sohn sonst hinzugehn
wen er nicht hier will kommen? Ihr E. ich weis nicht anders als nach
Wien, weil er dort einen reichen Schwiger Vater hat welcher ihm versprochen, in welchen lande er sich niederlisse, ihm zu unterstützen,
und nach seinem Tode ist die Tochter die Einzige Erbin. - - nu, meine
liebe Frau, wen sie Ihren Sohn schreibt grüsse sie ihm von mir, und
sage sie ihm, ich hätte mich recht gefreut, und er möchte mir doch
eine Zeichnung schicken, ich würde gewis vor ihm sorgen. — und so
Endigte sich meine ambassade. Ich habe geglaubt, Reichtum ist Eine
bessere Empfelung wie armut. Ich habe ihm Deine besoffne Satire
und Einige Zeichnungen geschickt. Sage ja nichts an die Genellis,
sonst erfert Tassa alless wieder, er ärgert sich so genung dass wirs
nicht haben melden lassen (die Medaille).

Dein Brieff geht bis jetz noch immer rum, jetz hat ihn Her Berger,
welcher mir so offt hat drum bitten lassen. Wie viel Complimente ich
Dir zu machen, das weis ich wircklich selbst nicht mehr, der Docktor
Muzel?, Ruffen, Redicker, Strantz und so weiter, nun meine liebe
Tochter ich erwarte mit der grösten Sehnsucht die Nachricht einer
glücklichen Entbindung, und freue mich Euch bald mit meinem kleinen
Enckel zu umarmen, ich bin

Eure Mutter Schadow.

3. Die Mutter an den zweiten Sohn Rudolf, welcher sich in
Frankfurt an der Oder befand, vom 8. November 1787.

Lieber Rudolpff, jetz da alles schläfft schreib ich um Dir zu melden,
dass Dein Bruder, seine Frau und Sohn Nebst einer Kinder Frau gesund
und wohl den Montag um 4 Uhr als den 5. dieses hir angekommen.

Du kanst Dir den Schreck und die Freude dencken, da ich noch immer auf einen brift wartete, worin er mir seine Ankunfft meldete der aber eine Stunde später kam als er selbst. Sie schickten die Frau mit dem Kinde zuerst rauf, da aber die Frau nicht bescheid wusste und sich lange in dem dustren angtre aufhilt, so fing das Kind an zu schreien, lottchen ging raus, Gottfried kommt zu, kennt lotten nicht, fragt immer wer das ist, ich höre seine Stimme und schreie: ach Gottfried, und so war er in meine Arme; seine Frau sieht noch Eben so aus wie sonst, ein Junge wie ein Engel, und Gottfried sieht aus wie ein Apoll; sollte diese Zeichnung nicht richtig sein, so war es seine Mutter die sie machte, genung in meinen und seiner Frau Ihren Augen ist er Einer mit von den schönsten Männern. Er hat seinen Eigenen reisewagen, nämlich einen Wiener; er ist hier mit der grösten achtung aufgenommen er hat solche Menge brife und Empfelungen hir an die Grossen dass er in Ettlichen tagen noch nicht mit zu stande kommt, er war bey den Minister Herzberg, bey den Graff Podevills und Mererern. Heinitz hat ihm mit der grösten Achtung aufgenommen, er soll nach der Porzelän Fabricke, wo er Models soll machen. Morgen speist er bey dem Minister und vorher fahren sie beyde nach der Porzelän Fabricke. Der Minister hat ihm gesagt, er müsse ihm aus aller conecxion mit Tassa setzen „denn Sie können nicht unter Tassa stehn". Gottfried war heut Abend auf der ackademie, wo im Eckhartt und berger Empfingen. bey unger sind wir den Sontag alle gebethen, Gottfrid und seine Frau ist auch da, nur Rudolp ist nicht da! wenn Gottfrid in der Zwischenzeit nicht bey dem König mus, den Heinitz hat gesagt, dass er hin müsse. Ich bin wircklich recht müde, lebe wohl mein Sohn.

Deine Mutter C. Schadow.

Berlin d. 8. November (1787[1]).

[1] Die Heimkehr erfolgte am 5. Novemcer dieses Jahres, denn Tassaert wird hier als noch lebend erwähnt, er starb am 21. Januar 1788.

III.

Reise nach Schweden und Russland 1791.

Mein liebes Weib!   Ystadt, 18. August 1791.

So eben bin ich glücklich an Land gestiegen, unsere Fahrt hat zwei ganze Tage gedauert. Das Vergnügen Dir hiervon sogleich Nachricht geben zu können, ist mir das Angenehmste, was ich mir verschaffen konnte. Auf dem Schiffe hatte ich Musse genug an Dich und unsere Kinder zu denken. Mich, den Entfernten von Euch, mitten auf dem Meere zwischen ungestümen Wellen zu sehen, machte mein Herz beklommen. Wiedersehen muss uns Alles das ersetzen. Ich habe in der That von Glück zu sagen nach drei Tagen, die ich in Stralsund war, gleich ein Schiff zu finden und guten Wind, denn mancher liegt wohl drei Wochen und wartet. Nun bin ich in einem Lande, wo man nicht ein einziges Wort Deutsch versteht, so fatal bin ich noch nie gereist. Zum Glück für mich sind auf dem Schiffe drei Edelleute mitgekommen, die nach Stockholm gehen. Der Baron Ruth, der Kammerherr von Platen und der Kapitän Pollet, der Sohn des Kommandanten von Stralsund. Ich muss nun hier ein paar Tage liegen, bis diese von ihren Gütern zurückkommen. Dafür haben sie auch einen laufenden Boten, der uns die Pferde bestellt. So muss ich das wieder für einen glücklichen Zufall ansehen, ausserdem ich sehr verlegen sein würde. Da gerade wieder eine Jacht absegelt, so wirst Du diesen Brief bald erhalten, vielleicht eher als den welchen ich Dir aus Stralsund geschrieben habe. In sechs Tagen denke ich in Stockholm zu sein. Denn sollten mir die Herren Kavaliere zu lange ausbleiben, so reise ich allein. Mit Geld kommt man wohl fort, nur hätte ich anstatt kaiserliche Dukaten holländische nehmen sollen. Die habe ich müssen in Stralsund gegen schwedisch Papier umsetzen. C'est à peu près ici, comme dans les états de sa Sainteté: il n'y a que du papier. Umarme meine lieben Kinder und freue Dich mit mir, dass ich wenigstens bis hierher glücklich gekommen bin. Grüsse unsere guten Freunde, mich dünkt ich sei schon ein halb Jahr von Hause weg. Es wird einem Zeit und Weile lang ehe man an Ort und Stelle kömmt. Leb wohl, mein Liebstes, ich verbleib Dein Mann   G. Schado.

Stockholm 30. August 1791.

Ich bin so verworren, missmuthig und zerstört nach Stockholm
gekommen, dass ich nicht mal einen ordentlichen Brief an Dich, meine
Liebe, werde schreiben können. Und wo sollte ich auch Worte finden,
dies auszudrücken, was ich fühle, wenn ich mich so weit von Dir und
meinen lieben Kindern getrennt denke, in einem Lande, wo mich Niemand
und ich Niemanden verstehe! Da bin ich gerade wie ein Einsiedler
oder wie ein Stummer. Mit Dir kann ich so wohl sprechen und stehst
Du nicht vor mir, so ist es doch Dein Bild. Ich erwartete einen Brief
von Dir hier zu finden, denn ich ging dieserhalb gleich nach der Post,
aber ich habe nichts gefunden.

Von Ystadt habe ich Dir geschrieben, dass ich übers Wasser
wäre und diesen Brief wirst Du auch wohl schon erhalten haben. Da
ich entschlossen war allein hierher zu reisen, so hatte ich mir von
Ystadt einen schwedischen Jungen mitgenommen, der auf der Flotte
gedient hatte und von dem man mir sagte, er verstünde etwas deutsch,
welches, wie ich nachher befand, ohngefähr so viel ist, als ich jetzt
schwedisch kann, c'est a dire autant que rien. Der Capitain Pollet
holte uns aber auf der dritten Station ein. Ich musste nun schon mit
ihm reisen. Er hatte einen verdeckten Wagen und ich bezahlte zwei
Pferde. Mein Junge musste immer vorausreisen und Pferde bestellen.
Man reist wohl in keinem Lande der Welt so schleunig als hier. Die
Wege sind unverbesserlich, und die Pferde laufen in vollem Galopp.
Demohngeachtet haben wir fünf und einen halben Tag zugebracht bis
Stockholm.

Mit all' der Artigkeit, die meine Reisegefährten gegen mich
affectierten, konnten sie doch ihr hochadeliges Wesen nicht gantz ab-
legen. Capitain Pollet ist ein junger Mensch, der viel Verstand hat
und mit dem ich mich sehr angenehm würde haben unterhalten können,
wenn ihm nicht zuweilen eingefallen wäre, dass sein Vater Gouverneur
von Stralsund ist. Er ist ein Erzaristokrat, der selbst in Frankreich als
Offizier gedient hat. Der andere war der Herr von Platen, Kammerherr der Königin von Schweden, peggio che il primo.

Bei alledem muss ich aber dem Himmel danken, dass ich so schnell
bin hergekommen, auch hier gleich Logis gefunden habe. Denn man
machte mir Furcht, Quartiere sind hier selten und mancher Fremde hat
schon müssen sieben bis acht Stunden suchen ehe er ist untergekommen.
Nun thue ich fast nichts anderes als schwedisch lernen. Ich habe mir
zu dem Behuf eine Grammaire gekauft. Bei alledem werde ich wohl die
Leute nicht eher verstehen, als wenn ich werde wegreisen von hier.

Heute war ich auch beim preussischen Gesandten, ein ganz junger
und sehr artiger Herr, der sich zu Allem erbietet, der aber von Allem,

was die hiesigen Kunstangelegenheiten betrifft, nicht das Geringste weiss. Ich habe heute gleich bei ihm zu Mittag gespeist mit dem Anerbieten, dass ich alle Tage ungebeten kommen könnte. Ich werde Dir wohl in einem andern Briefe mehr Angenehmes schreiben können, denn bis jetzt hat meine Reise nichts als Unannehmlichkeiten gehabt. Ich glaube in meinem letzten Briefe geschrieben zu haben, Herr Dépréz sei nicht mehr in Stockholm, was ich in Stralsund von Herrn Darskow gehört hatte. Herr Dépréz ist aber hier und ich bin schon bei ihm gewesen. Er wird wohl auch nie von hier fortgehen, denn für den König von Schweden ist er einer der unentbehrlichsten Menschen. Er ist Direktor der Oper und ein sehr geschickter Dekorationsmaler. Ich kann Herrn Berger nicht genug für diese Bekanntschaft danken, die mir sehr nützlich und angenehm sein wird, sowie auch die von Herrn Behrends, Camerier bei der Oper. Mit letztem Herrn war ich gestern nach Drottingholm gefahren, ein eine Meile von hier gelegenes Lustschloss des Königs. Da habe ich den König, den ganzen Hof, grosse Oper und nachher den Hof speisen sehen. Für einen Fremden ist das alles sehr angenehm. Die fremden Trachten, die vortreffliche Musik und Dekorationen etc., die Alles leisten, was man nur Schönes sehen kann, die Trachten und Kostüms auf dem Theater, die gewiss nirgends so geschmackvoll und malerisch angebracht werden. Ueberhaupt wechseln Komödien, Opern, Maskeraden, französisches und schwedisches Schauspiel beständig ab. Denn der König liebt sie sehr und bekümmert sich dabei um Alles selbst. Man sagt auch hier, dass dies ausser seinen Staatsgeschäften sein einziger Zeitvertreib sei. Du siehst wohl, meine Liebe, dass Du anstatt des Trauerkleides mir lieber hättest sollen den Domino mitgeben.

Das Alles wird nicht die Abwesenheit von Dir und meinen Kindern ersetzen können. Jetzt fühle ich es, dass ihr mir unaussprechlich werth seid. Was mich hier umgibt, sind Leute die mir und denen ich gleichgültig bin oder deren Freundschaft bis jetzt doch nur Gefälligkeit sein kann. Die Liebe und Zuneigung von allen denen, die mich umgeben, und Deine beständige Sorgfalt für mich, das Alles muss ich nun entbehren.

Nun bin ich seit Mittwoch Abend den 24. August hier. Heute ist Montag, den 29., und noch habe ich keinen Brief von Dir, da Du mir doch versprochen hattest, ich sollte einen hier finden. Wenn ich meinen Brief noch nicht abgeschickt habe, so liegt die Ursache darin, dass Briefe nach Deutschland nur Dienstags von hier abgehen.

Den eigentlichen Beruf meiner Reise habe ich noch nicht unternehmen können und dieser ist gewiss schwerer, als man geglaubt hat. Demohnerachtet werde ich nicht eher davon abstehen, als bis ich so viel wie möglich Nützliches dazu gesammelt habe.

Den 30. August. Bei Sergel bin ich noch nicht gewesen, denn er war bisher auf dem Land. Heute werde ich aber hingeführt und unser hiesiger Gesandter wird selbst an ihn schreiben. Hier in ganz Stockholm kennt diesen Künstler der lumpigste Kerl. Jedermann nennt seinen Namen mit grosser Achtung. Gestern hab ich versäumt im diplomatischen Klub eingeführt zu werden, wo alle Fremde comme il faut sich versammeln; das soll aber heute geschehen.

Nun möchte ich wohl wissen, wie es mit meinem Geschäft in Berlin steht, ob meine Leute sich meine Abwesenheit nicht ein wenig zu sehr mögen benutzen? Doch kann mein Freund Boy darüber wohl immer einen richtigen Rapport machen. Grüss ihn, seine Frau, und Bolt. Grüss Herrn Clemens, sage ihm sein Freund Öhrenbeck wäre todt und folglich könnt ich ihm von da, wo er sich jetzt befindet, keine Nachricht geben. Grüss ihn und Madame Schlegel, meine Mutter, Bruder, Schwager, Schwestern, Vettern und Muhmen und alle guten Freunde. Sage meinen Leuten, ich liesse sie grüssen und sie möchten an meiner Arbeit ihre Zuneigung für mich beweisen. Ach und dann grüsse und küsse meine mir so lieben, theuren Kinder, sage ihnen, dass ich oft, sehr oft an sie denke. Der Himmel erhalte Euch Alle gesund. Adieu, meine Liebe, meine Theure, meine gute! Sei ja munter und zerstreue Dich. Gute Gesellschaft kannst Du ja haben und ich versichere Dich, das fühlt man, dass das was werth ist, wenn man sie oft und lang entbehren muss. Könnt ich jetzt nur zuweilen Deine schönen Hände küssen, ich wollte schon zufrieden sein. Ich bin Dein Dir ergebener Mann   G. Schado.

Stockholm 16. September 1791.

Liebe Frau. Die Nachricht dass ich jetzt auf dem Wege nach Petersburg bin und Dir davon in Stockholm selbst nicht Nachricht gegeben habe, wird Dich verwundern. Diese meine Abreise ist so äusserst schnell gegangen, weil gerade ein russischer Courier denselben Weg geht, wovon denn der schwedische Gesandte Gelegenheit in Stockholm nahm, mich zu überreden, dieses zu benutzen. Ich sitze hier in Grisselhamm, einem schwedischen Hafen, wo ich und ein paar Couriere das Schiff erwarten, welches uns sieben Meilen von hier ans Land setzen soll. Uebrigens machen wir diese ganze Reise ausser einigen kleinen Ueberfahrten ganz zu Lande. In drei bis vier Wochen denke ich wieder in Stockholm zu sein, wo ich, um nach Daenemarck zu gehen, nothwendig wieder zurück muss. Adieu meine liebe, meine theure; mein Herz ist zu voll, wenn ich mich so weit von Dir und meinen lieben Kindern und von Allem was mich lieb hat, entfernt denke. Lebe wohl, ich bleibe Dein Dir ganz ergebener Mann

         G. Schado.

Grisselhamm, 14. September.
St. Petersburg, 12.23. September 1791.

Jene Seite des Briefes war eben fertig geschrieben und ich wollte
ihn zusiegeln, als die Couriere kamen und mir sagten, ich müsste auf
der Stelle mit ihnen ins Boot steigen. Da ich in Finnland war, so
dachte ich Dir diesen Brief aus Petersburg zu schicken, weil er ge-
schwinder wird ankommen, als wenn ich ihn über Stockholm durch
Schweden liesse zurückgehen. Ich bin nun in Petersburg und Gott sei
Dank gesund angekommen und habe neun Tage auf dieser Reise zugebracht. Wegen Sturm habe ich aber auch müssen 28 Stunden auf
einer Insel in den Finnischen Scheeren mich aufhalten, sonst wäre ich
einen Tag früher hier angekommen. Den Courieren hab ich nicht
folgen können, denn diese Leute reisen Tag und Nacht und da es des
Nachts schon friert, so habe ich immer eingekehrt. Zu dieser Reise
habe ich in Stockholm ein Cabriolet kaufen müssen, ungefähr so ein
Ding auf zwei Rädern, womit man in Italien spazieren fährt, hinten ein
Sitz für meinen Jungen und einen Mantelsack. Mit einem grossen Coffre
ist es überhaupt hier im Norden fast nicht möglich fortzukommen. Mein
Coffre hat müssen mit vielen Sachen in Stockholm zurückbleiben.
Schon durch Schweden nach Stockholm hat dieser Coffre auf einem
besonderen Karren mit meinem Jungen gehen müssen. Was nun das
Aergste ist, so kann ich wegen der kalten Witterung nicht wieder auf
meinem Cabriolet zurückreisen und ich muss mir hier wieder ein
russisches Fuhrwerk kaufen.

Briefe von Dir werde ich hier auch nicht kriegen können, denn
ich bleibe nur 14 Tage hier und ein Brief von hier nach Berlin geht
12 Tage. Dafür werde ich aber, wie ich hoffe, Briefe von Dir in Stockholm antreffen. Einen hab ich erst bis jetzt erhalten, de combien de
choses ne faut il pas se priver. Hier in Petersburg herrscht ein Luxus, wovon man bei uns gar
keinen Begriff hat. Zu Fuss darf man gar nicht gehen und für einen
Fremden ist das Wenigste zwei Pferde mit dem er fahren darf, sonst
müssen es eigentlich vier sein. Die Stadt ist freilich so entsetzlich
weitläuftig, dass man nicht zu Fuss fortkommen könnte. Sonst ist man
hier sehr gastfrei und ich bin so ziemlich alle Tage wo zu Tische.
Ausser ein paar Architekten habe ich hier noch keinen Künstler besucht.
Ich bin auch erst vier Tage hier und wäre die Post gleich gegangen,
so hätte ich diesen Brief auch gleich lassen abgehen. Die Statue
equestre Peter des Grossen ist eigentlich die Ursache meiner Reise und
die hab ich schon gesehen. Ich hätte Unrecht gehabt nicht hierher zu
reisen, nur ist das freilich Alles sehr kostbar und die ausgesetzte
Summe wird kaum zur Hälfte hinreichen. Dafür kann ich nicht. Ich

ökonomisiere so viel als möglich. Bei alle dem versuche ich beim preussischen Consul 200 Rubel zu erhalten und sollte der Wechsel von Herrn J. kommen, so weisst Du doch schon davon. Ohne Geld in der Hand kann man hier nicht das Geringste sehen.

Obwohl ich hier nichts zu thun habe, so vergeht doch der ganze Tag mit Visiten etc. Mein Bericht an den Minister ist wirklich fertig. Aber das Briefporto ist hier so entsetzlich theuer, dass ich ihn nicht von hier abschicken werde.

Wenn Du schreibst so adressiere nach Stockholm. Ich bleibe aber noch 12 Tage hier. Umarme meine Kinder. Grüsse Bruder, Schwester und Mutter, meine Leute auch. Ich verbleibe Dein Dich stets liebender Mann G. Schado.

Dienstag den 14. September Abend Glock 10½ abgereist von Stockholm.
Donnerstag den 23. dito Abend „ 11 angekommen in Petersburg.
den 11. Oktober Abend „ 6 von Petersburg.
Donnerstag den 14. Oktober 1791. Forsby in Schwedisch-Finnland.
zwischen Lovisa und Borgo.

Mitten in Finnlands Wäldern denke ich an Dich, meine Liebe, und an meine beiden Kinder. Fern von euch, sind meine Gedanken und mein Hertz euch doch immer nahe, bei euch wieder zurück zu sein, ist mein einziger Wunsch, und die Hoffnung diese Augenblicke der Ruhe zu geniessen, lässt mich alle die Verdriesslichkeiten mit Geduld ertragen, welche solche grosse Reisen natürlicherweise mit sich führen. Mein russisches Fuhrwerk ist zerbrochen, und ich liege hier in einem finnischen Dorfe. Gleich dem Ulisses, denke ich entfernt von meinem Heerde, an meine treue Penelope. Das Du dann dies lesen, und Dir mich denken wirst, wie ich hier allein in einem kleinen Zimmer, beim Feuer des Camins und einer freundschaftlichen Pfeife Taback, die Bilder vergangener Zeit in meiner Seele zurückphantasiere, dieser Gedanke ist reizend und trostvoll. Ich sehe Deine Gestalt und meine beiden Kinder neben Dir, wie ich dann werde zurückkommen und euch wieder umarmen. Nun habe ich so lange das Vergnügen entbehren müssen, Briefe von Dir zu haben. In der gewissen Hoffnung in Stockholm welche zu finden, kannst Du Dir denken was ich fühlte, da die Achse zerbrach, de quoi ne faut-il pas se priver, quand on ne reste pas chez soi? on n'est bien qu'au sein de sa famille; wenn man es hat, schätzt man es nicht so, wie man wol solte. Vielleicht werde ich einst klüger. Diese Reise nach Russland war in der That eine Schule des Stoicismus für mich. Von Stockholm reiste ich in der Nacht weg; es war schön

Wetter und Mondschein. Für 18 schwedische Thaler hatte ich ein
Cabriolet gekauft, hinten auf mein Junge und ein Felleisen; denn mit
Coffres kann man hier nicht reisen. Fahren muss man sich selbst,
welches auf dieser langen Reise für mich sehr beschwerlich wurde, sodass mich die Brust schmertzte, und ich auch dieserhalb des Nachts
meistens einkehren musste. Man reist beständig in Wäldern und unauf-
hörlichen Gebürgen. Zehn schwedische Meilen von Stockholm nach
Norden herauf, kommt man nach Grisselhamm, einen kleinen schwedischen Hafen. Auf dieser Tour hatte ich das Unglück, dass ein Pferd
niederstürtzte, indem wir einen Berg herunterfuhren, denn man fährt
hier nicht wie in andren Ländern die Berge sachte herunter, sondern
in vollem Galopp. Da hier meistentheils Couriere reisen, so sind die
Pferde dass schon so gewohnt. Dass Pferd blieb wie todt liegen, bis
zur nächsten Station fuhr ich nun mit einem andern Pferde; da ich
selbst gefahren hatte, so solte ich jenes Pferd bezahlen. In jedem andern Lande würde sich diese Sache sehr zum Nachtheil meiner Börse
geendigt haben, so kam ich nach vielem Streiten mit einem Thaler
davon, denn sie hielten mich für einen Courier. Als ich in Grisselhamm ankam, hatten die zwei würklichen Couriere schon ein Boot fertig
gemacht um über den Alandshaff zu fahren. Dieses sind Boote mit
Seegeln, gantz offen, worauf auch zur Noth ein kleiner Wagen mitgenommen wird. Da wir guten Wind hatten, so erreichten wir die Insel
Aland in wenig Stunden. Auf dieser Insel sind die schnellsten Pferde
im gantzen Norden, auch flogen wir drüber hin; auf der andern Seite,
von Bomarsund aus, geht man wieder mit einem ähnlichen Boote 27
Meilen weit durch die sogenannten Finnischen Scheeren bis Abo in
Finnland. Hier ist der finnische Meerbusen voller kleiner felsigter Inseln
und Klippen, sodass man das Land auf dieser Reise fast gar nicht aus
dem Gesichte verliehrt. Es war Abend, da wir uns einschifften, man
baut auf diesen Booten ein Dach von Brettern für Passagiere, darinn
wird Stroh gelegt, man kann darin liegen, aber nicht stehen, auch muss
man auf allen Vieren hereinkriechen. Wir Passagiere schliefen ein,
Durch ein entsetzliches Geheul wurden wir aus unserm Schlaf gestört.
Es fing an zu tagen. Ich sah und fühlte die Schrecken des Todes.
Es stürmte und regnete entsetzlich, Das Boot lag auf einer Seite, Die
Wellen schlugen immer drüber weg, Die Bootsleute rissen die Segel
mit Gewalt herunter. In diesen Augenblick schlug das Boot gegen
einen Felsen, es krachte so stark das wir jeden Augenblick befürchten
musten, es würde aus einander gehen. Unser Dach von Brettern fiel
zusammen. Ich war schon heraus gekrochen. Diese Finnischen Schiffer
haben die Gegenwart des Geistes der grössten Helden, in dem Augenblicke wo das Boot von einer Welle gegen den Felsen angetrieben

wurde, schlugen sie mit lange eiserne Hacken zwischen die Ritzen der Felsen herein. Nachdem sie dies ein paar mal versucht hatten, gelang es das Boot festzuhalten, da war ich aber schon am Land, mir war daran gelegen das Leben zu retten, und indem die Wellen das Boot gegen Land trieben, so sprang ich bis an die Knie ins Wasser herein. Die Couriere folgten meinem Beispiele, ausser meinem Jungen, über dessen Gleichgültigkeit bei dieser ganzen Scene ich nachher lachen musste. Denn der sprang nicht eher heraus, als bis er alle meine Sachen über Bort ans Land geworfen hatte. Er hat aber auch im letzten Kriege auf der grossen schwedischen Flotte gedient. Nun waren wir zwar auf dem Lande, aber auf einer kahlen kleinen gäntzlich unbewohnten Insel, dabei regnete und stürmte es gewaltig, nass waren wir durch und durch, auch behielt ich von dieser Affaire einen innerlichen Frost, der mich erst einige Tage nachdem ich in Petersburg war, verliess. Wir Passagiere hatten weder zu Essen noch zu trinken mitgenommen. Hunderterlei Gedanken gingen mir durch den Kopf, an Dich und an meine Mutter dachte ich beständig, wenn ich nicht solte wiederkommen, welcher Jammer dass für euch sein würde. Denn auf das Wasser musste ich doch wieder. Wenn je der Mensch wahrer Andacht fähig ist, so ist es in diesen Augenblicken, auch betete ich da recht inbrünstig, dass mich der Himmel euch doch wiedergeben möchte. Nun kletterten wir die Felsen hinan um zu sehn, ob wir nicht könten einen Schutz für den Regen finden. Da waren nichts als kleine krumverwachsene Birken- und Wachholdersträucher, ich setzte mich in so einen Strauch hinein, und was beinahe unglaublich scheinen wird, ich schlief mitten im Regen ein; als ich wieder erwachte, standen ein zehn oder zwölf wilde Ziegen gantz still um mich herum, wie ich mich aber bewegte, da liefen sie alle davon. Ich machte schon Entwürfe à la Robinson Crusoe, wie man diese Thiere im Falle der Noth fangen müste. Auch versuchte ich gleich drauf Wachholderbeeren zu essen, um zu sehn ob sie geniessbar wären. Ein jeder von uns hatte sich so in einen Strauch gehuckt. Nachmittag hörte es auf zu regnen. Die Bootsleute machten uns nun ein grosses Feuer, und gaben uns etwas zu Essen und einen Schnaps. Die sämmtliche Garderobe hing um uns herum, um zu trocknen. Ich war froh, wieder ein wenig Wärme zu empfinden. Ach, wie oft und wie hartnäckig habe ich auf dieser Reise dieses süsse Gefühl entbehren müssen.

(In Stockholm weiter fortgesetzt.)

Nachher kamen 3 Fischer mit einem kleinen Boote an der Insel, meine beiden Couriere zwangen diese Leute, sie auf den Postweg zu bringen, der bald über Inseln, bald über Wasser geht. Da sie keinen Wagen mithatten, so ging das an, ich muste aber dieserhalb zurückbleiben, der Wind war noch immer contrair, und ich hätte viele Tage da liegen können, allein blieb ich nun auch, das machte mich wieder schwermütig. Die Nacht kam wieder heran, meine guten Bootsleute machten mir von Baum Aesten eine Hütte, dabei unterhielten sie das Feuer die ganze Nacht, in meinen Pelz gehüllt schlief ich nicht übel; als ich den Morgen aufwachte, fand ich mich gantz allein, lang auf den Bauch hingestreckt muste ich das Regenwasser zwischen den Spalten der Felsen heraufschlürfen. Glücklicherweise hatte sich der Wind gäntzlich gedreht. Zum Glück waren mit einem andern Boote Leute gekommen, sodass wir den Mast wieder konnten aufrichten, um 10 Uhr des Morgens waren wir fertig, und nachdem wir 28 Stunden auf dieser Insel gelegen hatten, so kamen wir denselben Abend um 11 Uhr in Abo in Finnland an. Wer war froher wie ich, nun konnte ich doch wieder in einem Bette schlafen, und eine Tasse warmen Caffe geniessen; meine beiden Couriere waren nun einmal voraus, und die hätte ich so nicht können wieder einholen, denn diese machen gewöhnlich diese 150 Meilen in Zeit von fünf bis 6 Tagen. Von hieraus reist man sehr schnell nach Friedrichshamm, der ersten russischen Grenzfestung; hier wird man scharf visitirt, und wegen der Pässe lange aufgehalten. Man fühlt es gleich, dass man nicht mehr unter Schwedens Scepter atmet, wo alles eingerichtet ist, den Reisenden zufrieden zu stellen. So ehrlich, brav und stolz der Schwede ist, so schäbicht, kriechend und malicieuse ist der Russe. An vielen Orten bekam ich Pferde und keinen Führer mit, dabei hatte ich die abscheulichsten Wege, wo ich halbe Stunden lang durch nichts als Wasser und Morast fuhr; man sagte freilich dass wegen der Kriege mit Schweden diese Wege seien mit Fleiss verdorben worden, aber man weiss dass sie nie viel getaugt haben. Dabei regnete es, und des Nachts konnte ich nicht einkehren, denn man findet dort weder Städte noch Dörfer, sondern für die Postpferde erbaute offene Scheuren, und ausserdem eine grosse Stube worin ein unaufhörlicher und erstickender Rauch ist, worinnen die russischen Bauren wie das Vieh herum liegen. So musste ich einst eine Nacht, in der ich beinah erfror, bongré malgré gantz durchfahren.

Endlich erreichte ich in so einer Nacht, wo es beständig regnete, Petersburg, aber von den ersten Häusern bis zum Gasthofe verging gewiss eine Stunde, keine in meinem Leben ist mir so lang geworden; hier kriegte ich ein gewaltig grosses Zimmer, mit solchen zerrissenen Fenstergardinen wie es gewiss in Deutschland keine giebt, ein elendes Bett mit einer dünnen und schmalen Decke, worunter ich vor Flöhen nicht schlafen, und vor Kälte nicht dauern konnte, meinen Pelz muste ich meinem Jungen geben, denn Bediente in Betten schlafen zu sehn, ist für den Russen ein nie gesehenes Schauspiel. Liess ich mir auch einheitzen, so wurde das Zimmer wegen seiner enormen Grösse doch nie warm. Dieses Quartier, ob es wol in einem der grösten Gasthöfe, die Stadt London genannt, war, wird mir die Erinnerung an den Aufenthalt von Petersburg immer verbittern, obwol kein Land in der Welt sich solcher Gastfreiheit rühmen kann. In die 18 Tage dass ich da war, habe ich alles gesehn, was Petersburg merkwürdiges, schönes, grosses und prächtiges enthält. Von Hrn. und Madam Lebrecht soll ich Dich unbekannterweise grüssen[1]. Ich bin von ihnen mit einer Art aufgenommen worden, die nichts zu wünschen übrig läst, sie haben ein élégantes Haus, täglich einen guten Tisch, welcher hier in allen Häusern so eingerichtet ist dass Fremde jeden Tag willkommen sind; ausserdem die Häuser Guaringhi und Trombara, Architeckten der Kaiserinn, wo ich eben so zu Hause war. Nur bei der beständigen und ernsten Versicherung dass es mir unmöglich wäre mich länger aufzuhalten, konte ich fortkommen. Sage doch meinem Bruder, das ich hier den Egger gefunden habe, der Stallmeister beim Fürsten Gallizin ist, sich wenigstens auf 1500 Rubel jährlich steht, und die gewisse Hoffnung hat, ehestens Capitain zu werden. Dergleichen Glücksveränderungen sind hier nichts neues für Fremde. Die hiesigen Preussen blicken mit Verachtung auf ihr Vaterland zurück und nennen es mit einer mitleidigen Miene das arme Kartoffelland. Mit diesem bin ich noch Dutzbruder, und wir hatten manche vergnügte Stunde zusammen. Er konnte sich über den knickerichten Stolz unser preussischen Grossen nicht satt spotten. Bei dem allen war dieser Aufenthalt für mich zu theuer, mit der möglichsten Oeconomie, wo ich gewiss keinen Heller für irgend ein unnötiges Vergnügen ausgegeben habe, verbrauchte ich in 18 Tagen 300 Rubel; freilich habe ich manches eingekauft, denn so konnte ich nicht wieder zurückreisen wie ich gekommen war, meinen schwedischen Wagen muste ich für 5 Rubel weggeben, und muste mir einen bedeckten russischen kaufen, sonst wäre ich erfroren oder gewiss krank geworden; ausserdem muste ich für mich und meinen Jungen Pelze, Pelzmützen, Pelzstiefeln etc. kaufen. Auch hatte ich eine weit bessere Rückreise, nur dass der Wagen 2 mal brach, in Abo wo man wieder aufs Wasser muss, fand ich den jungen Engländer, mit dem ich von Petersburg abgereist war, im Begriff auf ein Schiff zu steigen, welches grade nach Stockholm segelte, mir war es weit lieber hier mit zu gehen, als wieder mit den kleinen Booten. Zwei gantze Familien mit Mädchen und Bedient, nemlich die Gouverneure von Abo und Tavasthehus hatten das gantze Schiff für sich gemietet, so dass wir beide nur mit dem Beding mitgenommen wurden, unten im Raum der kasten und tonnen zu liegen.

---

[1] Der Hofmedailleur.

Die Aehnlichkeit unserer Schicksale machte uns bald zum Orest und
Pilades, er hat in Manchester eine Frau und zwei Söhne, er ist nun
5 Monate von ihr entfernt, hat viel durch alle Welt gereist, und ist ein
kaufmann. Die Freundschaft machte uns diese kleine Seereise erträglich,
denn ich konte niemand als ihn, und er niemand als mich verstehn:
was das verdriesslichste war: ich muste meinen Wagen in Abo zurück-
lassen, und diesen erwarte ich nun hier in Stockholm mit einem andern
Schiffe. Mein Freund reist nun schon fort, und ich werde gewiss so
bald nicht wieder so viel lachen als ich mit ihm gelacht habe. Er ist
der liebenswürdigste Reisegefährte den ich finden konte, und unsre
Trennung werde ich fühlen. Rentrant à Stockholm j'ai cru rentrer chez
moi, c'étoit une illusion si douce que je ne voulois pas me l'oter; j'ai
retrouvé ton portrait que j'avois laissé ici pour l'enchasser dans une
tabatière. J'ai trouvé tes lettres, dis moi un peu, si après le tourbillon
dans lequel j'ai vécu à Petersbourg, si après un voyage si fatigant et
si malaise, ce repos, cette aisance, cette propreté, et ce bon peuple
suédois ne doivent pas me charmer?

Stockholm, 27. October 1791.

Deine 3 Briefe habe ich mit einenmale erhalten, der erste ist vom
3. September, und er muss den folgenden Tag als ich von Stockholm
abgereist war, angekommen sein, der zweite ist vom 12. September
datirt, den 3. vom 12. October fand ich beim Banquier Schöne, und als
ich meinen letzten Brief Dir schrieb, so wusste ich noch nichts davon.
Ces trois lettres m'ont pris deux jours à les lire, et il en faudra six
pour y répondre. Voila ce que c'est, quand on a une femme spirituelle,
remplie de talents. Diese Deine Briefe sind würklich Ursache, das ich
ausser unserm Gesandten und dem Herrn Behrends noch niemand gesehn habe. Wie kann das auch anders sein? Denke Dir den Wechsel
des Glücks. Fünf Tage und vier Nächte auf einem unruhigen Meere,
unten in dem Raume eines kleinen Schiffs, zwischen Tonnen und Kasten
in meinem Pelz zuzubringen, und nun in Stockholm in einem eleganten
Zimmer, wo alles von Wohlgerüchen duftet, auf einem Sopha hingestreckt, umringt von Deinen Briefen, welcher Abstand! Die Schilderung
Deiner Träumereien, Die Schilderung Deiner ängstlichen Besorgnisse
hat die rauhe Stimmung meiner Phantasie so gemildert, so umgeschaffen,
dass ich mich nur mit Mühe aus diesen süssen Schwärmereien heraus-
reissen kann, um doch wieder die würkliche Welt anzusehn. Ja du
hast wol Recht, es ist Zeit dass ich zurück komme, wie viel werde ich
mit mir selbst zu thun haben ehe ich wieder in die alte Leier herein-
komme. C'est une vie de vagabonde que que j'ai menée tout ce temps
ici, combien que vous trouverez à corriger! figurez vous outre cela,

mon indocilité actuelle, qui est une suite de cette liberté, dont j'ai joui à present, je ne dis pas joui, mais que j'ai eu. Oui, ma chere amie, c'est toujours dans vos bras, que je viendrois chercher le bonheur. O Entfernung! du bist ein hässliches Uebel! ich hatte dich selbst gewählt, es ist billig, dass ich gestraft werde. Aber dass Du dabei leiden musst, dass ist ungerecht und grausam; quelles prétentions les hommes n'ont ils pas toujours faites aux femmes! Werde ich das wol wieder gut machen können? so wie Du es würdig bist, gewiss nicht. Ich müsste so zärtlich lieben können wie Du, ich müsste Deine schöne Seele haben. Weisst du dass Deine Briefe Dir hier unbekannte Anbeter verschafft haben? die mich beneiden, und die Dir vielleicht nicht missfallen würden, des jolis garçons, qui s'écrient: quelle femme doit ce être! toute la Suéde n'a rien de pareil, und doch ist hier das Land, wo meiner Meinung nach, Dein Geschlecht den Beinamen des Schönen mit vielem Rechte besitzt. Die Schwedinnen sind würklich meistens hüpsch, auch wol gar zuweilen schön, lernen wenig und sind sehr coquett. Der hiesige Ton in Gesellschaften ist von der Art, dass man sich der übelsten Aufnahme wenigstens von Seiten der Frauenzimmer gewärtigen muss, wenn man kalt, trocken und unempfindlich sich anstellt, sie sind dies so wenig gewohnt, das sie sich sogleich dadurch für beleidigt halten; dans ce cas, on fait l'amoureux sans l'être, et l'on ne prétend pas plus. Nun wollen wir von unsern Geschäften sprechen. Was die verlohrnen Gipssachen betrifft, so werde ich diese, nachdem von Cunego die Aussage eingegangen ist, das es meine sind, wol bezahlen müssen. Nachdem Loubier dies gezahlt hat, so ist er nichts mehr schuldig. Es freut mich dass das Bau-Amt so galant gegen Dich ist, auf den Hercules hast Du nun den ersten Termin, wie ich Dir vorher sagte das Du erhalten müssest; schreib dies und das Quartal-Geld nur besonders auf in meinem kleinen Buche. Wenn von Livorno eingegangen ist, das sie dem Gr. Cuciani gezahlt haben, so ist das Sicherheit genug, und Du hast Recht gethan dieses zu bezahlen, übrigens muss man den Herrn Grafen mit seiner noch nachgeschobenen Rechnung nicht anhören.

Den schlesischen Marmor bin ich der Meinung, müsste man nicht gantz bezahlen, doch ist das keine importante Summe, und im Fall kannst Du Wimmel consultiren.

Wilst Du tausend Thaler begehren beim Minister, so sage es vorher Moelter, sonst kannst Du es auch mit Louis abmachen, führe nur an dass die Leute viel kosten etc.; mir soll es recht lieb sein, wenn ich bei meiner Ankunft baar Geld vorfinde; kauff eine ordentliche gute und hüpsche Kutsche, dass habe ich Dir schon immer schreiben wollen, Die Pferde nutzen einem sonst im Winter nur wenig.

Es freut mich dass meine Arbeiten gut gehn. Grüss meine Leute.

Ich bitte Sie jetzt so ihre Pflichten zu beobachten, als wenn ich da
wäre, ich werde nun bald kommen, und dann werden dem Schlott seine
Grillen wol vergehen. Dass hat ihm vermutlich alles seine liebens-
würdige Gattin im Kopf gesetzt. Ich denke, dass wie ich es damals
disponirt hatte, Goussaut wol auch an der steinernen Gruppe helfen
wird, damit nur die bald zu Stande kommt. Solte Goussaut, wie es
leicht möglich ist, dem Bachmann vor Schlott einige Vorzüge einräumen,
so wird sichs bei meiner Zurückkunft natürlicherweise ändern. Was
Du beim Minister für die Selvino erhalten hast, darauf kanst Du stolz
sein, denn das wäre vielleicht keinem Geheimerath gelungen. Ich habe
ihm nun meinen Bericht geschickt, soltest Du darüber etwas hören, so
schreib mir nach Coppenhagen, wo ich spätestens in 14 Tagen ein-
treffen muss.

An Schlott 30 Thaler voraus zu geben ist eigentlich zu viel, denn
er war damals noch schuldig, allein im jetzigen Falle ist es vielleicht gut.

Von wegen Buchholz mach was Du wilst — sollte ich ja gesagt
haben, das es mir darum gefiele weil es viel kostet, so habe ich eine
grosse Narrheit gesagt; will man eine Kuh kaufen, so sehe man sich
sehr vor und übereile sich nicht.

Dass Du Lichtenstein versorgt hast ist mir sehr lieb, denn ich war
würklich seinetwegen inquiet wie ich wegreiste. Den jetzigen Kutscher
bin ich aber gar nicht der Meinung zu behalten, es war einmal beschlossen, er solte fort, und er soll fort.

So ein versoffnes Schwein wie Stovelli, von dem muss man so
was erwarten! Bernard soll nur machen, dass ihm seine Freiwächterei
und sein Pass wieder abgenommen werden [1].

Ich habe Dir von Stockholm geschrieben gehabt dass ich nach
Petersburg abreiste. Soltest Du diesen Brief nicht erhalten haben?
dass verstehe ich nicht! Ich habe viel länger ohne Briefe bleiben
müssen als Du, oder bedarfst Du öfter welcher als ich? Dein Gehirn
schmiedet dann gleich kleine Tragödien, und es ist ein Glück, dass
des Schicksals Schlüsse milder sind, als Deine Vermutungen. Du bist
und bleibst dieselbe, ob Du wol zuweilen Dich so geschickt verstellst,
dass man glauben solte, Du hättest Dich geändert. Du bist ein liebens-
würdiges Geschöpf, Deine Philosophie taugt nichts, oder besser gesagt:
Du hast keine, und willst keine.

Grüss doch Herrn Clemens [2], ich vermuthe eine sehr vertrauliche
Freundschaft zwischen euch; seiner eignen Meinung nach, müsste ich

---

[1] Freiwächter hiessen diejenigen Soldaten, welche von Wachtdienst frei waren und
in der Stadt arbeiten durften.

[2] Ein dänischer mittelmässiger Kupferstecher.

ihn nun in Coppenhagen antreffen, mais je suppose qu'il ne se déplait pas tant à Berlin à présent. Die Neuigkeit mit dem neuen Gesetzbuche von 2 Weibern gefällt mir, nur weiss ich nicht, soll ich es für Spass oder Ernst halten. Der türkische Gesandte ist ein Jurist, solte er Antheil an diesem Artikel haben? wenigstens macht man diesen Herren ein Compliment damit. Mit unserm hiesigen Gesandten habe ich schon darüber disputirt, c'est un jeune Monsieur fort modeste, mais avec tout cela il est d'opinion que c'est une loi fort sage, il est sure que les femmes des conseillers seront des prodiges de vertu et de sagesse, tout pour n'avoir point de rivales.

Das Vergnügen ein schönes Buch zu lesen, dass habe ich gantz vergessen. Wie ein Wilder habe ich so im Tag hineingelebt, nun habe ich seit langer Zeit erst hier wieder eine Zeitung gelesen, und Du weist wie wichtig und unentbehrlich dieser Artikel sonst für mich war. Der Doctor Hertz wird mich viel zu beneiden haben, in jedem Betracht viel[1]).

Im ersten Briefe machst Du mir noch Vorwürfe über meine Stralsundianische gute Laune, wir waren beiderseits froh uns zu sehn, wenn sie gesagt haben, dass ich ihnen den dortigen Aufenthalt angenehm gemacht habe, so ist das so eine alte und gewöhnliche Redensart. Ce qui regarde Madame Meyer j'aurois du être fort attendri à la revoir, parceque je me souviens d'une huitaine de jours dans ma vie, que j'étois amoureux d'elle, mais mon étonnante modestie est cause qu'elle n'en a jamais rien su, et qu'elle n'en sait rien encore. Meinen kleinen Schweden werde ich wol nicht mitbringen, Du würdest dabei nicht viel profitieren, es ist ein zu dummer Junge. Je vous raconterai tout cela beaucoup mieux moi même je suis mieux instruit la dessus, et outre cela je possède actuellement cette sincerité suédoise, qu'il faut pour ça.

Nun wird es wol wieder etwas stille in Berlin sein, nachdem die grosse Vermählung vorbei ist[2]). Du hast Recht, es ist gewiss ein seltnes und angenehmes Schauspiel, ein so hohes Paar verliebt zu sehn. Ich denke aber doch, im Winter Opern in Berlin zu finden, besonders bin ich neugierig Deinen schönen Tenoristen zu hören; hier wechseln noch immer Opern und französische Comödie in Drottningholm beim Könige, und in der Stadt dramatisches Schauspiel und operetten ab. Concialini[3]) hat gantz Recht, es ist alles schwedisch, Musik, Sänger und Sängerinnen können mit der Oper in Berlin gar nicht verglichen werden. Der beste Sänger ist ein gewisser Carsten, der mal in Berlin

[1]) Der berühmte Arzt, Gatte der bekannten schönen Frau.

[2]) Prinzessin Friederike, älteste Tochter Friedrich Wilhelms II., vermählt am 29. September 1791 mit Herzog Friedrich von York.

[3]) Ein berühmter Sopransänger, der letzte seiner Art in Berlin.

gesungen hat, die beste Sängerin ist Mademoiselle Stading eine geborne Berlinerinn, mit einer schönen hellen Stimme, mais il s'en manque
beaucoup, que l'on puisse comparer cela à une Madame le Brun, ou à
une Todi, ou à Concialini. Soprano's sind gar nicht hier. Ausser der
Musik, welches freilich die Hauptsache bei einer Oper ist, ist das andre
auch alles besser (in Berlin). Balette sind vorzüglich schön. C'est un
charme de lire la déscription de votre Assemblée féminine, pourquoi
n'avez vous pas reservé cela que je sois arrivé? vous savez que je suis
fort sensible à tout cela. C'étoit une mauvaise disposition de cacher
tant d'attraits. Umarme meine beiden schönen Kinder. Der Himmel
gebe, dass ich euch gesund, munter und vergnügt antreffe, wie schön
must Du sein mit diesen beiden Kindern neben Dir! Grüss meine Mutter,
meine Schwestern, Schwager und Bruder. Du hast mir nicht geschrieben, was mein kleiner Neffe macht. Grüss Boy[1]) und seine gute
Frau, und Bolt[2]), also sind das noch immer les amis de la maison, Das
ist mir lieb. Wegen des Herrn Brinkmann[3]) habe ich mir sehr viele
Mühe gegeben, bis jetzt habe ich ihn weder sehn noch sprechen können,
im preussischen Hause kennt man ihn nicht. Nach vielen Erkundigungen
habe ich erfahren, dass er Secretair des Königs ist, und sich meistens
in Drottingholm aufhält. Einen vertrauten Freundt von ihm, den Baron
Silverhjelm, habe ich vorläufig gesprochen. Bei diesem habe ich sogar
ein Manuscript in deutscher Sprache gesehn, den Titel habe ich vergessen, aber das weiss ich, dass: gewidmet dem Doctor Hertz, drauff
stand; es soll nun zum Druck befördert werden. Ich werde diesen
Herrn wol noch zu sehn kriegen.

Du glaubst gar nicht, wie schwer es ist, hier das geringste Geschäfte zu machen, hier herrscht eine allgemeine fainéantise, man mach
sich hier gar nichts daraus einen Tag zu verschleudern, wie oft muss
man nicht laufen, ehe man einen zu Hause findet. Der Schwede sieht
mit der grössten Verwunderung einen Menschen an, der pressirt ist,
und um 4 Wochen halber kann er sich gar nicht denken, dass man
nach Stockholm kömmt. Wäre es wie in Berlin, so hätte ich schon
manches durch meine gewöhnliche Emsigkeit erhalten, aber darüber
lacht man hier. Genug sobald mein Wagen hier ist, reise ich ab,
meinen Coffre werde ich zur See nach Deutschland schicken, und auser-
dem eine Kiste mit Kunstsachen etc. Lebe wohl, mein gutes Weib!
Grüss alle unsre übrigen guten Freunde. Mache Dich lustig so viel
Du willst, wenn ich Dir auch mal von einem Domino geschrieben habe,

[1]) Ein Bildhauer, sein Freund und Gehilfe.
[2]) Der bekannte Kupferstecher.
[3]) Gustaf von Brinkmann, schwedischer Legations-Sekretär in Berlin, ein Schöngeist
und Dichter.

so hätte ich doch bis jetzt keinen brauchen können, Du bildest Dir
vielleicht ein, ich lebe in lauter Singsang, unterdessen ich gantze Abende
zubringe an Dich zu schreiben. Freilich bin ich nicht so wie ich wol
sein sollte, aber ich gebe mir doch alle Mühe, und wenns nicht gelingt,
so glaube sicher dass es mir unmöglich war. adieu, adieu, meine liebe,
meine beste, schreib nun nach Coppenhagen, wenn Du schreibst. Ich
werde wol noch einmal von hier schreiben. Küsse meinen Ridolfo und
meinen Wilhelm. Ich bin Dein Schado.

 Stockholm den 27. October 1791.

  A Madame

   Madame Schado

    wohnhaft in der neuen Müntze

    vor dem Königsthor in Berlin[1]).

---

[1]) Jetzt Münzstrasse 10—12, in diesem Hause befanden sich später die K. Erzgiesserei
und mehrere Bildhauer-Werkstätten.

IV.

Die bronzenen Arbeiten in Stockholm und St. Petersburg betreffend.

Ein Vortrag, Ende des Jahres 1791 gehalten[1]).

Es sei sei mir erlaubt, bei Vorlegung der Kupfer, Zeichnungen und Modelle, welche Abbildungen von Denkmälern sind, die man verdienstvollen Fürsten errichtet hat, meine Gedanken mitzutheilen.

Die Haupt-Absicht bei allen Denkmälern war immer: uns und unsern Nachkommen, die Gestalt des Helden zu zeigen, der aufgehört hat, unter uns zu wandeln. War es nicht seine ganze Figur, so war es doch sein Gesicht als der Haupttheil des Menschen, durch welchen man so zu sagen in der Seele lesen kann. Bei aller Freiheit, die man sich in der Art der Darstellung der übrigen Theile genommen hat, ist man doch nie von der strengsten Beobachtung der Aehnlichkeit der Gesichtszüge abgewichen.

Geschmacklose Nationaltracht, Schmeichelei und der Hang zur Freiheit, der allen Künstlern eigen ist, sind die Ursachen, dass so wenige Monumente den Helden treu darstellen, dass dagegen so viele mit dem Character des Dargestellten nicht übereinstimmen.

Geschmacklose Nationaltracht ist Schuld, dass wir grosse Alongeperucken, Stern und Ordensbänder mit der römischen Tunica und dem griechischen Cothurn verbunden sehen. In neuern Zeiten fanden die Künstler gewöhnlich den jedesmaligen Anzug der Nation entweder zu gemein oder zu wenig malerisch. Sie glaubten, wie Saly selbst gesteht, ihren Helden in einer Art von Vergötterung zeigen zu müssen. Sie wählten folglich den römischen Anzug, der ihnen überdies in allen Theilen mehr Freiheit erlaubte. Je näher aber ein Denkmal mit dem eigenthümlichen Character des Helden übereinkommen wird, je mehr Eindruck muss es ja wohl auf die Nation selbst und überhaupt auf jeden Beschauer machen. Diese Figuren in römischer Tracht scheinen nichts mehr mit uns zu thun haben, und es gehört immer erst eine Art von innerlicher Ueberredung dazu, um sie für das anzusehen, was

[1]) Vgl. Eggers, Rauch Bd. IV. S. 63.

sie darstellen sollen. Aus diesem Grunde halte ich das Monument des Königs von Schweden Gustav Adolf in der Darstellungsart für eins der vollkommensten, obwohl es schöner gearbeitete giebt. Hier ist Gustav Adolf von Kopf zu Fuss nach damaliger Art geharnischt. Keine fremde Tracht, kein römischer Soldatenrock nöthigt meinen Verstand, meine Einbildungskraft erst zu überreden, dies sei Gustav, ein christlicher König und der Anführer einer nordischen Nation. Und dieser eiserne Panzer stimmt wohl zusammen mit dem eisernen Character des Helden.

Unten am Piedestal sieht man seinen Staatsminister Oxenstierna, welcher der Geschichte, die neben ihm sitzt, die grossen Thaten seines Königs dictirt. Wäre Oxenstierna in ein antikes Gewand gehüllt, so würde eine Erklärung nöthig sein, uns dahin zu bringen, zu glauben, dies sei ein Schwede. Und obwohl sein modernes Costüm mit dem Gewande der Geschichte sehr contrastiert, so kann man doch nicht sagen, dass es einen üblen Effect mache. Es trägt vielmehr dazu bei, das Ganze deutlicher darzustellen. Die Medaillons am Piedestal herum sind Portraits von Generalen, die unter Gustav Adolf gedient haben. Alle Theile dieses Monuments sind deutlich und stimmen mit einander überein. Ist es nicht eine schöne Eigenschaft eines Kunstwerks, wenn es sich selber erklärt und keiner Inscription bedarf? Wenn es das geradezu darstellt, was es darstellen soll? Jede fremde Tracht ist eine Verstellung, und dient nur dazu, die Sache unkenntlich zu machen. Und so oft in grossen und prächtigen Denkmälern der Kunst hierwider gehandelt worden ist, müssen wir eingestehen: sie haben alle denselben Character, oder vielmehr gar keinen. Sie sehen vielmehr aus, als wären sie alle in derselben Form gegossen. So erzählt der alte Preisler, dass sein Kupferstich von der Kopenhagener Statue Friedrich's des V. zu Paris als die Ludwig's des XV. verkauft worden sei. Hier meine ich nun besonders die Statues equestres.

Alle grossen und denkenden Künstler haben auch darauf gedacht, diese Monotonie zu vermeiden. Sie haben es wohl gefühlt, wie wenig es sich schicke, Helden von einem eigenen Character und von eigenen Sitten in dasselbe Gewand zu hüllen. Die beiden Monumente des Michelangelo in der Capella di S. Lorenzo zu Florenz, von zwei Herzögen von Toskana, die Statue pedestre zu Livorno mit den vier schönen Sclaven von Giovan di Bologna sind alle in ihrer damaligen National-tracht und werden eben dadurch characteristisch und interessant. Diese grossen Männer fühlten es wohl, dass ein Denkmal seinem Zwecke nicht entsprechen könne, wenn es nicht zugleich wahr, characteristisch und in der Abbildung des Helden mit seinen Sitten übereinstimmend sei. Wie wenig interessant sind alle die Monumente der französischen Könige, weil sie alle einen Character haben. Hierher kann auch das Monument des Königs von Dänemark Friedrich des V., von Saly, gerechnet werden.

Auch Falconet in Russland fühlte wohl, dass die römische Kleidung für seinen Peter den Grossen nicht passlich wäre. Dessen Tracht ist, den Mantel abgerechnet, ganz russisch, und dieser Zusatz des Mantels ist für einen Kaiser geziemend und choquiert keineswegs.

Wenn Ehrfurcht und Bewunderung die Beweggründe sind, warum man ein Monument errichtet, wenn der Held selbst gross ist, so denkt sich ihn der Künstler auch gerade als ein simples Portrait. Es bedarf dann keiner fremden Hülle, um ihn gross und ehrwürdig scheinen zu machen, und das Gewand, welches er trug, mochte es sein wie es wollte, wird durch den Helden geheiligt. Und da wir Künstler keine andere Sprache haben als körperliche Formen, so können wir auch das Eigenthümliche der Sitten und des Characters nicht anders ausdrücken, als wenn wir getreu sind. Wenn Schmeichelei und Prahlerei die Beweggründe zur Errichtung eines Monuments sind, dann nimmt der Künstler alles zu Hülfe, was seinen Helden gross und erhaben scheinend machen kann. Er sieht alsdann sein Monument als eine Art von Deification oder Apotheose an, er verfällt in's Emphatische, und wird dadurch zum Lügner. Die Franzosen, welche oft in diesem Falle waren, und deren Hang zum Theatralischen noch ferner dazu beitrug, haben oft derartige Denkmäler gemacht, und sie haben durch die grossen Verdienste in der Ausführung ihrer Kunstwerke zur Nachahmung verführt; so ist es endlich ein beinahe ohne Ausnahme gültiger Gebrauch geworden, unsere Fürsten und Helden in römischer Tracht darzustellen.

Wir haben also die Absicht: erstens unsern Helden selbst darzustellen; zweitens an demselben Denkmal einige seiner memorabelsten Thaten zu verewigen, entweder durch halb erhobene Arbeiten oder durch Inschriften; drittens die Tugenden des Helden durch allegorische Figuren, seine Würde und seine Verrichtungen durch Armaturen, Trophäen oder andere Emblemata auszudrücken.

Den Helden selbst darzustellen — ich habe schon gesagt, dies müsse auf eine mit seinem Character und seinen Sitten übereinstimmende Art geschehen; sonst wird dieses Bild unkenntlich für uns und noch mehr für die Nachkommen, und sie könnten, falls etwa eine beigefügte Inschrift, welche ihnen befiehlt, es für Friedrich den Zweiten anzusehen, verloren geht oder unleserlich wird, es eben so gut für einen Julius Caesar halten.

Ich habe auf dieser letzten Reise alle Künstler über diese Frage consultiert, welche Kenntnisse und Talente besitzen. Einige fanden die Idee, Friedrich den Grossen in der römischen Tunica des Marc Aurel darzustellen, vortrefflich, wie Desprez und Morillier in Stockholm. Vetter und Koslowsky in Petersburg, Sergel, Lafrenz und andere meinten dagegen, man könne sich unter diesem Hemde Marc Aurel's gar nicht jenen grossen preussischen König und Soldaten denken. Abilgaard und Harsdorff in Kopenhagen waren der Meinung, man müsse keine Statue equestre machen; wenn dies aber einmal beschlossen wäre, so müsste man ihn gänzlich als Portrait darstellen, in den Grenzen, welche die Regeln des Portraits vorschreiben, veredelt, aber nicht fremd.

Meiner Meinung nach können wir auf unsern Helden nichts passenderes und für den preussischen Nationalgeist nichts interessanteres machen als eine Statue equestre. Ich weiss alle Einwürfe, die man wider unser jetziges Costum macht, und als Künstler weiss ich sehr wohl, wie schwer es ist, Vortheil davon zu ziehen. „Man wird einst lachen", sagen einige. Die unvergängliche Ehrfurcht, welche die Preussen stets für diesen König fühlen werden, lässt das nicht glauben. „Ein solch kostbares Denkmal", sagen andre, „muss durch Schönheit und vortreffliche Wahl in allen Theilen frappieren." Ja bewundern wird man die Schönheit der Arbeit, Vergnügen kann es dann immer machen, aber der Preusse wird dabei seinen grossen König sich nicht denken, und in dieser Hinsicht wird es Interesse gar nicht haben können.

Zweitens kommen wir darauf, an demselben Denkmal einige der memorabelsten Thaten des Helden zu verewigen. Sobald von einer Statue equestre die Rede ist, so bezieht sich dies auf das Piedestal und dessen Verzierungen. Bei einer Statue equestre ist das Piedestal immer von grosser Bedeutung gewesen: wegen der Grösse desselben hat man können viele Zierrathe und Emblemata anbringen. Diese haben dem Zuschauer die Tugenden und Thaten des Helden in Bildern und Worten erzählt. Es ist gleichsam ein schönes Feld für den Künstler, wo sich ihm viele Freiheit darbietet, und wo ein poetischer Geist Stoff findet. Das Piedestal ist die Lobrede auf den Helden, und dies macht eigentlich erst das Ganze zu einem vollkommenen Monument.

Wie unschicklich hingegen diese Poesie auch oft angebracht worden ist und wie sehr Künstler die Freiheit missbrauchten, die ihnen sich darbot, davon haben wir mehr als zu viele Beispiele, denn Schmeichelei und Prahlerei haben auch hier viel Einfluss gehabt. So sehen wir an vielen Monumenten die sehr unbedeutende Idee mit den vier nackten Sclaven angebracht. Das älteste Monument dieser Art ist das von Giovan di Bologna zu Livorno, und dieser Künstler führte diese Idee vielleicht eines Theils aus Schmeichelei aus, andern Theils bot sie ihm eine günstige Gelegenheit dar, sein Studium der Anatomie, seine Grösse in den Formen des Nackten zu zeigen. Ein anderes Monument dieser Art ist das Ludwigs des XIV. in Paris, welches ein

Beweis französischer Prahlerei ist, und dann das hier in Berlin von
unserm grossen Kurfürsten auf der langen Brücke. Schlüter that das
wohl nur aus Imitation; aber man sieht wohl ein, wie wenig dergleichen
Emblemata auf einen wirklich grossen Mann, wie der Kurfürst war,
passend sind.

Wenn die Schönheit der Arbeit auch alle Achtung verdient, so
ist doch der Tadel gerecht, welcher dergleichen unschickliche Wahl
verwirft. Falconet in Petersburg verfiel zuerst auf eine ganz neue Idee,
die wegen ihrer Hardiesse und dem Kolossalen, welches die Russen
lieben, merkwürdig ist. Peter der Grosse sprengt in vollem Galopp
einen steilen Felsen hinan, als sein Pferd den Gipfel erreicht hat, hält
er es an, indem er mit der rechten Hand über seine Unterthanen seinen
Segen verbreitet. So erhaben und deutlich diese Poesie auch ist, so
wundert man sich, beim Anblick dieses Monuments nicht den Eindruck
zu fühlen, den man von der Ausführung dieses kolossalen Gedankens
erwartete. Als der ungeheure Stein nach Petersburg gebracht war,
freuten sich die Russen, dem übrigen Europa zeigen zu können, was
eine mächtige Nation vermag. Sie sahen ihn als den Beweis an, dass
die Mechanik bei ihnen die höchste Ausbildung erreicht habe, Falconet
aber als die Basis zu der Statue seines Helden. Daher liess er, weil
das Pferd in der That zu klein erschienen wäre, viel davon abnehmen.
Nichts war den Russen empfindlicher. Der Präsident der Akademie
der Künste Betzky nannte jeden Schlag an dem Steine einen Dolch-
stich ins Herz. Auch die Idee, dass es ein einziger Stein sein sollte,
wurde nicht einmal beibehalten, denn es musste auf der Vorderseite
ein beträchtliches Stück angesetzt werden. Genug, die Wirkung dieses
Monuments ist die, dass dieser Stein, soll er einen Felsen vorstellen,
uns lächerlich und klein scheint, und als Basis zu einer Statue doch
immer eine viel zu grosse, kahle und in keinem Betracht interessante
Masse macht. Die Bildhauerei hat ihre Grenzen. Falconet kannte sie
nicht. Lessing hat sie zuerst und am deutlichsten in seinem Laocoon
auseinander gesetzt. Da wir eine ähnliche Idee hatten, das Piedestal
zu dem Monumente unsers Königs aus einem Stücke zu machen, so
bin ich nun, seitdem ich das Monument Peter's des Grossen gesehen
habe, der Meinung, dem Piedestal wenigstens nicht mit Fleiss eine un-
förmliche Gestalt zu geben. Die Idee, es aus einem Stücke zu machen,
ist vortrefflich, die unzerstörbarste Dauer erhalten wir dadurch, aber
die Freiheit der Gestalt, die wir ihm geben können, ist ein Reiz für's
Auge, den wir nicht einer grillenhaften Poesie, wie Falconet, auf-
opfern müssen.

Falconet's Monument hat also weder Piedestal noch Allegorien
oder Emblemata. Nun komme ich auf das Piedestal zu dem Monumente

Gustav Adolf's, welches, wenn es einst fertig sein wird, meiner Meinung nach den schönsten Effect von allen machen wird, die ich je gesehen habe. Das Piedestal ist interessant ohne irgend eine grillenhafte Allegorie zu haben. Die Decorationen sind so angebracht, dass es weder zu überladen, noch zu arm genannt werden kann, nichts daran thut der Hauptsache, nehmlich der Statue equestre selbst, Schaden. Anstatt der vier allegorischen Figuren, die gewöhnlich auf den vier Ecken des Piedestal angebracht sind, steht hier auf der Vorderseite Oxenstierna mit der Geschichte. Welch schönes Frontispice zum Ganzen, welch schöner Titel auf der Vorderseite des Werks! Oxenstierna, welcher der Geschichte die grossen Thaten seines Königs dictiert. So viel ich weiss, ist diese Art von Composition ganz neu. Man hatte nie darauf gedacht, die Vorderseite solcher Denkmäler besonders zu bezeichnen. Sie enthalten meistentheils eine grosse Inscriptions-Tafel, wodurch dann diese Hauptseite ärmer wird als die andern, die gewöhnlich mit Basreliefs, Trophäen und andern Zierrathen überladen sind. Hier sind auf den andern Seiten Medaillons, welche Portraits von Generalen vorstellen, die unter Gustav Adolf gedient haben. Die Ausführung aller dieser Decorationen des Piedestals ist vom Ritter Sergel, dem jetzt lebenden Hofbildhauer des Königs von Schweden, die Composition des ganzen Monuments und die Statue equestre selbst von seinem Meister L'archevêque. An reinem Geschmacke, an Schönheit der Umrisse und der vollendetsten Ausführung übertrifft der Schüler den Meister bei weitem. Die Gruppe von Oxenstierna mit der Geschichte ist noch nicht gegossen. Die Figur der Geschichte ist im schönsten griechischen Styl, und verdient meiner Meinung nach den Vorzug vor den meisten modernen Bildhauerarbeiten, die ich gesehen habe. Die Medaillons sind auch von ihm, und in ihrer Art darum merkwürdig, weil er nicht hat zugeben wollen, dass sie ciseliert würden. Sie sind aber auch so rein aus dem Guss gekommen, dass sie es nicht bedürfen. Aus diesen Monumenten sind also weder Thaten aus dem Leben des Königs abgebildet, noch allegorisch dessen Tugenden vorgestellt. Und in der That, welche von den vielen Thaten eines grossen Fürsten soll man wählen, oder welche von seinen mannigfaltigen Tugenden?

Noch muss ich anmerken, dass der untere Theil des Piedestals aus vier grossen Granitblöcken besteht, wovon die mittelsten 15 Fuss Länge und 5 Fuss Breite haben. Der Granit ist roth, weiss und blau, und hat eine Politur, welche der des Achats gleich kommt. Man hat auch vier Säulen auf diese Weise verfertigt, und so viel ich weiss, hat man noch nirgends den Granit so schön bearbeitet, auch kann man wohl schwerlich etwas prächtigeres sehen. Man hat zur Bearbeitung desselben eine Maschinerie am Wasser in Stockholm errichtet.

Die Statue equestre zu Kopenhagen ist schön, wenn man nehmlich von so einem Denkmale nichts anders verlangt, als ein vollkommen und in allen Verhältnissen richtig gebautes Pferd zu sehen. Doch tadelt man daran, dass ihm Leben und Bewegung fehle. Die Figur des Königs selbst ist gar nicht glücklich und ähnelt nur zu sehr der Louis des XV. zu Paris. Das Piedestal hat ein feines Profil, ist aber viel zu hoch, zu schwer, zu gross und zu nackt. Auf den Seiten sind kleine Inscriptionstafeln, die zuweilen ein Gelehrter, welcher Latein versteht, überliest. Saly's Idee war, auf beiden Seiten des Piedestals zwei liegende Figuren zu machen, wovon die eine das Königreich Norwegen und die andre Dänemark vorstellen sollten. Vorn und hinten sollten Wassergottheiten sitzen, nehmlich die Nordsee und der Sund. Die ungeheuren Kosten der Statue equestre selbst waren Ursach, dass man von der Ausführung dieser Entwürfe für das Piedestal abstehen musste. Das Piedestal würde sonst vielleicht nicht so plump und kahl erscheinen. Es würde ein schönes und reiches Denkmal geworden, aber immer ein unbedeutendes geblieben sein.

Aus allen Beobachtungen, die ich jetzt über Monumente dieser Art gemacht habe, resultiert, wie schwer es ist, einen guten, passenden, charakteristischen und in seinen Theilen übereinstimmenden Entwurf zu machen zu einem Denkmal, welches uns unsern grossen König ins Gedächtniss zurückruft, und welches der Würde, die er mit so vielem Ruhm bekleidete, angemessen ist. Die Schwierigkeiten der Ausführung, das Studium eines ganz neuen Gegenstandes und das Kolossale dieser Arbeit erwähne ich hier gar nicht. Was ich jetzt beobachtet und gesagt habe, ist nur in Beziehung auf die Wahl dessen, was wir machen und was wir vermeiden sollen. Ich zittre, wenn ich daran denke, und gestehe frei heraus: dass von den Projecten, die sich bis jetzt meiner Einbildungskraft dargestellt haben, kein einziges mir ganz genügt.

Lassen Sie uns gemeinschaftlich unsere Gedanken über diesen Gegenstand mittheilen; es ist der wichtigste Vorwurf, welcher sich in unsern Zeiten der Kunst darbieten kann. Den Begriffen zufolge, die ich von so einem Denkmale habe, ist es nicht genug, dass es kostbar, dass es kolossal, dass es sauber und schön gearbeitet sei; sondern es soll wahr, characteristisch, deutlich, mit den Sitten des Helden übereinstimmend sein. Mit einem Worte, es soll sich selbst erklären.

V.

Gespräch des Königs Friedrich Wilhelm III. mit Schadow über das Denkmal des Fürsten Leopold von Anhalt-Dessau 1798.

Berlin, den 8. August 1798.

P. M.

In Folge der Allerhöchsten Cabinetsordre vom 13. Februar in Betreff der Anfertigung des Monuments des Fürsten Leopold von Anhalt-Dessau ging ich nach Dessau und verfertigte nach dem dort befindlichen Gemälde das Brustbild des Fürsten und eine Esquisse von der ganzen Statue; beide nebst ein paar gezeichneten Profilen zeigte ich am 24. Mai Sr. Majestät dem Könige; Allerhöchstdieselben empfahlen, die Uniform, welche noch jetzt das Regiment hat, an der Statue anzubringen, welches in der vorgezeigten Esquisse nicht beobachtet war, da ich solche nach einem älteren Bilde in Dessau verfertigt hatte.

Se. Majestät erinnerten hiebei, dass dieses darum geschehen müsse, da diese Uniform eben, weil der Fürst selbst sie eingerichtet habe, nie abgeändert worden sei, auch solle ich deshalb ein Bild nachsehen, welches sich im Schlosse zu Charlottenburg befände. Solches habe ich gethan, und zwei neue Esquissen gemacht, woran der wesentliche Unterschied dieser ist, dass die eine die Hand mit dem Comandostabe vor sich ausstreckt, die andere denselben Arm am Leibe gezogen zurückzieht.

Auch habe ich ein Modell des Piedestals von grauem Holze angefertigt, auf der Vorderseite steht folgende Inschrift:

Dem Andenken

des

regierenden Fürsten Leopold von Anhalt-Dessau

Königl. Preussischen Generalfeldmarschalls

weihet dies marmorne Denkmal

Friedrich Wilhelm III.

im

ersten Jahre seines Reichs.

Auf der Hinterseite des Postaments:

> Siegreich leitete Er die Preussischen Hülfsvölker
> in Flandern, am Rhein, an der Donau, am Po.
> Er eroberte Stralsund und die Insel Rügen,
> die Schlacht von Kesselsdorff krönte
> seine kriegerische Laufbahn.
> Er lebte vom 3. Julius 1676
> bis den 7. April 1747.

Beide Inschriften sind vom Hofrath Hirt; wir haben es darum nöthig erachtet, so viel Inschrift anzubringen, da der Held schon über 50 Jahre todt ist, und auf diese Weise dessen Thaten wieder in's Gedächtniss unserer Zeitgenossen zurückgebracht werden müssen. Auf der rechten Seite des Postaments ist eine Victoria en basrelief, sie gräbt mit einem Griffel auf dem Schilde das Wort Kesselsdorff mit dem Jahre und dem Tage ein. Auf der linken Seite ist ebenfalls en basrelief das siegreiche Preussen, die Figur einer Amazone, den Helm auf dem Kopfe und mit Eichenlaub bekränzt, in der linken Hand die Lanze haltend und am nehmlichen Arm den Schild mit dem preussischen Adler.

Diese Inscriptionen sowohl als die Basreliefs sind auf dem kleinen Postament würklich angebracht.

Sämmtliche Unkosten dieses Monuments, nehmlich für Marmor, Fundament, Versetzen, eisernes Gitter, Transport etc. belaufen sich auf sieben Tausend vierhundert sechszig Thaler.

Um nun zu allem diesen die Königliche Approbation zu erhalten, erbitte ich von Sr. Exellenz einen Bericht hierüber an Se. Majestät den König, wobei ich denn die erwähnten Skizzen vorzuzeigen gedenke.

gez. G. Schadow.

Berlin, den 20. August 1798.

Gestern nach 12 Uhr kamen Se. Majestät der König [1]), um die beiden Esquissen zu sehen, welche zum Denkmal des Fürsten Leopold angefertigt sind; ich wurde sogleich gerufen, und als ich in das Zimmer trat, wo ich sie aufgestellt hatte, so stand der Erbprinz von Mecklenburg-Strelitz und hielt die eine Esquisse in die Höhe; neben der andern, die auf dem Postamente stand, der König, besah beide eine Zeitlang und sagte, indem Er auf die deutete, welche den Arm mit dem Commandostabe gebogen am Leibe zurückzieht: Diese gefällt mir am besten, und die, glaub ich, müsste man beibehalten; das Costum ist besser als in der andern, aber ich würde den ausgestreckten Arm von

---

[1]) Nach Charlottenburg.

jener nehmen, das passt sich besser für den Herrn. (Indem Er sich zu mir wendete) Sagen Sie mal Ihre Meinung, welche ziehen Sie vor?

ich: Diese Idee Ihrer Majestät stimmt ganz mit der meinigen überein; ich glaube, dass der ausgestreckte Arm sich besser zum Character dieses Helden passen wird, übrigens ziehe auch ich diese Skizze vor.

der König: Die Wendung des Kopfes muss bleiben, und der Ausdruck im Gesicht scheint mir auch recht gut. Es wird ein origigginelles Stück, aber es war so ein origineller Mensch.

Hierauf las der König die Inschrift auf der Vorderseite, und ich machte Ihm bemerkbar, dass man die hier stehenden Worte: im ersten Jahre seines Reichs, in: seiner Regierung umgeändert hätte.

der König: Bagatelle.

Der König ging herum und las die hintere Inschrift ganz durch.

der König: Das ist sehr gut gesagt.

Der König und der Erbprinz besahen nun das Basrelief, wo die Victoria auf den Schild schreibt. Der Erbprinz las: Kesselsdorff den — den ·· und konnte es nicht gut lesen, weil es undeutlich und in Wachs nachlässig eingezeichnet ist.

der König: Kesselsdorff den 15. Dezember 1745, so soll es heissen. Sie wollten diesmal nicht solche Basreliefs machen wie bei Zieten?

ich: Um militärische Scenen abzubilden, ist der Raum gar zu klein.

der König: Ja, das wohl, aber die an Zieten sind hübsch, die sind meisterhaft gearbeitet.

ich: Zum Beispiel die Schlacht von Torgau, wo Ziethen beinah ganz allein dasteht.

der König: Nun, das schadet nicht.

ich: Wenn Ihre Majestät befehlen, so kann ich ähnliche anbringen.

der König: Nein, die sind gut, das mag so bleiben.

der Erbprinz: Wo soll das Monument aufgestellt werden?

der König: Das werd ich noch sagen.

ich: Nach einer Ordre, die da ist, befahlen Ew. Majestät, dass es auf dem Wilhelmsplatz stehen soll.

der König: Das weiss ich ·· aber nein — mir fällt ein, beschlossen habe ich es noch nicht, dass man es in dem Lustgarten, auf der Ecke zwischen dem Dom und dem Schlosse aufstellen soll, wo die neue Strasse sich herum biegt, das scheint mir ein guter Platz.

ich: Der Platz ist recht schön.

der König: Ja, und durch die neuen Geschichten[1]) wird er embellirt werden, und da würde das mit aufputzen. Ich wünsche viel Glück zur Ausführung.

----

[1]) »Geschichten« steht wirklich in der Handschrift, es ist wohl ein Schreibfehler.

Hierauf verliess der König das Zimmer.

Der Erbprinz besah genau das andre Basrelief, welches die Borussia vorstellt, und sagte: Das ist wie man auf alten Denkmälern die Roma vorgestellt sieht. Ich sagte ihm: das wäre wahr, aber durch den preussischen Adler auf dem Schilde glaubte ich hinlänglich die Borussia anzudeuten, und Preussen wäre so militärisch, dass man wohl ein ähnliches Bild wie für die Roma anwenden könnte.

Nachdem wir noch von einigen gleichgültigen Dingen gesprochen hatten, rief mich die Königin, die in einem Zimmer daneben sass und sich frisieren liess; als ich eintrat, sagte Sie: Sie werden nun wohl bald anfangen zu — (hier machte Sie mit beiden Händen die Gebärde wie wenn einer in Stein haut).

ich: Ihre Majestät, ich werde nun nicht mehr säumen.

die Königin: Wie lange wirds dauern? ein kleines halbes Jahrhundert?

ich: Ohngefähr zwei Jahre.

die Königin: Wissen Sie wohl, dass man nun daran denken muss, das Monument von Friedrich II. zu machen; wie wäre es, wenn man das Comödien-Haus wegschmisse und es dahin stellte?

ich: Auch die beiden Kirchen müssten dann weg, denn sonst wird das Monument, es mag noch so gross sein, immer zu klein scheinen, und der Platz wäre doch nicht schön.

die Königin Wo soll man es aber hinbringen?

ich: Auch in den Lustgarten.

die Königin: Das werden die Herrn Exerciermeister nicht gern wollen.

ich: Die werden ihre Manöver danach einrichten.

die Königin: Warum haben Sie an dem Postamente da die allegorischen Figuren angebracht?

ich: Weil es Gegenstände sind, die mir Gelegenheit gaben, im antiken Geschmack zu arbeiten und das griechische Costüm anzuwenden, denn wider das preussische Costüm in der Sculptur schreit doch mancher, und besonders Dichter und Künstler.

die Königin: Ich begreife nicht, wie es noch Menschen giebt, die darüber schreien; wenn mein Mann griechischen oder römischen Generalen Statuen setzen wollte, dann ja; er will aber preussische, und wenn man es so machte, wie wollte man das unterscheiden?

ich: Für mein Theil bin ich Ihrer Majestät Meinung, so wie auch der grösste Theil des Publicums.

die Königin: Wollen Sie Ihre Arbeit hier lassen?

ich: Ich bin gesonnen sie mitzunehmen, und deshalb habe ich einen Wagen.

die Königin: Genieren Sie sich nicht, Sie können Sie gleich nehmen. Mit meiner Arbeit kehrte ich hierauf nach Berlin zurück.

Die hier erwähnten Reliefs und Inschriften, welche König Friedrich Wilhelm III. gelobt und auszuführen befohlen hat, sind in unseren Tagen beseitigt worden, als man das schöne alte Marmor-Postament durch ein kunstloses von Granit ersetzt hat. Auch die Marmorbildsäule selbst, welche schon vor etwa dreissig Jahren ihre Ehrenstelle dem Schlosse gegenüber mit einer auf dem Wilhelmsplatze hat vertauschen müssen, ist jetzt, weil sie verwitterte, durch einen Bronze-Abguss ersetzt worden. Man hat sie dabei nicht allein vergrössert, sondern man hat auch den Baumstamm neben ihr fortgelassen, so dass nun die Beine etwas kahl und dünn erscheinen. (Die Originale der Statuen Zietens und Leopolds von Dessau befinden sich bekanntlich jetzt in der Kadettenanstalt zu Lichterfelde.)

Ueber einige in den Propyläen abgedruckte Sätze Goethe's,

die Ausübung der Kunst in Berlin betreffend.

Erst nach dem Erscheinen der „Aufsätze und Briefe von Gottfried Schadow", welche ich unlängst zur hundertjährigen Feier seiner Geburt herausgegeben habe, ist der folgende Aufsatz aufgefunden worden; ein alter Sonderabdruck fand sich in einem Theile seines schriftlichen Nachlasses, welcher bisher nicht zugänglich gewesen war, und es ergab sich bald, dass dieser Aufsatz zuerst in der nun vergessenen „Eunomia, eine Zeitschrift des neunzehnten Jahrhunderts", herausgegeben von Fessler und Rhode, im ersten Bande des Jahrgangs 1801, gedruckt ist.

Zum besseren Verständniss folgt hier im Zusammenhange die angegriffene Stelle der Propyläen (dritten Bandes zweites Stück, Seite 167). Goethe sagt in einer „flüchtigen Uebersicht über die Kunst in Deutschland":

„In Berlin scheint, ausser dem individuellen Verdienst bekannter Meister, der Naturalismus, mit der Wirklichkeits- und Nützlichkeitsforderung, zu Hause zu seyn und der prosaische Zeitgeist sich am meisten zu offenbaren.

Poesie wird durch Geschichte, Character und Ideal durch Portrait, symbolische Behandlung durch Allegorie, Landschaft durch Aussicht, das allgemein Menschliche durchs Vaterländische verdrängt.

Vielleicht überzeugt man sich bald: dass es keine patriotische Kunst und patriotische Wissenschaft gebe. Beyde gehören, wie alles Gute, der ganzen Welt an und können nur durch allgemeine, freye Wechselwirkung aller zugleich Lebenden, in steter Rücksicht auf das, was uns vom Vergangenen übrig und bekannt ist, gefördert werden."

Dies Urtheil ist freilich hart, allein als Goethe es schrieb, galten der damals unlängst verstorbene Bernhard Rode und Frisch hier für die ersten Maler, neben ihnen hatten auch Meil, Darbes und Weitsch einen Namen, und Chodowiecki war der berühmteste Künstler. Das Streben nach Wahrheit und Natürlichkeit in der Kunst wie im Leben, welches im Gegensatz zu dem vorübergegangenen phantastischen Roccoco die Aufklärungs-Epoche bezeichnet, war bald in Verachtung aller Phantasie, alles Idealen ausgeartet, und hatte den Kunstwerken selbst einen Character von Nüchternheit und bürgerlicher Plattheit gegeben. In den bildenden Künsten ebenso wie in der Litteratur. Haben nicht Chodowiecki's Blätter mit Lorenz Stark und mit Diderot's Hausvater grosse Aehnlichkeit? Und Nicolai's, Lafontaine's jetzt unlesbare Romane hat jener geschickte Künstler nur so hübsch illustrirt, weil er ihnen geistverwandt war. Alles predigt die Philosophie, die

---

[1] Erschien als Nachtrag zu G. Schadows Aufsätzen und Briefen, Düsseldorf 1864. 8.

Religion des „rechtschaffenen Mannes". Die grossen Geister freilich, von denen
einst diese luftreinigende Strömung zuerst ausgegangen war, hatten in ihren Meister-
werken Ideen ausgesprochen, welche die Welt umwandelten — allein nicht um diese
Männer handelt es sich hier, sondern um ihre flachen Nachahmer, um jene Dii
minores zu Ende des achtzehnten Jahrhunderts.

Gœthe spricht in kurzen Worten ein allgemeines Urtheil, Schadow's unlängst
vollendete Arbeiten waren ihm noch unbekannt. Er würde anders geurtheilt haben,
hätte er den schlafenden Knaben am Denkmal des Grafen Mark und das mächtige
Viergespann auf dem Thore gesehen, beide so ganz in seinem eigenen in Italien
gebildeten Sinn, wie ja Schadow auch unter den frischen Eindrücken seines langen
römischen Aufenthalts diese Werke geschaffen hatte.

Aber gewiss war unser Künstler in seinem guten Recht, als er im Vollgefühl
seines grossen Talents und seines jungen Ruhms Einspruch gegen solch einseitiges,
ihn ungehört mitverdammendes Urtheil erhob. Und er spricht dreist und derb,
wie es ihm ziemt. Zuweilen missversteht er auch wohl Gœthe's Worte; überhaupt
hatte er gutes Spiel, denn diese kurzen Sätze haben in ihrer Allgemeinheit etwas
nebelhaftes, was den Widerspruch reizt und erleichtert. Wohl mag an dieser Un-
bestimmtheit der andere „Weimarische Kunstfreund" Heinrich Meyer mitschuldig
gewesen sein, Gœthe's aide de plume, wie Schadow ihn einmal nennt. Aber dem
grössten Theil der Ansichten, welche unser Meister hier ausspricht, würde Gœthe
wohl seine Zustimmung nicht versagt haben, hätte Schadow ihm seine Werke als
Commentar gezeigt. Das Schauspiel, zwei solche Geister kämpfen zu sehen, ist
schön für uns Zuschauer.   Julius Friedlaender.

Der grosse und gerechte Ruf des Herausgebers der Propyläen
war Ursäch, dass ich bisher alles was in diesen Blättern über die Kunst
gesagt wurde, in stiller Hingebung annahm; folgende sich auf die Kunst
in Berlin beziehende Sätze regten indess in mir einige Gedanken auf,
die ich mittheile ohne zu erwarten dass meine schwache Stimme gegen
diese alles überwältigende gehöret werde.

„In Berlin", heisst es in den Propyläen, „scheint ausser dem individuellen Verdienst bekannter Meister, der Naturalismus mit der Wirk-
lichkeits- und Nützlichkeits-Forderung zu Hause zu sein, und der prosaische Zeitgeist sich am meisten zu offenbaren".

Obwohl die Propyläen vorzüglich mit für Künstler geschrieben zu
sein scheinen, so sind dennoch viele Stellen nicht klar genug abgefasst
um von uns sogleich recht deutlich begriffen zu werden. In Hinsicht
der angeführten Worte sage ich, dass dieses wie überhaupt jedes allgemeine Aburteln darum nicht richtig ist, weil der Ausnahmen eben so
viel sind als der zutreffenden Fälle.

Vom Naturalismus, welcher hier — in Berlin — am meisten zu
Hause sein soll, will ich anfangen, und äussern, was ich darunter verstanden habe. Ein Naturalist ist jemand der eine Kunst treibt ohne

sie von einem Meister (Professor) oder in einer Schule erlernt zu haben; so wie zum Beispiel mancher fechtet, oder Verse macht, oder nach dem Gehöre singt und ein Instrument spielt, ohne die dazu gehörigen Lectiones nach angenommener Art und Weise durchgemacht zu haben. Ein solcher war freilich in der bildenden Kunst Daniel Chodowiecki, der nach der Weise keiner einzigen Schule zu Werke ging, auch nie einen Lehrmeister gehabt hatte. Ob er und einige ganz alte deutsche und holländische Künstler deshalb aber geringer zu schätzen sind als andere, die nicht zu sehen und zu arbeiten vermochten ausser durch die Brille irgend eines Meisters oder einer Schule, ist noch nicht ausgemacht.

„Dieser Naturalismus, mit der Wirklichkeits- und Nützlichkeitsforderung sei hier zu Hause"[1]).

Ich verstehe darunter: dass man hier solchen Kunstarbeiten den Vorzug giebt, welche treu und ehrlich nach einem vorliegenden Muster abgebildet sind; oder: jedes Kunst-Stück werde hier behandelt wie ein Portrait oder Conterfey.

Mich sollte es freuen, wenn wir einen charakteristischen Kunst-sinn besässen, und obwohl dieser in den Propyläen als ein solcher be-trachtet wird, welcher auf die niedrigste Stufe gehört, so ist es doch der einzige durch welchen wir Deutsche dahin kommen, Kunstwerke hervorzubringen, in welchen man uns selbst sähe.

Seit anderthalb hundert Jahren schon sind wir Nachahmer der Welschen und der Franzosen, oder Gräculi. Anstatt zu geben und auszu-bilden was in uns ist, quälen wir uns etwas hervorzubringen, was dem von diesen Fremden Gemachten ähnlich ist. Dieses geschieht mehren-theils ohne guten Erfolg, indem das uns Eigentümliche und Angeborene vorher erstickt werden muss.

„- - und der prosaische Zeitgeist offenbare sich am meisten
bei uns".

Wenn es sich dergestalt verhielte, dass wir keinen Dichtergeist haben, so wäre es eine Thorheit, uns anders als in Prosa auszudrücken. Wer Prosa im Busen hat, der rede solche! und wer begeistert ist, der dichte! — Ist dem aber also? Keinesweges.

Statt eine bestimmte Kenntnis der Verhältnisse in der Structur des menschlichen Körpers zu erwerben, überlässt man das meiste dem lieben Gefühle. Man erlerne erst das Handwerk der Kunst! wisse be-vor, und dichte dann!

Wer sich hier oder anderswo in unserm deutschen Vaterlande um-sieht, bemerkt bald, dass in den meisten Kunstarbeiten nur nach „End-reimen" gestrebt wird; denn wie soll man anders nennen das Weiche,

[1]) Diese beiden Worte bieten allen denen des Reichs-Kanzlei-Styls Trotz!

Fleischigte, Punctierte, Geschabte, Vertriebene, Malerische und den
eleganten Vortrag, wobei der wahren Gestalt, Charakteristik und Form
der Dinge wenig gedacht wird?

Durch Erfahrung belehrt darf ich jetzt mit Zuversicht behaupten, dass
wer richtig und treu nachmacht, auf dem rechten Weg zur Schönheit ist.

Dies Nachahmen wird uns aber schwer, weil die ersten Vorbilder,
womit wir unser Kunststudium anfangen, lügenhaft sind, wie ich weiter
unten zeigen werde.

„Poesie" so heisst es dort weiter in den Propyläen „wird durch
Geschichte verdrängt".

Heisst das etwa: die Leute bei uns bestellen sich bei den Künstlern
die Darstellung wahrer Geschichten, keiner Fictionen aus der fabel-
haften Zeit, oder solcher zu denen der Stoff aus bekannten Gedichten,
welche eine idealische Welt aufstellen, hergenommen ist?

Dies wäre die einfachste Art es zu verstehen: hinter diesen neuen
Redensarten steckt jedoch noch etwas Höheres oder Tieferes, es soll
vielleicht heissen: wir behandelten Dichtungen wie Prosa, oder auch
die Prosa nicht dichterisch.

Wenn die Theile eines Bildes, welches eine wirkliche Begebenheit
vorstellt die unserm Zeitalter nahe liegt, oder einer Statue die einen
uns bekannten lebenden Menschen darstellt, getreu und als ein Spiegel
der Natur behandelt sind, so erfüllen sie jene Wirklichkeitsforderung;
und dazu muss man das Handwerkmässige der Kunst inne haben, ein
unbeschreiblich richtiges Auge besitzen, eine geübte Hand, und einen
ehrlichen treuen Sinn.

Ich für mein Theil sehe nicht ein, dass hiedurch gehindert würde:
  1) die Wahl des besten Moments der Handlung;
  2) die vernünftigste Beieinanderstellung der Figuren u. s. w.;
  3) die deutlichste Verteilung von Schatten und Licht; und
  4) die Wahrheit der Farben.

Aber von diesem prosaischen Zeitgeiste, welchen Herr von Gœthe
uns vorwirft, oder welchen er doch gering schätzt, und welchen ich
herbei zu rufen für Pflicht halte, sind wir weit entfernt.

Was die Propyläen bezwecken, erscheint dem beginnenden Künstler
in Wolken gehüllt, und der ausgebildetere, welcher merkt wo es hin
soll, wird mit mir sagen, dass weder Worte noch irgend eine Sprache
dazu hinreichen, die Poetik in der Kunst zu lehren, dass solche gefühlt werden müsse, und dass es gerade bei der jetzt herrschenden
Stimmung in der Kunst schädlich ist: das bestimmte Wissen,
das Handwerk derselben gering zu schätzen.

„Charakter und Ideal werden durch Portrait verdrängt"
fahren die Propyläen fort.

Hier zeigt sich am klarsten das Trübe der neuern Grundsätze über die Kunst, wozu noch mehrere in neuern Schriften vorkommende Subtilitäten gehören. Portrait gestattet man zu machen, jedoch keine gemeine Aehnlichkeit. Das ganze Wesen, Benehmen, die individuelle Gemüthsbeschaffenheit, der intellectuelle Charakter, soll aus dieser Oberfläche hervorstrahlen, und obwohl solches in der Natur nicht der Fall ist, so verlangt man es doch von diesen Character-Idealportraits; ja sie sollen gleichsam dem abgebildeten Menschen noch ähnlicher sehen, als Er sich selbst ist.

Wenn irgend etwas fähig ist einen jungen Künstler irre zu leiten und toll zu machen, so sind es dergleichen erträumte und vermeintliche Vollkommenheiten.

Entgegen diesem Begehren gebe ich den Rath an Zeichner, Maler oder Statuaren, wenn sie portraitieren, mit dem festen Vorhaben zu beginnen:

die Richtung der Linien, und die Entfernungspunkte der Partien untereinander, so genau wie die Copierscheibe zu bestimmen.

Durch dieses maschinenmässige Benehmen ist es allein möglich, ein richtiges Auge zu bekommen. Ich sage ausdrücklich: die Entfernungspunkte der Partien unter sich, indem hiervon das Wesentliche der Aehnlichkeit mehr abhängt, als von der nachherigen noch so genauen Ausführung und Imitation eines besonderen Theiles, die freilich auch dazu beiträgt, jedoch in minderem Maasse. Der Beweis hievon ist: dass, wenn man einen Bekannten in einiger Entfernung, in der Gasse oder im Fenster, erblickt und weder den Schnitt seiner Augen oder seines Mundes noch die besondere Form seiner Nase oder der Ohren unterscheiden kann, man ihn dennoch erkennt; woraus erhellt, dass dieses Erkennen von der eigenthümlichen Stellung dieser Partien gegen einander herrührt.

Auf die Portraite der Holbeine und anderer ganz alten Meister passt der alte Spruch: „wie aus dem Spiegel gestohlen", welches für die hochgeschwungenen Seelen wenig gilt, aber für Einen oder den Andern doch noch seinen Werth hat.

Die Brustbilder wirklicher Menschen aus den Zeiten der Griechen und Römer sind mit einer Ehrlichkeit und Unschuld gearbeitet, die einen wahrlich auf den Verdacht bringen können, dass die Modelle dazu über die Natur gegossen waren.

Die Köpfe der Götter und Heroen und die, welche Leidenschaften ausdrücken, sind dagegen als Werke der freien Faust anzusehen, denn so erfordern es diese Gegenstände, indem sie im Vorwurfe schon ideal sind. Von Weimar, wo die Propyläen ausgehen, ist auch zu uns ein

dort gemaltes Charakter-Ideal-Portrait gekommen, welches wahrscheinlich den Beleg, das Dokument oder Resultat der aufgestellten Theorie
vom Portrait hat abgeben sollen.

Da fand ich freilich nicht Charakter und Ideal durch Portrait verdrängt, aber wahrlich auch nicht umgekehrt.

Die Stellung des Bildnisses war sitzend, — jede ist gut, wenn
sie dem Benehmen des Originals eigen ist, und besonders, wenn die
Gelenke auf denjenigen Punkten stehen, wo sie nach der gegebenen
Stellung stehen müssen. Die Bekleidung war ein Plüsch-Frack, und
über den Leib und die linke Schulter war ein rothes Gewand wie die
Toga gelegt. Die Schattenpartien hätte man für alt und schwarz geworden halten können, aber die Lichtpartien zeigten, dass es schwarz
geboren war.

Der Kopf war kolossal, gerade en face, mit starrem Blick, trocknen
steinernen Augen, undurchsichtig wie bemaltes Holz, und die Haare
auch so behandelt. Wider das allgemeine Menschliche war folgender-
gestalt gesündigt: am linken Arme ragte die Hand so weit vor, dass
man bemerken konnte, wie der Künstler die Knöchel der Speiche und
des Ellnbogens an die Knochen der Mittelhand (Metatarsi) gefügt und
die dazwischen sich findenden acht Knochen des Handgelenks vergessen
hatte, statt deren eine grosse Blase angebracht war.

Darmartige Falten lagen über die Gegend des Bauches, der Bauch
selbst aber war nicht dahinter, und doch hätte jener Kopf wohl seinen
Mann füttern können.

Es war streng genommen, ein unmögliches Wesen, und
hätte als Portrait doch nicht nur einen Menschen überhaupt, sondern
einen bestimmten Menschen vorstellen sollen.

Man sah, dass der Verfertiger dieses Bildes die Arbeiten des
Michel Angelo gesehen hatte. Wer aber nicht wie dieser grosse
Künstler weiss und fühlt und denkt, dem widerfährt es, dass er mit
der Intention ihn zu imitieren, Gichtbeulen auf den Fingergelenken malt.

Wenn wirklich der Fall zuträfe, dass ein Neuerer so viel wüsste
und so fühlte wie Michel Angelo, welches viel gesagt ist, so würde ein
solcher wohl kein Portrait malen, wie auch der Geist jenes Alten dem
Individuellen sich schwer unterwarf, und Er wahrscheinlich darum keine
Portraits machte.

Ein ehrlicher Deutscher hat etwas gelesen von Grösse, vom Gran-
diosen, vom Sublimen u. s. w., er kommt nach Rom, sieht des Michel
Angelo Werke, und nun hält er es für Pflicht, das ihm Angeborne weg-
zubeitzen. Er bringt es mit Mühe endlich dahin seinen deutschen Sinn
zu ersticken, und die Dinge nicht mehr zu malen wie sie sind und ihm
erscheinen, sondern wie sie seiner neuen Meinung nach sein sollten,

und auf diese Weise kommt endlich in Weimar ein Charakter-Ideal-Portrait zur Welt[1]).

Mehrere schätzbare Männer, von denen einer das lichtvollste und vortreflichste über die Kunst in neueren Zeiten geschrieben hat[2]), waren innig vereint, dieses Bild zu loben.

Einer sagte: es eigne sich zum Gallerie-Gemälde u. s. w. Er schmähte dagegen auf das Portrait einer grossen Dame von einem anderen Maler, welches doch das Verdienst hatte, in einzelnen Theilen wahr, sauber und angenehm gearbeitet zu sein.

Der andere meinte: dass wenn es auch ungefällig wäre, man doch gestehen müsse, wer es nicht anders wüsste, würde es gewiss für eine Arbeit aus dem funfzehnten Jahrhundert halten. Dabei vergass er, dass gerade die Bilder jener Zeit sehr licht, und die Farben fast gar nicht gebrochen sind.

Unter denen welche in demselben Fache arbeiten, hab ich auch nicht Einen gefunden, der dadurch Lust bekommen hätte, dieser in Wolken und Nebel neu aufgesteckten Fahne zu folgen.

Ich komme zu einer andern Behauptung der Propyläen:

„Symbolische Behandlung wird durch Allegorie verdrängt".

Hier mag der Herausgeber Recht haben. Um uns aber davon zu heilen, müsste in einer Pieçe der Propyläen durch Beispiele anschaulich gemacht werden, wie das zu verstehen ist.

„Landschaft", heisst es weiter, „wird durch Aussicht verdrängt".

Wie sehr wäre zu wünschen, dass Landschaft durch Aussicht auf die Art verdrängt würde, wie es bei unserer letzten Ausstellung geschehen ist.

Es war eine Gegend des Harzes, die Heuscheuer genannt, von J. Genelli gemalt, so unaussprechlich schön, dass sie allein die stärkste Widerlegung des Gesagten sein würde, wenn der Verfasser der Propyläen sie sehen könnte. Die Portraits von Gegenden von Klengel in Dresden übertreffen bei weitem dessen poetische Arbeiten; davon habe ich die Bestätigung stets vor Augen.

Meine Meinung mag hier gar nicht gelten, aber einige gute Landschafter, die ich gefragt habe, setzten den gepriesenen Poussin tiefer herab als ich vermuthet hatte. Die Gründe sind ganz simpel. In der Natur giebt's z. B. keinen allgemeinen Baum, sondern nur bestimmte

---

[1]) Es ist keineswegs meine Absicht, das Verdienst des Künstlers herabzusetzen, welcher das Bildniss verfertigt hat, sondern nur zu sagen, wie etwas viel besseres aus ihm hätte werden müssen, wenn der Gang seiner Studien seinem angebornen Kunstsinne anpassend gewesen wäre. Er hat andere Bilder gemacht, deren Effekt poetisch und neu ist, und worinnen die Verhältnisse auch richtig beobachtet sind.

[2]) Die Aufsätze von Hirt in den Horen.

Baumarten, und wer einen Baum abbildet, muss sagen können, welcher Art er ist. In den poetisch-englisch-poussinesken Landschaften hab ich nie den eigenthümlichen Sinn des Malers erblicken können; sie werden durch vorzügliche Behandlung im Kupferstich immer gefallen, und mit Recht, aber ich bleibe dabei zu behaupten, dass meine Landsleute durch treue Nachahmung der Natur allein etwas Eigenthümliches erhalten werden, und diese Nachahmung ist nicht leicht, und sollte nicht gering geschätzt werden.

Jene alten Holländer dünken mir recht schätzbare Männer zu sein, die, obwohl sie lange in Italien lebten, den Holländer in sich nicht erstickten, sich auch durch die Poussinaden nicht irre machen liessen; und wahrlich! die Italiener schätzen ihre Arbeiten noch bis auf den heutigen Tag.

„Das allgemeine Menschliche wird durchs Vaterländische verdrängt" — heisst's weiter.

Nein! das kann nicht sein! Wer sagt dieses Blasphem gegen die Natur! Im Vaterländischen liegt das Allgemein-Menschliche, aber umgekehrt liegt nicht im Allgemein-Menschlichen das Vaterländische.

Welche Wesen sind es worinnen das Allgemein-Menschliche allein liegt? Sind es etwa die Götterbilder der Alten? Keineswegs — diese sind kein Abstractum, der Herkules, der Bacchus, der Pan, der Silen, der Zeus und andere, haben ihre bestimmte Physionomie, ihre Statur, ihre Verhältnisse, Bekleidung, Haarlocken und Gewand. Um es nicht zu strenge zu nehmen, könnte man einräumen, etwas Allgemeines fände sich in den Arbeiten eines Pietro di Cortona, Ciro Ferri, Luca Giordano oder unserer Landsleute, des Rode und Oeser; denn ihre Köpfe, Hände und Füsse u. s. w. — ich muss sagen: ihr Kopf, ihre Hand, und ihr Fuss müssen gleich den Gesichtern unserer Schauspieler zu jeder Rolle herhalten.

Eine ähnliche Art und Weise herrscht in den eleganten englischen Arbeiten.

Oder soll unter Allgemein-Menschlichem etwa das verstanden werden, was den Menschen von den vierfüssigen Thieren organisch auszeichnet, die Art, wie dessen Kopf auf die Halswirbel sich fugt, oder wie der Lendenknochen in die Pfanne passt, oder dass der Mensch nicht überall behaarte Haut hat, wie der Orang-Outang? Wenn das verstanden sein sollte, so ist nicht zu läugnen, dass, so bizarr es auch klingt, es wohl Kunstarbeiten giebt, welche nicht einmal dieses Allgemein-Menschliche enthalten; welche aber auch ihrer übermässigen Schlechtheit und Monstruosität halber nicht der Rede werth sind.

Besässen wir doch nur die Geschicklichkeit, das Vaterländische darzustellen, das Eigenthümliche (denn nichts anderes giebt es in der

Natur!). Dann würden wir Deutschen eine Schule haben; das wäre freilich nach der Meinung mehrerer ein grosses Unglück. Vor zweihundert
Jahren waren unsere Väter auf dem rechten Wege, auch sind es ihre
Arbeiten allein, denen fremde Völker Platz in ihren Sammlungen einräumen. Seitdem sind wir schwach und schwächer geworden, ungeachtet
sich unsre Gelehrten in ihren Schriften mit uns Künstlern brüsten.

Wer seinen Landsleuten die Wahrheit sagt, erzeigt ihnen einen
bessern Dienst als jene Bestätiger der Selbstzufriedenheit.

„Vielleicht überzeugt man sich bald" fährt der Verfasser in
den Propyläen fort „dass es keine patriotische Kunst und
patriotische Wissenschaft gebe".

Sind die Principien einer Wissenschaft bis zur klaren Wahrheit
gebracht, dann sind sie für die ganze Welt dieselben; mit den wissenschaftlichen Theilen der Kunst ist es dasselbe, aber die eigentliche
Kunst an sich ist stets patriotisch.

Hier kann ich die Worte eines andern grossen Mannes anführen,
das will noch nicht viel sagen, aber die Worte sind gross.

Lavater an Macco.

„Es giebt kein Abstractum, und soll keines geben, keines in der
Natur, keines in der Kunst — keine Tugend, nur Tugendhafte; keine
Weisheit, nur Weise; keine Gelehrsamkeit, nur Gelehrte; keine Macht,
nur Mächtige. — So giebts keine schöne ideale Menschheit, sondern
nur vorzüglich schöne Menschen; keinen Baum, sondern nur Bäume
u, s. w. — Wer einen Baum macht, soll einen bestimmten Baum machen,
freilich den schönsten den er machen kann, aber man muss wissen
können, was es für ein Baum ist. — Wer einen Menschen malt oder bildet,
der mache einen Mann oder ein Weib — und zwar von bestimmtem
Charakter, so schön er wolle, nur dass man genau seine Individualität
kenne und seine Meinung und Bestimmung wisse." — --

Bezeugen nicht alle schätzbaren Kunstwerke das Vaterland der
Artisten, welche sie hervorbrachten? Unseren neuen deutschen Arbeiten
fehlt vielleicht dieser Stempel, man sieht eben nicht, dass sie deshalb
von Kennern mehr geschätzt würden. Die Geschicklichkeit, nicht die
Natur sondern die Art und Weise fremder Meister zu imitieren, besitzen
wir vielleicht am besten, auch haben wir hierin einen Dietrich aufzuweisen, wahrscheinlich den grössten aller Affen, und was er machte
ist gut, aber — doch nicht recht gut.

Wollte man sich doch nur die angenehme Mühe machen, die
Geschichte der Kunst zu lesen, nicht aus Büchern allein sondern aus
den Werken der Meister, dann würde man sich bald überzeugen, dass
die Kunst vaterländisch war, ja vielleicht so vielfältig ist, als es wahrhaft freistehende Künstler gab.

So betrachte man die Zeichnungen oder Malereien der Bellini, und man erblickt Männer die aus der Natur mit der Kraft ihrer Brust schöpften. Die noch vorhandenen Werke des Leonardo da Vinci deuten auf dieselbe Quelle; ja es findet sich nicht eine Spur darin, dass Er die Antiken habe imitieren wollen, die Er doch gewiss kannte.

Die bronzenen Thüren des Ghiberti, die Art der Anordnung derselben, und mehreres beweiset, wie früh schon die Künstler des Mittelalters ihren eigenen Weg gingen. Michel Angelo, der bei allem Phantastischen in seinen Werken so streng und gewissenhaft die Structur des menschlichen Körpers beobachtete, brachte Werke hervor, die keinen vor ihm ähnlich sind. Sein Bacchus ist der Bacchus seiner Phantasie, aber keinesweges der Bacchus der Griechen.

Und Raphael, mit Recht der gepriesenste von allen, zeigt nur s i c h. Ich für mein Theil habe in seinen Werken nie die Intention entdecken können, die Antike, den Michel Angelo oder sonst einen Künstler imitieren zu wollen.

Viele seiner Gestalten sehen aus als wären sie ihm wirklich hingestellt worden, und Er habe sie unschuldig und treu nachgezogen, ich möchte sagen wie Portraits; ja viele davon sind gewiss nichts anderes.

Ist sein Apollo, oder sind seine Musen Imitationen der Antiken? wo und wie? hat er bei den Köpfen seiner Apostel den Leonardo nachgeahmt? sind seine Gewänder oder seine Haare im Style der Antiken oder des Michel Angelo? Ich sage ohne Bedenken: Nein!

Hannibal Caracci erzählt in einem Briefe: dass er hingehe um des Correggio Werke zu sehen, und dabei erwähnt er des Parmeggiano, dessen Arbeiten, so schön sie auch wären, man es doch ansehe, dass er gesucht habe, das von andern gemachte nachzuahmen, statt wie Correggio aus sich selbst zu schöpfen.

Wer den Rubens nach dem Maßstabe misset, dass er nicht wie die Griechen das Nackende zeichnete, seine Gewänder nicht wie sie legte, andere Gegenstände wählte, andere Begriffe von ihren Heroen, Göttern und Allegorien hatte, der findet ihn schlecht; wer aber bedenkt, dass bei ihm Anordnung, Zeichnung, Ausdruck, Beleuchtung, Farbe, Gewänder, Haare u. s. w. in der schönsten Uebereinstimmung sind, ohne Nachäffung der Griechen, Römer, Lombarden oder sonst einer Schule, sondern aus ihm selbst geschöpft, der wird sagen: er ist ein Meister. Er spricht die Sprache des Rubens, die Sprache womit ihn der Himmel begabt hatte. Hätte er es versucht, die Sprache Jener zu reden, wahrlich! er würde geplappert haben.

Einseitigkeit des Urtheils ist Ursach, dass viele den Rembrandt verachten; in meinen Augen ist er gross; nicht dass die Welt, welche er schuf, der Wahrheit des Raphael gleichzustellen wäre, sondern weil er auf seine in ihm wohnende Stimme horchte, und der folgte. Der grösste Lügner vielleicht, der in der Kunst aufgetreten ist, aber der sich nie widersprach, höchst übereinstimmend und consequent.

Jeder wird stillschweigend zugestehen, dass in der Mühle des Rembrandt oder in Antwerpen kein Raphael, und in Urbino kein Rubens oder Rembrandt hätte können geboren werden, woraus doch deutlich genug erhellet, dass die Kunst vaterländisch oder patriotisch ist.

Seit den Zeiten der Albrecht Dürer und Holbeine haben wir vielleicht nur den Denner aufzuweisen, der ein deutscher Künstler ist. Fast alle anderen haben entweder wie die Venetianer machen wollen, oder wie Pietro Cortona, einige wie die Franzosen, und noch Neuere wie die Griechen.

Wer wie ein Grieche fühlt, der möge so machen. Aber alle unsere jungen Künstler, die nach Italien reisen, nehmen sich vor, wenn sie Maler sind, Maler der grossen Historie zu werden, nicht weniger als Götter, Heroen und Geschichten der alten Griechen und Römer darzustellen. Wie mancher von ihnen, wenn er das Maß seiner Fähigkeiten und seinen ihm eigenthümlichen Kunstsinn prüfte, würde ein brauchbarer Portraitist oder Thiermaler werden, oder Frucht- und Blumenstücke, Stillleben oder Conversations-Stücke gut abbilden. Ausser der Landschaft sieht man fast gar keinen Genre-Maler mehr, und so schwach diese Maler der grossen Historie sind, so beklagen sie doch ihr hartes Schicksal, wenn sie ein Wams oder Hosen nach unsern heutigen Sitten abzubilden haben, während sie doch weit entfernt sind, eine Falte treu und richtig nachzumachen.

Unsre Künstler, Gelehrte, Reisende, Liebhaber, Kunstkenner führen alle dieselbe Sprache, dieselben Aeusserungen der Bewunderung, indem sie einander nachplaudern. Diese Bewunderung ist mir oft verdächtig vorgekommen, denn es fehlt ihr die Charakteristik des Kunstgefühls. Wenn ein Holländer bei einem Bilde von Mieris, G. Dow und Ostade entzückt ist, und bei den Werken des Michel Angelo, Mantegna und dergl. kalt vorübergeht, so habe ich Glauben an sein Gefühl; wenn ein Italiener seinen Raphael oder Dominichino mit Andacht betrachtet, und ihm der Rembrandt nicht Vergnügen macht, so hab ich Glauben an sein Gefühl —, aber das Entzücken eines deutschen Gelehrten bei Erblickung des Torso halte ich für Ziererei. Die eigentliche Gestalt der nackenden Theile, ausser des Kopfs und der Hände, ist bei unsern Sitten zu wenig bekannt, sodass man bei Personen, die nicht Künstler sind, die Kenntnis par inspiration annehmen müsste, welche wir Künstler durch langwieriges Studium erlangen. Bei den alten Griechen war dies anders, und der Takt eines blossen Sclaven bei ihnen war ohne Zweifel sicherer in Beurtheilung des Nackenden als der unsrer nordischen Gelehrten.

Vor ein paar Jahren besuchte mich Herr Canova, wahrscheinlich der beste jetztlebende Statuar, wir gestanden freimüthig einander, dass unser mühseliges Studium des Nackenden mehr zu unserer eigenen Genugthuung geschähe, als weil wir erwarten, dass unsere heutigen Kunstliebhaber hierin wirklich das Richtige, Gute und Bessere erkennen und schätzen sollten.

Die jetzigen englischen Künstler meublieren die Zimmer der ganzen Welt. Die Figuren von Füssli, Cipriani und anderen[1]) machen Contorsionen, die geradezu unmöglich sind, und die Körper-Structur ihrer Menschen ist von ganz neuer Erfindung —, aber wer merkt das?

Diejenigen englischen Arbeiten worin ich den Nationalgeist erblicke, sind mir lieber, z. B. der Hogarth. Selbst ihre jetzigen Carricaturen haben mitunter Energie, und als Portraitmaler ist Reynolds hochzuschätzen, aber auch nur als solcher.

Nun wird man sehen, was aus den Franzosen werden wird, die mit Gewalt wollen Griechen sein. Man hat schon jetzt in Kupferstich Basreliefs von einem gewissen Moilli, die griechisch-französisch sind, vielen Beifall finden, meinen Augen aber wehe thun. Die Franzosen verachten nun ihre Väter, den le Brun, le Sueur, Mignard, Coypel u. s. w. Es frägt sich nur, ob das in diesen Meistern vorhandene theatralische Wesen, die Decenz und Etiquette, nicht im Nationalgeiste liegt. Sie werden, da es ihnen nie an geschickten Leuten fehlt, es dahin bringen, statt ihres Hahnengeschreis, den atheniensischen Uhu's nachzuheulen, jedoch mit krampfhafter Anstrengung.

Sollte es auch keck scheinen, so wag ich doch zu behaupten, dass was hier von der bildenden Kunst gemeint ist, sich auch auf die Dichtkunst anwenden lasse. Der Sinn und die Laute der grauen Vorzeit sind schön, und davon durchdrungen singt Goethe:
— — Homeride zu sein, auch nur als letzter, ist schön[2]). Aber wahrlich! das ist hart geredet gegen die ihm inwohnende vortreffliche Gabe der Dichtung und des Gesanges! Das Lesen derjenigen seiner Werke, wo er selbst und Er nur allein spricht, erregt eine Stimmung, eine Schwärmerei, die ich beim Homer nie empfand. So muss es auch sein, und wie Homer die Essenz seines Zeitalters war, so ist Er die des Unsrigen.

Homeride sein zu wollen wenn man Goethe ist! hätte ich doch die Macht, diese unverzeihliche Bescheidenheit zu verbieten!

[1]) Diese lebten damals in England und waren dort beliebte Künstler.
[2]) Goethe, neue Schriften 7. Band S. 247.

VII.

Die Werkstätte des Bildhauers
1802.

Dieser Aufsatz ist zuerst in der »Eunomia, eine Zeitschrift des neunzehnten Jahrhunderts, herausgegeben von Fessler und Fischer, Jahrgang II, Band 2, Berlin 1802«, erschienen. Es gibt auch Sonderdrucke

Seit geraumer Zeit hatte ich es im Sinne, Ihnen, verehrter Freund,
Nachricht zu geben, gewissermassen eine Rechenschaft abzulegen von
meinem Künstlerleben. Aber zum Schreiben gehört eine besondere
Stimmung, und die kommt uns selten; Lust dazu, möchte ich sagen,
gar nicht; Lust haben wir Künstler nur zu unserer Arbeit; — und
wenn wir ja schreiben, so warten wir am besten, bis die Fülle der Gedanken uns drängt, auszuströmen was man auf dem Herzen hat. Sie
wollen es, und ich spreche von mir zu Ihnen.

Meine mehreste Zeit nehmen bestellte Arbeiten weg, selten bleibt
mir eine Stunde, die ich meiner Laune weihen kann; und wie viele
Ideen schweben einem nicht vor, die man wenigstens mit dem Griffel
auf dem Papiere festhalten, andre die man ganz verkörpern möchte!

Manchmal komme ich mir vor wie ein ehrsamer Meister, der in
der Stadt so sein Gewerbe treibt, nachdem die Leute es bei ihm bestellen. Er hat seine Werkstelle, seine Gesellen und Buben, und was
in sein Fach schlägt, ist bei ihm zu haben. So betrachtet, sieht es
prosaisch um uns aus; ist aber nicht. Denn weder ich, noch meine
Gehülfen, noch meine Buben, gehn an die Arbeit nach Schlag und
Stunde; Lust und Liebe allein bringt uns heran.

Nein, handwerksmässig arbeitet bei uns nur der Steinmetz, der Steinschneider, der Steinschleifer und der Former; dieser Former spielt aber
zwei verschiedene Rollen. Von Haus aus ein Maurer, hat er sich zum Gips-
former erhoben, und von da zu einem, der Meissel und Hammer nach
streng mathematischen Gesetzen regiert. Er setzt das Modell von Gips
und den Marmorblock, beide unter über ihnen schwebende horizontal
gerichtete Winkel, von beiden hängen Senkbleie in bestimmten Abtheilungen herab: mit einem Stabe misst er die Entfernungen der hervorragenden Theile des Modells, und schlägt vom Marmor an eben diesen
Stellen so viel weg, bis sein Stab vom Senkbleie eben so tief als am
Modelle, am Marmor herangeht. Wir nennen dies Punkte setzen, oder
eigentlich: eine Figur punktieren; die Entfernungen unter den Punkten

werden mit Zirkeln bestimmt. So wie das Firmament mit Sternen, ist der Marmorblock mit kleinen Bleistiftpunkten übersäet, wovon kein einziger weder mehr rechts noch links, noch höher noch tiefer stehen darf, als er steht. Diese Arbeit will eine durch nichts zu störende Aufmerksamkeit, und einen rechten Liebhaber des Genauen. Bei Sculpturen auf flachem Grunde, als Bas- und Hautreliefs, ist das Verfahren anders, und geschieht mit Hülfe einer sogenannten Krücke; ich schweige aber davon, weil das blosse Beschreiben solcher Dinge doch keine anschauliche Vorstellung hervorbringt.

Hat es mir doch nur selten gelingen wollen, jemandem, der vom Formen und Giessen nichts weiss, einen Begriff davon beizubringen, aber auch einer geringen Anzahl halber muss man etwas thun; es lohnet doch.

Den Genuss mag es nicht verstärken, wenn man ein Werk der Kunst betrachtet, und dabei weiss, wie es entstanden ist; aber Liebe und Achtung müsste es doch dem Künstler bei seinen Landsleuten verschaffen, wenn sie wüssten die vielfachen und mühseligen Schwierigkeiten, die sowohl sein Geist als sein Körper zu bekämpfen haben, ehe eine grosse Arbeit vollendet ist.

Der Thon ist zwar eine geschmeidige und weiche Masse, die sich abnehmen und antragen lässt, indessen erfordert doch das Aufbauen stehender Figuren und die Ausarbeitung freier Theile eine mehrjährige Uebung: Arme, Hände, Finger und überhaupt alle dünneren Theile trocknen schneller als das übrige, und erfordern Stützen oder innere Gerüste von Eisen, um sich zu halten. Ist ein solches Modell von Thon beendigt, so wird es abgeformt und in Gips ausgegossen, und verwandelt sich auf diese Weise aus einer Materie in die andere. Mancher frägt, wozu das? Antwort: Weil der Thon schwindet, um ein Beträchtliches kleiner wird, weil er im trocknen und ungebrannten Zustande sehr zerbrechlich ist. Man würde ein Modell von trocknem Thon nicht viel drehen dürfen, es würde das Ansetzen grosser Zirkelspitzen zum Maassnehmen nicht aushalten; man könnte es brennen, ist es aber etwas gross, so fehlen die Oefen; dann muss es ausgehöhlt werden, und oft springt es im Feuer in viele Stücke. Der Sicherheit halber unterzieht man sich also lieber des freilich kostspieligen Umwandelns in Gips.

In Italien haben vor Zeiten die Bildhauer sich kleine Entwürfe von Wachs gemacht, und nach diesen in Stuck ebenso grosse Modelle aufgebaut als in Marmor ausgeführt werden sollte, welche Methode aber nachmals nur zu metallenen Statuen beibehalten worden ist. Denn die Fleischpartien kann man schwerlich in Stuck mit dem Schmelze und der Weichheit ausführen als in Thon, und in Marmor noch besser als in Thon.

Die deutschen Bildhauer schnitten sich ihr Modell aus einem Stücke Holz, ja sie machten sogar ihre Studien in Rom auf diese Weise, und es gab eine Zeit, nämlich diejenige, in welcher Bernini für gross gehalten wurde, wo sie, zum Verwundern der Italiener, auf dem St. Petersplatze und auf der Engelsbrücke standen und Bernini's Arbeiten nachschnitten. Dieses aber wird hoffentlich nicht wieder geschehen.

Des Wachses bedient man sich heutiges Tages nur noch zu ganz kleinen Entwürfen, oder zu gefärbten Stücken, welche letztere gegossen werden, und von andern Modellen abgeformt sind.

Bevor man das eigentliche ausgeführte Modell macht, entwirft man ein kleines, um seine Idee festzuhalten; freilich muss man auch öfters eine Zeichnung machen, weil diese leichter vorgezeigt und auch allenfalls in einem Briefe mitgetheilt werden kann; diese aber nutzt dem Statuar darum wenig, weil sie nur eine Seite, eine Ansicht giebt.

Soll es eine bekleidete Statue werden, so wird die Gliederpuppe, die lebensgross sein muss, bekleidet; hier wird manches Stück Gewand wohl zwanzig Mal von neuem überworfen, ehe es einem behagt. Hier thut Uebung und Erfahrung die besten Dienste. Das Modell selbst wird erst nackend gemacht, und wenn es etwas Gutes werden soll, muss freilich ein lebendiges Modell dabei sein.

Bei nackenden Sachen hab ich gewöhnlich vor dem eigentlichen Modelle ein besonderes Studium nach dem Leben vorangehen lassen, und Hände, Arme und Kopf wieder nach einem anderen lebenden Vorbilde genommen, aus welchen Studien zusammen ich nachmals das auszuführende Modell unternommen habe.

In Rom giebt es Mädchen, deren Gewerbe es ist, den Künstlern zum Vorbilde zu dienen; andre sei es aus Sittsamkeit, oder weil sie Frauen sind, geben zum Studium nur Kopf, Hals, Nacken, Arme und Hände Hierin sind uns Deutschen Gebräuche, Klima und Sitten entgegen, und alle diese Riegel wegzuschieben, muss Jupiters Stratagem bei der Danae oft wiederholt werden.

Mit welcher Genauigkeit, mit welchem Calcül wird ein Marmorblock von allen Seiten vermessen, um alle Schaalen zu bestimmen, die die Säge noch wegschneiden kann; denn diese Materie ist hier so kostbar, dass auch die kleinsten Stücke verbraucht werden, und wäre es auch nur als Zierrathen von Meubles.

Was unter dem Schlage des Hammers abgeht, ist dazu untauglich, weil alle diese Stücke verprellt sind.

Zur Tractation des Marmors gehört eine vieljährige Uebung, und sollte eine Statue durch einen Arbeiter allein gemacht werden, so möchte das Ende davon wohl nicht abgewartet werden; deshalb vertheilt sich die Arbeit unter drei verschiedene, deren jeder eine eigene Uebung erlangt hat. Der erste ist der eben erwähnte, der unter den Winkeln die Arbeit punktiert; daraus entsteht ein roh ebauchiertes Gebilde, einem Schneemann ähnlich; der zweite, ein wirklicher Artist, schält gleichsam die Borcke ab, die aneinander klebenden Glieder werden von ihm durchbrochen, isoliert; hierbei werden die verschiedenen Gattungen der Bohrer gebraucht, mit denen auch die tiefen Falten der Gewänder ausgehöhlt werden. Dem dritten, der mit dem frischesten Muthe antritt, bleibt die Haut, der letzte Strich in den Haaren, die völlige Ausbildung der Gesichtstheile, wobei der Augenlider-Schnitt mit dem Meissel das schwierigste Stück ist, die völlige Ausführung der Hände und Füsse, und überhaupt der letzte Hauch, bei welchem selbst das Schleifen mit Empfindung geschehen muss.

Kommen deutsche Bildhauer an, um in meinem Atelier zu arbeiten, so muss man sie abweissen, oder von neuem unterrichten, denn sie kennen diese Methode nicht. Meine Vorgänger, von König Friedrich des Grossen ersten Regierungszeiten an, waren französische Bildhauer und ihre Leute Franzosen und Italiener; von daher schreibt sich die ganze Verfahrungsart, welche alle Vortheile vereinigt, um prompt und exact den Marmor zu behandeln.

Haben sie nicht vollkommene Meisterwerke geliefert, so lag es nicht an dem, was sich an Handgriffen erlernen lässt, denn die wussten sie; sondern an demjenigen Theile der Kunst, der sich weder durch Werke anderer, noch durch deren Unterricht erlernen lässt, und der aus der Tiefe unsers eigenen Ichs sich entwickeln muss.

> Was frommt die glühende Natur
> An deinem Busen dir?
> Was hilft dich das Gebildete
> Der Kunst rings um dich her?
> Wenn liebevolle Schöpfungskraft
> Nicht deine Seele füllt,
> Und in den Fingerspitzen dir
> Nicht wieder bildend wird?

> von Goethe, vermischte Gedichte.

Dennoch glaube ich, dass wir manche Vortheile der Alten entbehren; ihre Statuen von Porphyr und andern sehr harten Steinen, und dann die eigene Art von Falten an gewissen marmornen Statuen, die nämlich eng beim Eingange sind und in der Tiefe immer weiter werden, und doch zuweilen noch eine Falte wie eine Wand stehen haben, kann ich mit unsern Instrumenten nicht gut erklären. Denn in dieser Tiefe müssen doch hin und wieder die Spuren des Bohrers sich zeigen, wie das auch bei alten römischen Arbeiten der Fall ist. Statuen der ersten Art sieht man hier zu Lande zwei: im Antikentempel bei Potsdam eine Tochter des Lycomedes und den bekleideten Achill, beide griechische Arbeit. In Rom stand zu meiner Zeit eine Hygiea im Capitol, an deren Gewand die Falten eben so bewunderns-würdig waren. Ich bin deshalb auf die Vermuthung gerathen, dass die Alten diese Tiefen mit Säuren herausgebeizt haben, und Versuche, die ich selbst gemacht, bestätigen mich darin.

In Porphyr zwar kann dieses Mittel nicht angewendet worden sein, auch wird man daran weder diese dünnen isolierten, noch tief gehöhlten Stellen antreffen. Alles, was die Neuern in Porphyr erzwungen haben, war höchstens eine Büste. Ich nehme hier Gefässe und Platten aus, denn was sich drehen, mit der Säge und dem Schmergel zwingen lässt, ist zu überwinden. Es lässt sich vermuthen, dass die Alten in Härtung der Instrumente, zur Bearbeitung dieser Steinarten, manches wussten, worin wir noch zurück sind, so wie wir es unstreitig sind in der Kunst, in Metall zu giessen.

Ausser Feilen und Raspeln schmieden wir unsere Instrumente selbst, ebenso müssen wir auch unsere Bossierbeine selbst verfertigen. Es scheinen Nebendinge, bedürfen aber Zeit um erlernt zu werden. So vergeht manches Jahr, bevor man den Thon, den Gips, das Wachs, den Sandstein, den Marmor zu handhaben weiss. Geometrie und etwas Architektur muss man auch inne haben, um einen Schnitt im Steine richtig anzugeben und Piedestal, Consolen und dergl. vorzeichnen zu können. Das Schneiden in Holz erfordert wieder eine eigene Uebung, sowie das Giessen in Metall und das Ciselieren desselben neue und ganz eigene Vorrichtungen und Erfahrungen bedürfen.

Von einer vollständigen Werkstatt der Sculptur könnte man alles dieses begehren; dass dies alles aber auszuführen ein Mensch nicht hinreiche, ist leicht einzusehen. Doch alles zu leiten und anzuordnen muss einer wissen und verstehen. Ein solcher kann aber nur dann entstehen, wenn er das Glück hat, dass in allen Fächern der Sculptur Sachen bei ihm bestellt werden, und wenn er früh schon recht grosse und complicierte Werke zu Stande zu bringen hat.

Denn auch das Aufrichten oder Versetzen grosser und sauber gearbeiteter Stücke bietet manche Schwierigkeiten dar, und erfordert einen wohlgeordneten Mechanismus.

Die Noth, die Umstände erwecken unser Nachsinnen und bringen uns auf Mittel, von denen ich hier einige Beispiele geben will. Zu der Marmorgruppe der beiden Fürstlichen Schwestern, hatte ich ein Modell in Gips, ebenfalls Naturgrösse, angefertigt. Die Grössere, die Königin vorstellend, hielt in der rechten Hand einen Korb, der sich an die Hütte lehnte; dieser Korb musste auf hohen Befehl wegbleiben, welches auch recht war; aber die Schwierigkeit war, den Arm wo möglich in derselben Lage zu erhalten. Ich nahm ein schmales und längliches Stück Gewand, tauchte dieses, um das schnelle Binden zu verhindern, in einen mit dünnem Bier eingerührten Gips, warf dieses über die schon vorhandenen Falten, liess es mit der rechten Hand halten, und dann wieder frei niederfallen; die ganze Partie der vorherigen Falten schien unter diesem neuen Ueberzuge durch, und es entstand eine ähnliche Wirkung, wie an einigen antiken Statuen, wo man durch die obern Falten die untern durchlaufen sieht.

Die ganze Partie ist auf der hintern Seite, die nach meinem Plane zu sehen sein sollte; die Gruppe ist aber an eine Wand gestellt worden und gerade gegenüber zwei tief herabgehenden Fenstern, folglich sehr schlecht beleuchtet. Sie konnte an eine Seitenwand in guter Beleuchtung gestellt werden, es geschah aber nicht, um für ein paar Couverts an der Tafel Platz zu lassen.

Lange schon hegte ich die Vermuthung, dass die alten griechischen Meister an den Modellen zu ihren Gewandfiguren die Draperie nicht möchten bossiert haben; nach meiner Meinung haben sie ihr Modell nackend gemacht und darüber eingetauchte Tücher gelegt, die fest geworden sind, und über diese nachher andere, wodurch die ersten durchschimmerten.

Eine Gruppe, die eheliche Treue vorstellend, mit deren Ausführung ich gerade jetzt beschäftigt bin, ist auf diese Weise gemacht, der Marmor ist nehmlich geradezu gleich nach dieser eingetauchten Leinewand gearbeitet. Bei Festivitäten, sowohl Triumphbögen als Trauergerüsten, wo Statuen schnell fertig dastehen sollten, ist diese Methode in alten Zeiten schon gebraucht worden, und es stehen noch hin und wieder dergleichen Stuckfiguren; aber das Gewand ist nicht ans Fleisch gelegt, sondern, was man grosse Partien nennt, und viel Luft dazwischen, auf Art des Bernini.

Eine andere Art, Gewandfiguren zu bilden, habe ich angewendet an dem 116 Fuss langen Basrelief von Sandstein, an dem Münz- und Bau-Academie-Gebäude, welches sich durch die sorgfältige und saubere Ausführung aller Theile sehr auszeichnet. Ich bekam zeitig genug die Bestellung, um meinen Theil daran mit Bedacht zu entwerfen und auszuführen.

Bei Betrachtung der Werke des Raphael in Rom äusserten die Künstler: Er müsse bei seinen Gewänden nicht die Gliederpuppe, sondern ein lebendes Modell, mit Gewand bekleidet, gebraucht haben, indem das höchst ungezwungene und das von einem vorigen in den gegenwärtigen Moment Uebergegangene in den Falten mit einer Gliederpuppe nicht zu erreichen sei. Mit einer prompten Faust und einem guten Gedächtniss lässt sich's möglich machen, eine Zeichnung als

Studium auf diese Weise zu entwerfen. Dass jemand in der Sculptur dieses Mittel angewendet habe, ist mir nicht bekannt.

Nachdem ich mich im Nachzeichnen, und, was ebenso wesentlich war, mein Modell im Faltenwerfen geübt hatte, versuchte ich es im Basrelief in Thon. Jener hatte es dahin gebracht, zwei bis drei Stunden, nachdem das Gewand sich glücklich geworfen hatte, unbeweglich zu bleiben, in welcher Zeit ich mein Thonmodell, Figuren von zwanzig Zoll, entwerfen musste, nämlich die Falten darüber; was nun noch zu thun war, musste mit dem frischen Gedächtnisse geschehen. In wie weit dies gelungen ist geziemt mir nicht zu entscheiden. Mehrere Figuren in dem Basrelief sind so entstanden, und diese Methode bleibt auf jeden Fall vortrefflich; nur bei freistehenden Figuren ist sie nicht anzuwenden, weil es nicht möglich ist, alle Seiten so schnell zu machen, als ein Mensch ausdauern kann, in derselben Attitüde zu stehen. Aber allen, die auf flachem Grunde darstellen, ist sie zu empfehlen.

Figuren in unserer heutigen Tracht kann man ganz nach dem Leben ausführen; unsere Kleider werfen in derselben Attitüde wieder dieselben Falten oder vielmehr Brüche, und so konnte ich bei den Statuten des Generals von Zieten und des Fürsten von Dessau mit Musse zu Werke gehn. Indessen hat eine solche Aufgabe dennoch ihre Schwierigkeiten. Würde, Geist, Leben, und einen gewissen, dem Zeitalter angemessenen Charakter darzustellen, ist nicht leicht; und das Schicksal dieser unserer Zeitalter-Costüme, wenn sie vorüber sind, ist, dass man darüber lacht. Nur den Vortheil haben sie, nicht wie manches Bild und Statue im poetischen und fantastischen Gewande verwechselt zu werden, und sowohl dieses als jenes vorstellen zu können.

Diese zwei letzten Jahre habe ich in Brustbildern mich zu üben viele Gelegenheit gehabt; in Marmor ausgeführt, betrachtet man sie gewöhnlich als Denkmäler, und so muss eine gewisse Celebrität der darzustellenden Person vorausgehen, ehe man sich entschliesst, sie so kostbar bilden zu lassen. Indessen habe ich doch einige von Frauen gemacht, die nach ihrem Tode die Liebe ihrer Gatten verfertigen liess. Aber dass jemand, um den vorübergehenden Reiz weiblicher Schönheit festzuhalten, sie in Marmor bei mir hätte machen lassen, ist zu wenig vorgekommen, als dass man dies dem Geiste des Zeitalters zurechnen könnte, ein Geist, der doch der Kunst so günstig wäre.

So geschieht es denn, dass ich oftmals die Büste zu machen bekomme, nachdem die Personen gestorben sind, und das Schwierigste, was selbst nach dem lebendigsten Leben schwer zu fassen ist, soll ich denn so obenein geben. Dafür mich zu entschädigen und zu erholen, mache ich, bestellt oder nicht bestellt, eine Büste, die mir behagt und wovon ich das Vorbild leben und weben sehe.

Doch hat auch der Tod etwas zuweilen, was der Nachbildung werth ist. Nachdem Karl Fasch gestorben war, entschloss man sich, seine Büste in Marmor machen zu lassen; ich hatte ihn im Tode abgeformt, im Leben recht gut gekannt; man gab mir ein Bild von ihm, von Graff gemalt, freundlich lächelnd (ein Moment, der eben der Sculptur und insbesondere bei einem alten Mann nicht günstig ist), und so sollte ich ein lebendiges darstellen. Ich fand aber in der abgeformten Maske ein so ruhiges, feierliches, verklärtes Wesen, und besorgte, dies möchte verloren gehen, dass ich im Marmor nichts that, als dies nachbilden. Dies Gesicht hat Aehnlichkeit mit des Dante Kopf in Raphael's Parnass.

Das Brustbild Meierotto's musste auf eine andere Art hervorgehen; denn obwohl auch von ihm eine Todten-Maske da war, so hatte solche doch wenig Aehnlichkeit behalten, und mein Gedächtniss musste hier helfen. Grosse Gesichtstheile, kleinen oben zusammengezogenen Schädel mit gewaltig hervorragenden Augendecken an der Stirn (nach Gall, grosses Ort- und Sachgedächtniss), deutsche und strenge Physiognomie, durch ein liebreiches Gemüth gemildert, waren die Hauptzüge seines Aeussern.

Diese beiden, und dann das Brustbild des zu früh verstorbenen Architecten Gilly, welches ich so zu sagen ganz aus dem Gedächtniss machen musste, stehen als Denkmäler in den Sälen öffentlicher Anstalten, aber alle drei in einer schlechten Beleuchtung.

Schön wäre es, wenn es sich ziemte, eine Lampe vor einem solchen Bildnisse aufzuhängen, wie die Katholiken vor Heiligenbildern thun, dann würde man sie zur Nachtzeit gut sehen, und das ist für den Marmor das beste Licht.

Am besten vorgestellt ist Immanuel Kant von meinem Gehülfen Hagemann, der die Reise nach Königsberg deshalb machte, und den Kopf dieses Weltweisen also noch im Leben nachbilden konnte. Seine Verehrer warteten nicht auf seinen Tod, um ihn so zu ehren; auch ist dieses Brustbild schon zweimal in Marmor ausgeführt worden.

An dem oben erwähnten Denkmale — die eheliche Treue vorstellend, eine Matrone, die nachdenkend bei dem Aschenkruge ihres Gatten sitzt, — ist der Kopf ebenfalls nach dem Leben aufgefasst, jedoch mit Kunstfreiheit, und so bleibt wohl für viele nur eine leichte Spur von Aehnlichkeit.

Brustbilder von Damen, die frühzeitig starben, habe ich diese letzten Jahre in Marmor auch einige gemacht, und leider nach Masken und mit Hülfe mittelmässig gemalter Bilder von ihnen. Da sind denn Schwierigkeiten zu überwinden, die auch nicht überwunden werden, um desto mehr, da es theils junge, theils wohlgebildete Gestalten waren;

die Gräfin Maltzahn, die Frau von Reibnitz, und die verstorbene Gemahlin des Herrn Staatsministers von S., geb. von Ostau.

So musste ich auch nach zwei kleinen mittelmässigen Bildern den Fürsten von Hohenlohe-Oehringen mit seiner Gemahlin abbilden, sich einander die Hand gebend, auf einem vertieften Fond en haut relief gearbeitet; das Ganze bildet ein Denkmal im altrömischen Styl.

Die Büste unsers vortrefflichen und unvergesslichen Curators, des Herrn Staatsministers v. Heinitz, habe ich leider nur auch erst nach seinem Tode machen können, und so ist sie weder ganz zu seiner sonstigen Verehrer noch zu meiner eigenen Genugthuung ausgefallen.

Von Kotzebue, von Göcking, von' Goldbeck, und mehre andere Portraits, habe ich das Vergnügen gehabt, nach dem Leben zu machen. Ebenso hat Hagemann die Brustbilder der Professoren Marcus Herz und Fessler angefertigt.

Weibliche Büsten sind eine der schwersten Aufgaben in der Kunst; diese zu lösen, habe ich mir immer unglaubliche Mühe gegeben. Aehnlichkeit mit Anmuth zu vereinigen, in einen Moment den Reiz zusammen zu fassen, der im Leben durch das beseelte Bewegte, Mannichfaltige unendlich vieler Momente liegt, erfordert ein zartes Kunstgefühl und einen, möchte ich fast sagen, an List grenzenden Beobachtungsgeist.

Reichten Worte hin, so liesse sich hierüber viel sagen — genug, ich ergriff begierig jede Gelegenheit, mich hierin zu üben. Wie weit oder wie wenig ich darin fortgeschritten bin, zeigt eine kleine Anzahl weiblicher Büsten, die ich in die diesjährige Kunstausstellung gegeben habe. Madame Berger, Madame Mila, Madame Meier die bekannte Schauspielerin, Frau von Knobloch geborne von Schrötter, Henriette von Arnstein aus Wien, und die Demoiselle Friederike Unger.

Letztere Büste ist eine Statue geworden. Ein alter Schriftsteller erzählt von einer Statue, wovon die eine Hälfte in Rhodus und die andere in Corinth verfertigt wurde, und beide Hälften, als sie zusammengesetzt waren, ein wohl zusammenstimmendes Ganze bildeten. Die Geschichte dieser ist zwar nicht ganz so, doch jener ähnlich.

Die erste Intention war, ihr Portrait en buste zu machen; da sie selbst nachher begehrte, die Arme möchten auch dabei sein, so wurde ein Ballen Thon untergebaut, und daraus die Arme geschnitten, gleichsam in einer Attitüde, als lehnte sie sich auf eine Brüstung und blickte freundlich umher in eine schöne Gegend. Indem sie nun dazu stand, fand ich die Stellung des ganzen Mädchens, die wohl gebaut ist, sehr anmuthig, und meine Büste mit den Armen allein gar zu fragmentarisch; es entstand so in mir ein recht brennender Eifer, die Figur ganz nachzubilden; es kamen aber Unterbrechungen. Nach einiger Zeit machte ich den noch übrigen Theil, und so ist es eine ganze Figur geworden, die die Hoffnung vorstellen soll, indem sie sich auf einen Anker lehnt. So recht zusammen stimmt nun wohl das Ganze nicht, daher ich auch niemanden rathen will, auf diese Weise Statuen zu machen, ohne vorherigen Entwurf und Fassung des Ganzen.

Diese Figur ist drappiert, und so ward ich diesmal von meinem Gehülfen Hagemann übertroffen, der eine liegende Najade, mit einer Muschel spielend, gebildet hat, die gar keine Hülle hat. Anmuthvoll und nackend liegt sie da, jeder Theil ist beseelt, und keine Falte verbirgt die einzig schönen Umrisse, die die Natur in den weiblichen Körper, und noch zarter und schöner in seinen innern Kunstsinn legte, und die sich in einem feinen und makellosen Marmorstein blendend entwickelt haben.

Es bleibt mir nur übrig, Ihnen noch etwas von meiner Nebenbeschäftigung, die Sie kennen, zu sagen. Meine mathematischen Beobachtungen nehmlich über den menschlichen Kopf, mit Hülfe des Zirkels und Tasters, setze ich fort, und ich habe zu diesem Werke, welches zwanzig Jahre bis zur Beendigung erfordert, schon eine gute Anzahl Materialien gesammelt. Camper, Blumenbach, Gall haben in neuern Zeiten diesen Gegenstand rege gemacht; meine Zwecke sind aber wieder anders, nehmlich Einmal soll es eine Geschichte des menschlichen Kopfes werden, seiner Gestalt und seines Wachsthums, von der Geburt bis zum völligen Auswuchse; da es sich denn zeigt, dass die Gesichtstheile weit stärker zunehmen, als der gehirnfassende Theil oder der eigentliche Schädel —, und dann die Wirkungen des Alters.

Zweitens will ich die unterscheidenden Merkmale des Weiblichen und Männlichen bestimmt angeben, welche Beobachtungen hauptsächlich über sich ähnelnde Brüder und Schwestern angestellt werden müssen.

Und drittens die Nationalphysiognomie, nehmlich nur der einen Menschenrace, die wir unter den Namen der Caucasischen begreifen. Ich habe zu diesem Behufe Spanier, Russen, Türken, Juden u. m. a. gemessen, und nach Maassen gezeichnet, aber von allen diesen noch nicht genug beobachtet, um entscheidende Resultate aufstellen zu können.

Berlin, den 15. September.

G. Schadow.

VIII.
Tagebuch einer Reise nach Weimar, 1802.

In den „Kunstwerken und Kunstansichten" S. 66 sagt Schadow: bei dem Schlossbau in Weimar waren drei Berliner angestellt, der Bauinspektor Grenz, der Architekt Louis Catel und der Professor Rabe. Der Landschaftsmaler Franz Catel, Bruder von jenem, hatte Lust dahin zu gehen, wir machten die Reise u. s. w.

Freitag, 17. September 1802.

Auf Louis Catel's Zureden entschlossen wir, ich und Franz C., uns sogleich mitzureisen; eine Freundin von Madame Gentz, eine Demoiselle hiess es, sollten wir mitnehmen. Am Morgen des 17. September, wo es fortging, erfuhr ich erst, dass es die Tochter des Herrn Prediger Tiele war. Ich hatte noch eine Stunde bei Vater Schott übrig, ehe der Fuhrmann kam, die Pfeife und der Kaffee schmeckten herrlich, denn ich hatte den Weg vom Weinberg bis zur Jerusalemer Kirche gemacht. Louis nahm nun erst von seinem Schwiegervater Taback und Pfeife, und zerbrach die letztere: 1tes malheur. Der Prediger T. lag am Fenster; hier sahen wir zuerst unsere Reisegefährtin. Weiter. 1000 Schritt von der Schaafbrücke Spannagel entzwei: 2tes malheur. Ein anderer im Vorrath und frisch gehoben half dem Uebel ab. Der König, Oberst Kotze etc. ritten grade quer über die Landstrasse zum Manövre. In Potsdam wurde die Stadt umfahren. Abends in Brück beim Burgemeister der zugleich Gastwirth ist: eine andere famille, ebenso honett wie wir, musste mit uns en ligne auf der Streu liegen. Ein wenig mitgebrachter Thee und von Mademoiselle weisses Brodt entschädigte einiger Massen in der Noth.

Sonnabend den 18.

kamen wir zu Mittag nach der Theerhütte beim Jäger. Nun dachten wir: da wirds kläglich aussehen, aber wir wurden angenehm überrascht, denn die Bewirthung war excellent, die Gegend malerisch, der Theerofen der Betrachtung werth. Abends in Dessau, während die Catel's zu Kolbe und Hunoldt liefen, frug ich nach einem Badeort, es war schon dunkel, ein Lohnbediente brachte mich nach einem vom Fürsten angelegten allerliebsten Badehause am Ufer des Flusses. Nachher assen wir mit den beiden im Ring. Künstler-Conversation.

Als wir uns Halle näherten, nahmen wir den Weg nach Giebichenstein, Mdsl. liessen wir mit der Fähre nach Halle fahren, und wir kletterten auf die Ruine, gingen in Reichardt's Haus, er war zu Gast in Halle, wir gingen zu Fuss und kehrten im goldenen Löwen ein, schickten zu Bode, der bald darauf mit H. Pfund erschien. Bode nahm ein Pferd, Pfund ging zu Fuss bis Lauchstädt, wo wir zu Nacht eintrafen. Bei Licht wurde noch in den Garten gegangen, und den Morgen früh das Bad, das neu erbaute Theater etc. besehen.

Zu Mittag in Naumburg. Die ersten Krammetsvögel. Mit vieler Aufmerksamkeit den Dom besehen, von schönem Sandstein erbaut. Wir zeichneten auf derselben Kanzel worauf Dr. Luther dort gepredigt hat. Die heutigen Domherren gehen zwar schwarz aber wie Kammerherren, mit grossem Stern, haben Damen an der Hand, einen Degen an der Seite, und sind pas mal ridicule, dem Aeussern nach. Bis zu den Salzsiedereien an der Saale fuhren wir zusammen, von da nahmen ich und Franz einen Boten und gingen zu Fuss auf die Rudelsburg, und von da allein nach Camburg, ein Städtchen sehr malerisch mitten unten in der Saale liegend. Recht ächt deutsche Landschaft; da dachten wir eine Fuhre zu bekommen, aber es fand sich keine, und man rieth uns bald aufzubrechen, denn in der Nacht möchten wir den Weg nicht finden; das Glück half uns, ein Fruchtbäcker, der nach Dornburg nach Hause gehörte, ging vor uns her. Berg auf Berg ab gleichen Schritt, es war sternenklar, wir trafen mehrere Wachtfeuer wegen dem vielen reifen Obste, so kamen wir gut nach Dornburg, waren aber recht ermüdet.

Der Wagen des Wirths war früh bei der Hand, eine alte gebrechliche Chaise. Die Gegenden bei Dornburg sollen malerisch schön sein, der Nebel war aber wie wir ihn noch nie gesehen hatten, nämlich undurchdringlich, und bleibt gewöhnlich dort so bis Mittag. Gegen 9 Uhr waren wir in Jena, liessen uns balbieren, frühstückten, nahmen eine andere Fuhre, sahen die Studenten einen Gang mit breiten Säbelklingen auf dem Markt machen, ein Kreis umher, mehrere mit Caskets die mit rothen Federn geschmückt sind. Am Ausgang der Stadt wurde angehalten, H. v. Kotzebue einen Augenblick besucht, der recht elegant wohnt, und hinten ein malerisches alentour um seinen Garten hat. Seine Mutter ist wegen ihrer Lebhaftigkeit interessant. Wir verabredeten, uns mit einem Boten von Weimar aus zum Essen bei ihm zu melden. Weiter nach Weimar. Gegen Mittag waren wir dort. Nach Tisch gingen wir zusammen in den Park, vorher aber zu Gentz, wo

wir Billets, eins an H. v. Kotzebue und eins an Schinkel nach Köstritz
schrieben, um den andern Mittag bei K. zu essen, und Schinkel den
Abend in Jena zu finden. Tieck war auch schon zu uns gekommen.
Der Park ist wegen einiger Felsparthien, wegen des klaren Bachs, des
römischen Hauses, des gothischen Kastens oder Speisesaales, und eines
Portraits der Herzogin Mutter von der Angelika, merkwürdig. Das
römische Haus hat ein schönes Peristyl. Louis Catel hat da eine Gips-
mühle, und ein Haus steht da, was H. v. Goethe ehemals bewohnte.
Abends waren wir zum Thee bei Catel's, er wohnt in der Todtengasse,
nahe bei ist der Kirchhof, wo Lucas Cranach's Leichenstein zu sehen,
welch schöne Inschrift hat er: Von allen seinen Zeitgenossen geliebt.
Musäus Grabstein ist auf der andern Seite der Kirchthür, aber zu lang
um zu lesen, sonst ist ein hübsch Grabmal da von Döll in Gotha. Bei
Catel war Professor Meyer der Schweizer, der junge Dr. Herder mit
seiner Frau, Cramer von Berlin etc. etc. Tieck, Bildhauer Wolff von
Cassel, der viel Arbeit im Schloss macht.

Mittwoch den 22. September

ging ich mit Franz zum Legations-Rath Bertuch; das Industrie-Comtoir
ist in der ganzen Welt bekannt, und der Besitzer scheint, aus allem
zu urtheilen, ein recht gescheidter Welt- und Geschäftsmann zu sein.
Ich wollte einen Brief an den jungen Klaproth vom Vater in Berlin
abgeben, der ist aber, hiess es, noch in Dresden. Bertuch wusste noch
mehr Streiche von ihm zu erzählen als wir, und war keineswegs mit
ihm zufrieden. B's Haus ist neu und geschmackvoll eingerichtet, und
er ist wahrscheinlich der wohlhabendste Mann in ganz Weimar, denn
entre autre sagt das Gerücht, er erhalte die Hälfte des dortigen schönen
Geschlechts, mit Kupferstich-Illuminiren nämlich. Da wir erfahren
hatten, dass H. v. Humboldt mit Frau in Weimar wäre, die den Dienstag
als gestern Mittag bei Goethe gegessen hatten, worüber Tieck uns schon
vertraut hatte, dass es ihn ärgere, nicht mit eingeladen zu sein, weil
man erstlich gut da ässe, 2. gut tränke, 3. gute Conversation hätte,
und 4. Humboldt da wäre, so ging es nach dem Erbprinzen, wo wir
beide (Humboldt und Frau) fanden. Das ganze Gespräch lief um Tieck,
den sie gar gern nach Italien hin haben wollen, sei es durch Hülfe des
Curators der Akademie oder durch eigene Mittel, denn Madame protegiert
ihn. Der 3. Besuch war zu Herrn v. Goethe, bei welchem uns Meyer
gemeldet hatte. Louis Catel ging mit, der Bediente frug gleich, ob ich
dabei wäre, und eröffnete den Saal. Meyer erschien sogleich, eine
Copie nach Titian von Bury und 4 illuminirte Blätter aus Rafael's
Psyche, und dann die Büste der Madame Unzelmann war was ich be-
merkte. H. v. Goethe erschien, mit schnellen Schritten, blauer Ueber-
rock und Stiefel. „Sie wollen mir das Vergnügen Ihres Besuchs geben"

sagte er, dann gebot er, uns Stühle zu geben, seine erste Frage war
nach Zelters Befinden, von dem ich ihm einen Brief gab. Dabei blieb
auch das Gespräch, eigentlich sprach er wenig. Ich wollte auf etwas
anderes kommen, und frug ihn, ob er mir wohl erlauben würde, nach
Maassen seinen Kopf zeichnen zu dürfen. Er stutzte, sagte halb lachend
und halb höhnisch, das sei bedenklich, denn die Herren Berliner wären
Leute, die daraus etwas deuten würden; auch in Weimar hätten sie
Jemand gehabt, der Galls Lehre anhing, dies sei der Dr. Froriep, der
jetzt verreist sei[1]). Schon vor diesem Antrag hatte er sich durch seinen
Bedienten abrufen lassen, und blieb so lange weg, dass uns Meyer ein
anderes Zimmer zeigte, wo er selbst die Superporten gemalt hat und
auch ein Medusenkopf im Fussboden. Als H. v. Goethe wieder kam,
entschuldigte er sich mit seinen Geschäften, und da wir aufgestanden
waren, so fiel dies Gespräch stehend vor; wir wollten zu Pferd noch
vor Tisch nach Jena zu H. v. Kotzebue, mussten Reuter-Toilette machen,
also brach ich ab, da er uns nicht wieder zum sitzen nöthigte, und wir
empfahlen uns. Er sagte: „Sie werden doch noch einige Zeit hier
bleiben" etc. Die Catels meinten, ich sei mit meinem Antrage in die
Quere gekommen, wie es auch wohl war.

Mittwoch den 22. Fortsetzung.

Drei Reuter ritten zum Thore hinaus, nach Jena um $11^{1}/_{2}$ Uhr,
und primo nach dem Gasthofe, legten Escarpins an, und so kamen
wir zur rechten Zeit zu H. v. K. Es wurde im Freien gegessen, ge-
schmaust kann man sagen; Strömling und Champagner, der schönste
Himmel, eine malerische Gegend, ein geistreicher Wirth, eine liebens-
würdige Mutter mit schönen Kindern, eine muntre Grossmutter, der
Geh. Rth. Loder, lebhaft, witzig, gut erzählend, die Witwe Musäus,
ein Paar junge Liefländer und . . . . . . [2]) gaben sich einander die
schönste Unterhaltung. Nachmittags zeichnete aus der Laube Franz
einen point der Gegend; wo in der Ferne die Leuchtenburg zu sehen ist.

Donnerstag, den 23.

Zum Thore hinaus nach Rudolstadt, der schönste Morgen, der
Effect der goldenen Berge. Jenseit der Leuchtenburg wurde an einer
Aue, wo schönes Vieh weidete und ein schöner Mann es hütete, Halt
gemacht, Franz setzte sich zum zeichnen, in einer halben Stunde war's

---

[1]) Also offenbar ein Missverstandnis; hätte Goethe erfahren, dass es sich nicht um
die Gall'schen Theorien, sondern um wissenschaftliche Feststellung der Maasse des Schädels
handelte, dass Schadow ein Werk über die Körpermaasse in verschiedenen Völkern bearbeitete,
so würde er ohne Zweifel mit Freuden auf diese, seinen eigenen verwandten Bestrebungen
eingegangen sein.

[2]) Die Lücke ist so in der Handschrift, er wollte sich nicht nennen.

gethan. Als wir gegen Mittag in Rudolstadt ankamen, ging's sogleich auf's Schloss, welches auf einem hohen Felsen liegt und an sich ein hohes Gebäude ist. Die schönsten und geschmackvollsten Soldaten haben hier und in der Stadt die Wacht, und einer von ihnen wurde uns als Cicerone mitgegeben. Grosse Staatszimmer, eine Galerie mit Gips-Statuen, schöne Aussicht. Der Fürst ist bekanntlich ein grosser Kunstliebhaber. Müde und ausgehungert ging es hinunter zu Tisch, wo uns die deliciösesten Krammetsvögel von allem geschenen zerstreuten. Nach einer Mittagsruhe der H. H. Catel ging's nach der Blankenburg, eine Frau in der Nähe führte uns so, dass wir beinahe ganz hinauf ritten, endlich mussten wir aber selbst klettern; ausser der enormen Aussicht in die Tiefe hätten wir es sparen können, denn die Ruinen sehen besser in der Entfernung aus, und der Weg hinunter nach der Stadt ist so steinigt und steil, dass wir unsere Pferde führen mussten. Ungefähr ¼ Stunde von da ist der Eingang ins Schwarza-Thal, an den Ufern der Schwarza entlang, fürchterlich steile zusammengestürzte hohe Ufer. Für den guten Weg sorgt der gute Fürst. Prachtvolle Tannen. Das Ueberraschendste war bei der schon niedrigen Sonnenbeleuchtung das Erblicken der Schwarzburg selbst, die Aussicht vom Fenster beim Sternenlicht war gross und schön.

Freitag, den 24.

Wir machten uns ganz früh auf nach Paulin-Zelle, welches die merkwürdigste Ruine von ganz Deutschland ist. Auf dem Rückwege von da wurde der Trippstein bestiegen. Nach Tisch ritten wir durch das Schwarza-Thal zurück, es wurde dunkel als wir in Rudolstadt eintrafen.

Sonnabend, den 25.

Früh von Rudolstadt fort, gegen Mittag trafen wir in Weimar ein; ich ging in die Ausstellung, die Armuth und Kleinheit des Gebäudes und die schlechten Sachen an Zeichnungen und Gemälden haben mich recht erschreckt.

Sonntag, den 26.

besuchte ich meinen Freund Böttiger, nachher Mamsell Jagemann, die dann mit mir und Cramer eine Promenade in den Park machte. Nach Tisch fuhr man hinaus nach Belvedere, ein fürstliches Schloss mit Orangerie.

Montag, den 27.

besahen wir Vormittag das Innere des Schlosses, Tieck's Attelier, die Zeichenschule und Ausstellung, da steht auch das Bild der Königin, von Macco. Nachmittag den Park, das Innere des römischen Hauses, wo ein Bild der Herzogin Mutter von der Angelica merkwürdig ist.

Als ich so mit Tieck und Franz spazierte, äusserte ich die Idee, des alten Wieland Büste zu machen; dies machte, dass Tieck sagte, unter mehreren Büsten sollte er diese auch machen, wonach ich nicht weiter hörte. Den

Dienstag, den 28.

verabredete ich mit Böttiger, den alten Wieland bei der Herzogin Mutter in Tieffurt aufzufinden, und dieser durch ihren Umgang mit Litteraten und Artisten fein gebildeten Dame aufzuwarten. Dies pflegte zum Thee zu geschehen. Als wir ankamen, fanden wir uns in unsern Hoffnungen getäuscht, denn Wieland war seit zwei Tagen nach seinem Gute Ossmannstädt wegen schwacher Gesundheit und der etwas rauhen Luft gereist. Dies erzählte uns die Herzogin selbst, mit der wir eine ganze Weile allein waren. Sie sprach viel von Trippel, der Angelica und von Bury, den sie lieb zu haben scheint und bekanntlich oft aus der Noth geholfen hat, dessen Portraits sie aber doch barsch nannte; sie meint, dies komme von einer Grille bei ihm her, nicht den gewöhnlichen Malern zu gleichen. Bald darauf erschien die Erbprinzessin [1], der jüngste Prinz, zwei Kammerherrn, und der Gouverneur; ich habe die Namen dieser Herren nicht behalten, sie hatten aber viel Geistesbildung. Von Berlin hatte ich der Herzogin Mutter Manches erzählen müssen, was sie noch nicht wusste, von P. L. etc. worüber sie lachte. Sie sieht etwas ins Preussische Haus, hatte einen tiefen grünen Hut wegen böser Augen.

Mittwoch, den 29.

besuchte mich schon ganz früh der Professor Döll, Bildhauer des Herzogs von Gotha. Gleich nach Tisch nahm ich einen Wagen und fuhr nach Ossmannstädt. Ein Billet, womit mich Böttiger versehen hatte, schickte ich hinein. Wieland war im Garten, er ging mit mir ins Haus. Er war der erste deutsche Gelehrte, der für mich etwas Dichterisches auch in seinem Aeussern hatte. Seine kurzen grauen Locken, seine schwarze Prälaten-Kappe und breiter rother Gurt gaben ihm ein malerisches Ansehn. Ich sagte ihm, wie ich seine Büste einst nach einem schlechten Gips-Modell hätte müssen in Marmor ausführen, und dass, wenn es mir irgend möglich gewesen wäre, ich damals schon hergereist wäre. Er sagte, dass er fast immer schlecht sei abgebildet worden, so dass ihm alle Lust dazu vergangen sei. Noch vor einiger Zeit habe ihm der Herzog gesagt, er wünsche seine Büste zu haben, und er möchte dazu dem Tieck sitzen. Darauf habe er dem Herzoge geantwortet, wenn derselbe es befehle, so lege er Sr. Durchlaucht seinen alten Kopf zu Füssen, der überdem nicht viel taugt. Der Herzog aber habe diese Redensart nicht verstanden oder verstehen wollen, er habe jedoch da-

[1] Die Herzogin Luise.

mit sagen wollen, dass er keinesweges Lust hätte, dem jungen Tieck zu sitzen, indem solcher zu einer Clique gehöre, die es sich seit langer Zeit zum angenehmen Geschäft mache, ihn mit Recht und Unrecht anzugreifen und zu beleidigen, und er sei jetzt in einem Alter, wo ihm ein Jeder nicht sogleich behagte. Von Tieck, dem Bildhauer, glaube er, dass solcher wohl im Stande sei, eine gute und getreue Abbildung zu machen, zumal wenn man ihm nicht unter der Hand so was von einem Jupiter oder Apollo zu verstehen gäbe [1]). Obwohl der alte Mann nicht mehr nach Weimar kömmt, so entschloss er sich, drei Tage meinethalben daselbst zu verweilen und da ich eine Reise nach Gotha vor hatte, es bis Sonnabend zu verschieben, bis wann ich sicher zurück sein würde. Da ich an ein Uebereinkommen sehr gezweifelt hatte, so war nichts vorbereitet; ich hatte zwar Tieck wegen Thon gefragt, der mir aber zur Antwort gab, dies brauche 8 Tage vorher. Ich eilte nun zu Böttiger, der sich über die Bereitwilligkeit Wieland's wunderte und freute, und mir sogleich versicherte, dass er dafür sorgen würde, dass alles Nöthige Sonnabend früh sich vorfinden solle. Dies bewirkte er auch durch die jungen H. H. Klauer, welche die Fabrike der Thonarbeiten ihres Vaters fortsetzen. Hrn. v. Goethe, meinte er, würde diese Geschichte nicht recht sein. Dass ihm mein Herkommen nicht behage, merke er aus Manchem, sei es nun weil ich einst an seiner Göttlichkeit gezweifelt habe, oder weil seine Ausstellung so armselig ausgefallen ist, oder weil er selbst die Wieland'sche Büste habe besorgen sollen und dazu bis jetzt nichts gethan habe. Und überhaupt im Kunstfache dürfe ohne sein Wissen Nichts geschehen, weil dies zu seinem Departement gehört. Ich begriff dies Alles nicht so ganz, und es machte mir gar keinen Kummer.

Eine von Wolff eingeladene Gesellschaft hatte sich bei Cramer, der eine elegante Wohnung hat, versammelt; H. und Madam Gentz, H. und M. Rabe, Franz und Louis Catel mit Madam, Dr. Herder und Frau, Tieck, die beiden Schauspieler Becker und Ehlers, Professor Döll etc. und Meyer, der Schweizer. Es kam die Rede davon, wann wir abzureisen gedächten, ich sagte, es würde wohl noch 5 oder 6 Tage dauern, denn ich wollte nach Gotha gehen, und dann hätte ich mit Wieland die Verabredung getroffen, seine Büste zu machen. Ehlers spielt Guitarre und singt gut, so gab er uns zum Thee den Rattenfänger, die Bajadere und den Scheerenschleifer; wenn er von Goethe sprach, wie diese Lieder es veranlassten, so nannte er ihn den Geheimrath, und der Rattenfänger geht, so wurde ins Ohr geraunt, aufs Ausrotten aller Gelehrten in Weimar, die Ihm nicht behagen.

[1]) Geht dies auf Goethe's Büste von Trippel?

Die Reise nach Gotha und Erfurt nahm Donnerstag und Freitag
hin. Um 7½ Uhr waren wir in unserm Gasthofe zum Elephanten
zurück, und gleich darauf erhielt ich ein Billet von Böttiger, zu Bertuch's
zum Thee mich einzustellen, von Wieland habe er nichts gehört, fürchte
aber, es seien gegen die Sache grosse Hindernisse aufgebracht worden.

Um 10½ Uhr erschien Wieland; ich spannte meine Aufmerksamkeit um sowohl gut als prompt zu arbeiten, und die so wesentliche erste
Anlage fiel zu meiner eigenen Zufriedenheit aus. Wir wurden durch
Niemand gestört. Nachmittag erzählte mir Böttiger, es sei in Tieffurt
bei der alten Herzogin eine starke Scene vorgefallen, H. v. Goethe sei,
wie es scheine, ausdrücklich deshalb hingegangen, er habe mich einen
geizigen neidischen tracassieren Mann genannt; sie, die Herzogin,
könne und dürfe es nicht zugeben, dass Wieland mir zu seiner Büste
sitze. Er selbst komme hierbei in Verlegenheit, denn es sei doch einmal des Herzogs Wille gewesen, dass Tieck diese Büste machen solle.
Genug, der H. v. Goethe habe es dahin gebracht, dass die Herzogin
und selbst Wieland nicht mehr gewusst hätten, was sie thun oder lassen
sollten, bis der Herzog, dem es zufälligerweise einfiel, seine Frau Mutter
zu besuchen, dazu kam, der denn als ein verständiger Herr sich hierüber
verwunderte und die Meinung äusserte, dass sie alle hierin nichts zu sagen
hätten, und dass die Sache lediglich vom alten Wieland abhinge, dem es
freistände, zu sitzen, wem es ihm beliebte, und eben so wäre ja Schadow
auch der Mann, der jede Büste machen könne, welche ihm einfiele.

Nun machte mir Böttiger insbesondere darüber Vorwürfe, dass ich
in dem Thee bei Cramer davon geredet hätte, Meyer wäre dagewesen
und so hätte es Goethe gleich erfahren, es wäre aber politischer gewesen, wenn ich geschwiegen hätte. Ich antwortete ihm hierauf, dass
ich gleichsam aus den Wolken fiele, dass die Wichtigkeit, die man auf
diese Geschichte legte, mich beinahe schwindlicht machen könnte, was
aber die zu beobachtende Politik beträfe, ich solche auf wichtigere
Fälle zu versparen pflegte, und hier sie auch nicht würde beobachtet
haben, im Falle es mir wäre gerathen worden, denn es würde mir
hämisch geschienen haben.

Abends in der Komödie sass Goethe zwei Bänke von mir, er sah
mich und musste mich sehen, vertiefte sich aber in ein Gespräch mit
Loder, that freundlich mit W., und sah Alles nur mich nicht, ich verliess meinen Platz und ging in eine Loge.

brachte Wieland seinen Schwiegersohn mit, der aber wieder fort ging,
nach ihm kam Tieck, der fast den ganzen Morgen dablieb, und W.

und Tieck unterhielten sich. Als Beide weg waren, kam gegen 1 Uhr
H. v. Kotzebue zu mir: er war nach Weimar gekommen, theils um
die Sonntags-Cour zu machen, theils um sich zu beurlauben, denn er
ging nach Berlin.

„Ich weiss Alles", sagte er, „was vorgefallen ist, der Mensch wird
durch sein Zuweitgreifen lächerlich, am Ende wenn wir ihn machen
liessen, müssten wir eine Erlaubnis haben von ihm zu jedem Vorhaben",
wobei er sich eines harten Ausdrucks bediente. „Er hat kabaliert, heute
verwende ich den ganzen Tag am Hofe, um gegen ihn zu kabalieren."

Montag den 4. Oktober

sass Wieland zum letzten Male, die schöne Frau von Oberg aus
Hannover kam zu mir, um W. zu sehen.

Nachmittags, etwas nach 5 Uhr, ging ich nach dem Fürstenhause,
um dem Herzoge aufzuwarten; ich sagte ihm, nachdem Er mich gefragt hatte, ob ich die Büste Wielands fertig gemacht, dass man dies
als eine Usurpation hier angesehen habe, Er brach aber gleich davon
ab, und das Gespräch ging auf Berlin, wo er diesmal gar nicht hinge-
kommen war. Ich forderte Ihn auf, mir die Gnade zu erzeigen,
Wieland's Büste zu sehen, Er versprach, den andern Morgen zu kommen.

Dienstag den 5. Oktober

kam der Herzog zwischen 10 und 11 Uhr, die Büste von Wieland ge-
fiel ihm ungemein; Tieck, Wolff und Cramer waren grade bei mir, mit
Tieck unterhielt Er sich viel über Paris.

Mittwoch früh Abschieds-Visiten beim Ruth Krems, bei Madmos,
Jagemann, bei Klauer wegen meiner Büste, bei Tieck, bei Weisser etc.
Mittag assen bei mir beide Catels, und Tieck und wir redeten viel über
die Büsten-Geschichte. Den Abend vorher gab ich einen Thee mit
Punsch, wo Mad. Catel dabei war, und Wolff und Cramer, zuletzt
Becker, und auch Böttiger im Anfang. Mittwochs 2 Uhr gings von
Weimar ab nach Naumburg. In Naumburg geschlafen; von da Donners-
tag früh nach —; Abend gegen 4 Uhr in Leipzig; gleich zu Tischbein;
die gaben uns Thee, von da in die Komödie zu H. v. Kotzebue: Die
Unglücklichen. Proposition wegen seinem Portrait von Tischbein. Monument für Liefland. Zurück zu Tischbein, von da nach dem Keller, wo
wir Bode, Rittner, Klaproth und Pfund antrafen. Dann gegessen im
Hôtel de Saxe, ich zu Hause im goldenen Adler. Freitag nach Wittenberg, da kamen wir um 8 Uhr an.

(Hier bricht die Handschrift ab; ob Goethe die Büste gesehen, bleibt also zweifelhaft.
Allein später hat sich dies Missverhältniss ausgeglichen, Schadow und Goethe haben bei Gelegenheit der Bildsäule von Blücher für Rostock viel und freundlich verkehrt, und Schadow
hat auf Goethe's Bitte einen grossen Medaillon mit seinem Bildniss modellirt.)

IX.

Thorwaldsen's Ehrenfeier

veranstaltet von der K. Akademie der Künste zu Berlin am 1. Juni 1844.

Sonnabend, den ersten Tag des Rosenmonats, feierte die Königliche Akademie der Künste das Andenken von Thorwaldsen. In der Singakademie ertönte Rede und Gesang, begleitet vom Klange der Instrumente; die Räume waren gefüllt von Künstlern aller Fächer und von Theilnehmenden an der Kunst.

Im Hintergrunde sah man im Kostüme eines Phidias die Statue von Thorwaldsen, sich sanft lehnend auf eine Figur der Hoffnung. Obwohl nur zum momentanen Gebrauch als Gliederpuppe drappiert und schnell geschaffen, machte diese Gruppe den Eindruck einer Ouvertüre, die Feierliches versprach.

Die Festhymne begann auch mit dem Rufe: „Ruhm gebühre den Seelen, deren Fittich sich den Staub entschüttelt, und die den Heilspruch zum Führer wählen: Seid vollkommen, Gott gleich." Den Ausdruck: Heroen für Meister in der Kunst braucht der Dichter[1] häufig, seine eigene Stimme harmonierte hiermit, und so entwickelte sich eine Strapaze von Erhabenheit, die für unser einen originell war.

Für die mehrsten Zuhörer war es angenehm, dass ein Redner auftrat, der die Herkunft und die Begebenheiten Thorwaldsen's recht schön erzählte. War es um die Glorie unseres grossen Künstlers zu rechtfertigen oder um Kunstkenntniss anzubringen — genug, er machte Attake auf einen der Heroen genannt: Canova. Dieser hatte 1785[2] seinen Theseus auf dem Minotaur sitzend vollendet. Nachdem er die Gruppe des Daedalus und Ikarus modelliert hatte, die eine treue Nachahmung der Natur zeigte, in Prosa, und im alten Manne Runzeln, Falten, Adern und Knochen ohne Milderung ausgedrückt waren: diese Gruppe war das Erzeugniss der Schule von Venedig. Jene Gruppe des Theseus machte in Rom grosses Aufsehen, die Künstler liefen nach der Werkstatt, wo sie auf einem Drehstuhl zu sehen war, sie erregte Bewunderung und freudiges Erstaunen, denn sie war der Beginn

[1] Kopisch.
[2] Schadow war damals zwanzigjährig in Rom.

einer neuen Epoche, nämlich der des Erhabenen und
Idealen. Zugleich wurde ihm das Denkmal von Papst Ganganelli
übertragen und in Ss. Apostoli aufgestellt. An den Pasquino hatte
man die Annonce geklebt: Wer das verlorne linke Bein der Tem-
peranza Hrn. Canova wiederbrächte, erhielte eine recompensa; die
Figur lehnt sich über den Sarkophag und das Gewand deckt dieses
Bein. Dieser Spass nahm nichts von der guten Meinung und das
Denkmal steigerte seinen Ruf. Nachmals verfiel dieser Meister bei
heroischen Gestalten ins Uebertriebene und bei der Anmuth seiner weiblichen Figuren in Superfeines der Extremitäten. Zu seinen schwächsten
Werken gehört die Hebe — wovon wir zwei Exemplare besitzen —;
in Uebereinstimmung mit unserem gewöhnlichen Schicksale. Aber es
ist ein edler Zug der Römer den Werth von Kunstarbeiten fremder
Künstler anzuerkennen und wenn es sein muss solche über ihre Landsleute zu stellen.

Thorwaldsen war zu jener Zeit noch unbekannt, er arbeitete sich
bald in den von Canova wiederbelebten Styl so sehr hinein, dass ihm
sein Wunsch zu ungekünstelter Nachahmung der Natur schwer wurde.
Man sehe seine Büsten nach dem Leben an, seine Portrait-Figuren.
Bei dem Guttenberg sind nur zu loben die zwei Reliefs am Postamente,
Schiller will auch nicht genug thun. Die kolossale Figur Christi, wovon hier ein Abguss, hat etwas kuriöses, in Betracht der kurzen Arme
und der dicht anliegenden Bekleidung mit den Bindfaden-Falten.

Aber die Reliefs, womit er sich bis ans Ende seiner Tage be-
schäftigte, sind Meisterstücke der lieblichsten Art, schwebende tanzende
Liebesgötter, jugendliche Gestalten in frohen Gruppen. Sein kindliches
Gemüth verblieb ihm, und seine Phantasie bannte ihn in diesen zaube-
rischen Kreis, und das in seinem Vaterlande, wo die Verhältnisse ihm
nichts entgegenbrachten.

Da man bei Veranstaltung des Festes nicht drein reden konnte,
so kann man doch hinterdrein reden, und sagen: wie zu wünschen
gewesen wäre, der Dichter hätte mit den Worten: Süssschmerzliche
Klage geleite ihn anmuthig in das unbekannte Land zur seligen Insel
der Guten — geschlossen. Statt dessen fängt er wieder an mit dessen
Geburt, verwebt nachher die Worte: es schmettere laut der heroische
Hall der Posaune, womit unsere Componisten dermaassen freigebig sind,
dass manche liebevolle Arie vom Orchester mit einer Cavallerie-Attake
introduciert wird — und so wurde der Schatten unseres grossen Künstlers
mit militärischem Tumulte in's Reich der Hingeschiedenen begleitet.
Suum cuique.   G. S—w.

XI.

Tagebuch mit Anhang[1].

(Wieder angefangen im März 1824, nach 18 Jahren.)

1805 den 24. Oktober war das kleine Modell von Dr. Luther dergestalt fertig, dass es dem Staatsminister Grafen Roeder und dem Berg-
rath Bückling gezeigt werden konnte. Hier frug der Minister Jenen,
wieviel er für die Burg Mansfeld verlange? Antwort 10,000 Thlr. —
Um diese Zeit sah es schon kriegerisch aus, von Berlin und Potsdam
marschierten Truppen ab. Grossfürst Constantin war hier, späterhin kam
der Kaiser von Russland, 25. Oktbr. Die Aufmerksamkeit für die Kunst
nahm ab, die gegenseitigen Staatenverhältnisse regten Alles auf; die
Künstler wurden von da an mit aufgescheucht und behielten für sich,
was sie in der stillen Werkstatt trieben.

1806 wurde am ersten Sonntag in den Kirchen zu Dr. Luthers Denkmal gesammelt. Der Herr Kabinetsrath Beyme war geneigt, bei dem
Könige das Fehlende auszuwirken und bewies seine Theilnahme thätig.

Den 25. Febr. starb Schadow's geschicktester Schüler und Gehülfe
Hagemann. Der Auftrag, sämmtliche Modelle zu den Sculpturen zu
machen, welche vom Kgl. Hofbauamte ausgingen, war zu Zeiten beschwerlich und dieser Gehilfe dabei von wesentlichem Nutzen.

Eine Reise nach Paris und Rom liess hoffen, dass Hagemanns
äusseres Betragen durch Reisen milder werden könnte, indem seine
Arbeit das zarteste Gefühl ahnen liess, wie eine liegende Najade in
Marmor beweist, die in des Königs Palais zu sehen ist. Sie wurde später
nach Paris geschleppt. Sein Naturel blieb unverändert.

Den 16. März starb Frau Zeller, geb. Papperitz, eine treffliche
Sängerin, deren Büste in Marmor den Aufenthalt der Singeakademie
zu zieren hat und die ein schönes Gedächtniss für diesen Kreis hinterlässt.

Um diese Zeit, welche dem Ausbruche des schweren Kampfes
mit Frankreich und dessen vielen Verbündeten voranging, waren der
glänzenden, sinnreichen und angenehmen Zerstreuungen in Berlin gar

---

[1] Im Besitz der Frau L. B. geb. Schadow.

viele. Beim Staatsminister von Schroedter waren Conzerte, wo man ausser den ersten Virtuosen, als Hummel, Reichhart, Dussek, Tombalini, auch die Fürsten Radziwill und Prinz Louis Ferdinand sah und hörte, wohl zu bemerken, dass die Zuhörer Vornehme und Bürgerliche waren. Beim Fürst Radziwill war ein Theater, wo tableaux vivants von den reizendsten Gestalten vorkamen. An Glanz und Herrlichkeit wurde Alles dies übertroffen durch die sinnreichen Feste, an denen die über allen Ausdruck erhabene Königin Allerhöchst selbst theilnahm.

Unser Künstler, vereint mit mehreren Zunftgenossen, gab Dramatisches, Quodlibetartiges zur Schau, welches wegen des burlesken und armseligen Anstrichs Vornehmen und Geringeren eine eigenthümliche Unterhaltung gewährte. Mit dem Anfang des April erhielt diese frohe Stimmung den ersten herben Schlag durch den Tod des kleinen Königl. Prinzen Ferdinand, dessen Figürchen nachher in Marmor gearbeitet wurde, während das Land vom Feinde überschwemmt war. Dies Figürchen befindet sich in der Schlosskapelle in Charlottenburg.

Den Mai und einen Theil des Juni brachte unser Künstler hin, um die Reise für Dr. Luthers Denkmal zu machen. Damals erschien auf der Bühne das Schauspiel von Werner, wo Luther als Hauptperson auftritt. Einem gewissen Theil des Publikums erschien es zur öffentlichen Darstellung nicht schicklich. Mancher witterte auch die Verschrobenheit des Autors darin.

Im August wurde eine kolossale Büste Luthers fertig, aber am Ende desselben Monats gingen die Husaren und schwere Reiter ins Feld und gleich danach das Fussvolk.

Die Akademie fing an Mitte September die Ausstellung zu eröffnen. Schadow hatte alle Studien gezeichnet, welche zu einem Relief erforderlich waren, worin man Dr. Luthers Beginnen der Reformation schauen sollte, nämlich: das Anschlagen der Theses an die Kirchthür zu Wittenberg 1517. Diese Zeichnung, an welcher ihn die Franzosen antrafen, als sie Ende Oktober einrückten, ist nicht zur Ausführung gekommen, aber eine Kopie davon erhielt der berühmte Thorwaldsen in Rom, bei welchem sie noch zu sehen.

Ridolfo Schadow, unsres Schadow ältester Sohn, war in der Kunst nun so weit fortgeschritten, dass man ihm den Königl. Gehalt des verstorbenen Hagemann gab.

Obwohl man Mitte Oktober unsere Truppen im Handgemenge mit den Franzosen sich denken konnte, gingen dennoch viele Franzosen offen in der Stadt herum. Ein gewisser Barbequière war beliebt wegen seines guten Gesanges und hatte Zutritt bei achtbaren Familien. Er mag seinem Geburtslande gute heimliche Dienste geleistet haben —, denn als sie dieses Landes Herren waren, erhielt er die Stelle des

Generalpostmeisters. Mit den Künstlern behielt er einige Verbindung, indem er viele Gemälde kaufte.

Zur selben Zeit war die erste Unglückspost der Tod des Prinzen Louis Ferdinand bei Saalfeld, und den 17 Oktbr. verliess ein grosser Theil Beamter und vornehmer Herrschaften die Stadt. Die Königl. Kassen zahlten die letzten Gehalte und entfernten sich.

Die zur Verwaltung der Stadt und Umgegend nöthigsten Beamten blieben jedoch und mit ihnen jener Geist der alten Ordnung, der doch immer aufdeckte, wenn er nicht durch Willkür des Feindes gewaltsam niedergehalten wurde.

Für die Künstler schien eine traurige Zeit einzutreten, denn für sie hörte alle Theilnahme auf. Auch musste der deutsche Künstler erwarten, dass die Franzosen kaum auf ihn herabblicken würden. Wer nun wie unser Künstler ausser sich und den Seinigen noch drei seiner Gehilfen mit deren Frauen und Kindern bis dahin versorgt hatte dem konnte wohl der Muth sinken. Das erste Einrücken der Feinde, vorauf Dorfbewohner mit ihrem Vieh, das Leuchten brennender Dörfer, die Nachrichten von Plünderungen und dergl. gaben bange Besorgnisse. Jedoch sank der Muth nicht ganz und die Akademie eröffnete die Austellung der Säle wieder den 27. Oktbr. Vormittags.

An demselben Tage zog Napoleon mit 12 000 Garden ein, Nachmittags 3 Uhr.

Abends bekam unser Künstler von diesen 6 Grenadiers à cheval als Einquartierung. Die Bürger schlossen die Hausthüren, als es dunkel wurde; auf den Gassen war es stille. Aber hier gegenüber war ein Tanzboden: die Grenadiere hier, die Musiker mussten Tänzerinnen schaffen und während wir Bürger vor Kummer und Angst verstummten, wurde an diesen Orten mit Pauken und Geigen gejubelt. Ein furchtbarer Kontrast! Wenn man diesen Franzosen z. B. eine mässigere Portion Zucker anrieth (denn dieser wurde theuer) so sagten sie: nous sommes chez nous, und hiernach ist zu schliessen, wie der sogenannte bourgeois behandelt wurde; so nannten sie den Hauswirth.

Die Dorotheenkirche wurde einem Kavallerieregiment zur Einquartirung gegeben. Da brachen sie den Marmorsarg des Grafen von der Mark auf — in der Meinung darin Kostbares zu finden, und hat der Schadow nachher mehreres wieder neu gemacht, so dass nichts von jener Zerstörung zu sehen. Jene ersten Truppen schienen es darauf anzulegen, für recht wild gehalten zu werden.

Anfangs September war der bekannte Denon schon in Berlin. Herr v. Humboldt führte ihn zu Schadow, den 17. Novbr. war er mit zwei Mitgliedern aufs alte Schloss gegangen, beim Kaiser Napoleon eine Supplike einzureichen gegen die Wegführung der Kunstwerke.

Hierzu waren behfüllich der Geh. Rath Giouffroi, der sie schrieb, und
der Kammerdiener Tamanti. Der General Bertrand als Chambellan
du jour nahm sie an. Nach vier Tagen kam Herr Denon und sagte,
unsere Supplike würde nichts auswürken; die Quadriga vom Brandenburger Thore sollte auch herunter und eingepackt werden, lezteres
verlange die Armee; wir sollten wieder einkommen und um die Abgüsse bitten, die im Museum zu Paris von den antiken Statuen genommen würden. Daher stammt der Kern der herrlichen Gipssamm-
lung, welche die Akademie der Künste in Berlin besitzt. Die Rechnungen der Quadriga mussten aus der Registratur des Hofbauamtes
beigebracht werden. Alle Darstellungen von König Friedrich d. Gr.
wurden sorgfältig aufgesucht, eingepackt und weggeschickt. Dessen
Marmorstatue in Stettin sollte auch fort. Auf die Vorstellung, dass
solche nicht auf Königl. Befehl, sondern durch Beiträge von den Pommern
gemacht sei, unterblieb es.

Gleich anfänglich hatte Denon geäussert: der Empereur habe gehört, König Friedrichs Denkmal würde bei Schadow gearbeitet, er wolle
die Summen zum Betrieb dieses Unternehmens anweisen und die Arbeit
solle nicht stille stehen. Denon kaufte die Büste des Königs und der
Königin, die er nach Paris schickte, und ein altes Gemälde von Martin
Schön, welches annoch im Museum zu Paris vorhanden. Baare Einnahmen waren in jener Zeit der Noth doppelt angenehm.

Ridolfo Schadow trat unter die Bürgergarde, wechselte aber zuweilen die Uniform mit seinem Bruder Wilhelm, dem Maler, und er-
leichterte sich so den Dienst, der mitunter hart war. Das Haus, wo
mehrentheils Generale einquartiert wurden, blieb schwer belastet, und
alle Vorstellungen dagegen wurden mit dem Bemerken abgewiesen,
es sei vom Könige erbaut. Die Bürgergarde erhielt nachher das Vor-
recht, mehrere Wochen verschont zu sein, wodurch Erleichterung entstand. Die Mutter dieser Beiden, die Gattin unsres Künstlers, nahm
ihr Vermögen von Wien, welches von Hause aus stattlich, durch den
Kurs auf den fünften Theil gebracht war. Die Lehrer der Akademie
erhielten 1½ Monat Gehalt in Tresorscheinen, welche unter der Hälfte
als Zahlung angenommen wurden. Die Hauseigenthümer mussten starke
Kriegssteuern baar bezahlen. Die Nachricht von dem Tode einer geliebten Schwester lief ein, welche den Allerhöchsten Herrschaften
gefolgt war, und so traf vieles zusammen eine muthlose Stimmung zu
erregen. Selbst der hohe Wasserstand, viele untere Geschosse der
Häusser füllend, trug dazu bei. Indessen erschien der, ohngeachtet der
Kriegsunruhen, für die Künste beseelte Kronprinz von Bayern und bestellte nach und nach die Brustbilder berühmter Deutschen in Marmor,
als Wieland, Klopstock, Kant, Johannes von Müller, Copernicus, Leib-

nitz, Otto Gericke, Heinrich der Löwe, Heinrich der Finkler, dessen
Sohn Otto der Grosse, Kaiser Konrad der Salier, den Grafen von der
Lippe-Bückeburg, Iffland, Herzog Ferdinand von Braunschweig, und von
Haller. Der Künstler war genöthigt, gelehrte Forschungen auszustellen,
um zu glaubwürdigen Vorbildern zu gelangen. Johannes von Müller
war zur Hand. Der Prinz wollte jedesmal, wenn dieser sass, dabei sein
und fand eine oft überraschende Unterhaltung in der genauen Tages-
angabe bayrischer Geschichtsereignisse, um welche er befragt ward.

General Clarke kaufte einige fertige Stücke und General Rapp
eine weibliche liegende Figur in Marmor gearbeitet, Lebensgrösse.

Alles dies gab die Mittel sich mit seinen Leuten und deren Familien
durchzubringen. Denn obwohl in der Mitte des Jahres Friede wurde, so
nahmen doch die Lasten der Einquartierung und die Contribution eher
zu als ab und alle Zahlung bei den Kgl. Kassen wurde von französischer
Seite untersagt. Die Einquartierung eines Artilleriegenerals Namens
Ruty, der aus Aegypten einen Mohren mitgebracht hatte, dauerte drei
volle Monate. Die tägliche Ausgabe dafür betrug sieben Thaler.

Im folgenden Jahre 1808 gingen zwei seiner Eleven nach Paris, wo
sie ihren Erwerb fanden. Die Akademie machte eine Ausstellung, welche
den Künstlern etwas eintrug. Im Juni erhielt sie die ersten Verfügungen
von ihrer angestammten Regierung aus Königsberg. Man feierte wieder
den Geburtstag des Landesherrn offen und laut genug. Den 3. Octbr.
gab St. Hilaire die Stadtschlüssel an den Prinzen Ferdinand und den
10. rückte das Schill'sche Korps ein. Mehrere Bewohner des Thier-
gartens heiligten die kleine Insel im Thiergarten der Rückkunft der
Königin durch einen Altar, den sie von Schadow machen liessen. Es
begannen auch andere Privatarbeiten.

Im Anfang des Jahres 1809 wurden die Wohnungen der allerhöchsten Herrschaften wiederum stattlich eingerichtet, und so gewann
die Kunst manches Ermunternde, wozu des Staatsministers von Hum-
boldts Wirksamkeit für die Akademie in Königsberg vieles beitrug.
Noch mehr am Ende des Jahres, 23. Decbr., die Rückkunft des Monarchen
und seines Hauses. Des Königs Empfang der Behörden in seinem
Palais beseelte alle Theilnehmer mit frohem Muthe.

Indessen wurden im neuerstandenen westfälischen Reiche auch die
Künste zu stattlicher Ausschmückung der Königl. Gemächer aufge-
fordert und unser Künstler erhielt im Anfange des Jahres 1810 den
Auftrag zu vier Basreliefs, die Huldigung der Künste darstellend. Sein
Former starb. Bei dessen Beerdigung, Anfangs Februar, in sehr rauher
Witterung erkältete er sich und verfiel in eine dermassen schwere
Krankheit, dass die ihn Umgebenden und er selbst alle Hoffnung zur
Genesung aufgaben. Er wurde sogar in öffentlichen auswärtigen Blättern

todt gesagt. Spuren dieser Krankheit fühlte er bis ans Ende dieses Jahres.

Jene vier Basreliefs waren mehrentheils der Inhalt seiner Träume, denn ein abgeschlossener Contract, worin die Zeit der Beendigung stipuliert war, beunruhigte ihn — Ende Juni konnte er zuerst auf dem Papier Striche dazu machen —; in seiner Phantasie war jedoch Alles längst fertig. Aber er musste noch immer sitzen, seine Schwäche war über aller Beschreibung, ja, seine Wiederherstellung gleich einem Wunder, und wohl ist das Leben, die beseelende Kraft, etwas Geheimnissvolles, und ihm dies recht fühlbar, da zur selben Zeit, den 19. July, die Königin in der Fülle körperlicher Schönheit das Leben aufgab. Viele Künstler riefen in ihr Gedächtniss zurück die Züge dieser unvergesslichen Monarchin und Frau, um sie darzustellen. Seinem Sohne Wilhelm, dem Maler, gelang es einigermassen, der auch danach die Gnade genoss, den König Allerhöchstselbst nach dem Leben zu malen.

Die grosse Bezahlung dafür und für die Bilder des Prinzen Wilhelm und Gemahlin K. H. setzten ihn in den Stand mit seinem Bruder Ridolfo, dem Bildhauer, den 3. November 1810 die Reise nach Rom anzutreten.

Im August am 24. feierte Vater Schadow stille genug seine silberne Hochzeit. In der Mitte desselben Monats war der Staatsminister von Humboldt nach Wien abgegangen. Die Akademie hatte, wie die meisten Institute, eine andere Organisation erhalten. Es gab viel zu thun, der Kunsttrieb war auch bei den Handwerkern wieder erwacht, und für den Zeichenunterricht derselben mussten an einem Tage über hundert Klassenscheine ausgefertigt werden. Ende Septbr. war eine ziemlich anständige Ausstellung zu Stande gekommen und Anfang Debrs. erhielt die Akademie den Staatsminister von Schuckmann zu ihrem Chef, dessen verständige Thätigkeit Alles bald wieder in die gewünschte Ordnung brachte.

Für das Denkmal des Dr. Luther konnte noch nichts geschehen. Im August kam Mr. Caillard mit Baron Linden, dem westfälischen Gesandten, in die Werkstatt. Bei Vorzeigung des Luthermodells sagte Schadow, das Geld zum Denkmal sei in die Magdeburger Bank gelegt worden, aber von der westfälischen Regierung genommen. Dagegen, sagte Baron Linden, hat Preussen zwei Millionen geflüchtet, die müssten uns erst wieder zukommen.

Im folgenden Jahre 1811 beschäftigten sich Maler und Bildhauer noch immerfort mit Abbildungen der Königin. Nach einer Zeichnung des Kronprinzen wurde ein Figürchen auf einem Sarkophag ruhend modelliert. General Rapp liess die Büste in Marmor machen; ein gewisser Pilegard liess ihre Apotheose in Relief modelliren und das Modell wurde gebrannt; eine Arbeit, die unserem Künstler besonders angenehm war wegen des Dichterischen, obwohl der Besteller manches verlangte, was die Kritik nicht aushält. Das Bedeutendste war die im Mai angefangene Figur der Königin, wozu Prof. Rauch aus Rom gekommen war und welche jetzt im Mausoleum in Charlottenburg in Marmor ausgeführt zu sehen ist. Für München war noch immer zu thun in den Marmorbüsten berühmter deutscher Männer. Resident Massias, ein in Danzig wohnender Franzose, kaufte Skulpturen und Gemälde, und während man sich von französischer Nähe und Umgebung doch auch bedrängt fühlte, widerfuhr den Staatsdienern die unerwartete Wohlthat von Zahlung der Rückstände.

Zu derselben Zeit sah man Frankreichs Glanz in dem wegen Geburt des Königs von Rom (25. April) gegebenen Ball im Opernhause. Bald danach an Königs Geburtstage wurde die neue Akademie eingeweiht, wodurch Berlin in allen Fächern des menschlichen Wissens Hochschule wurde, deren Leitung unter eine Behörde kam. Die Jünglinge, welche sich hier den Wissenschaften oder den Künsten widmen, haben nicht jene rohen Sonderbarkeiten, die in den meisten deutschen Hochschulen noch Ton sind.

Wieder zurück auf unsern Künstler. Er erlebte im Oktober den Kummer, dass sein Ridolfo von Rom wieder eintraf. Man kann es Heimweh nennen, was ihn zurück trieb. Jedoch hatte die lange Reise ihn geheilt. Seine damals in Rom gefertigte Arbeit war ein Paris mit dem Apfel. Diese Figur wurde nachmals hier in Metall gegossen und ist nun im Besitze des Grafen Schönborn-Wesentheil, der eine Sammlung schöner Kunstwerke hat.

Anfang des Jahres 1812 reiste Prof. Rauch nach Italien zurück und nahm den Ridolfo mit. Sie wurden in Wien gut aufgenommen, gingen wegen der Marmorbrüche nach Carrara und trafen erst Mitte Maerz in Rom ein. In derselben Zeit bezog ein Colonel, zwei aides de camps und sechs Kürassiere vom Corps des Herzogs von Reggio unseres Künstlers Haus. Anfang April verliess desshalb mancher sein Haus, dadurch gerieth der kaum wieder erwachte Kunstsinn von Neuem ins Stocken und die allgemeine Aufmerksamkeit war gerichtet auf die von Paris ausgehenden Manifeste, blutigen Ausgang verkündend.

Bald danach ging die Nachricht ein: der zweite Sohn Wilhelm sei so krank, dass er die Bäder von Lucca und Livorno besuchen müsse, wo derselbe auch den Sommer dieses Jahres zubrachte, was Zeit und Geld hinnahm. Dem Briefe waren Blümchen beigelegt, die auf dem Friedenstempel gepflückt waren. Diese freundlichen Zeichen waren diesmal aber nicht Freude verkündigend.

Der Erwähnung werth ist die Ausführung eines kleinen Denkmals in Marmor: eine Trauernde bei einer Graburne sitzend, welches

die Wittwe eines Tuchfabrikanten in Grüneberg machen liess, unter
einem runden Tempel im Garten errichtet.

Die Akademie öffnete wieder Ende Septbr. die Ausstellungssäle,
wobei die französische Behörde um Schutz ersucht wurde, obwohl
unsere hohen Herrschaften hier waren und solche mit ihrem Besuch
beehrten. Der Ausgang verschaffte einigen Künstlern Ermunterung.
Anfangs des Jahres 1813 wurde die Werkstatt beehrt durch den Kronprinzen, dessen Bruder Prinz Wilhelm, den Prinzen Friedrich und Ge-
folge, um das Technische zu sehen, was in Behandlung des Thones
beim Giessen und bei Behandlung des Marmor vorkommt. Man
hatte sich hierfür vorbereitet und freute sich dieser Neigung hoher
Kunstliebhaber vom ersten Entstehen der Bildhauerwerke Kenntniss
zu nehmen.

In der Art alte Bildwerke der Skulptur zu bemalen hatte er ein
Relief gearbeitet: Adam und Eva, die Verführung und die Reue vorstellend, oben der Seraph mit dem Schwerdte. Er wurde in den Saal
gebracht, wo die litterarische Gesellschaft ihr Stiftungsfest im Januar
feierte. Es verblieb da die folgende Nacht und fand sich andern Tages
auf dem Fussboden in viele Stücke zerbrochen. Es hatte dem Bildhauer und dem Maler drei Monate Arbeit gekostet, benahm auch den
Muth zu ähnlichen Unternehmungen.

Die Russen erregten Aufmerksamkeit. Kunsthändler trugen
unsern Künstlern auf, Zeichnungen von ihnen zu machen. Es war mit
einigen Schwierigkeiten verbunden, solche darzustellen, indem sie noch
in der Ferne waren. Preussische Offiziere gaben Rath und des Hettmann
Platow Bildniss fand sich vor. Der frühere Aufenthalt in Russland kam
zu Statten, und so entstanden einige Blätter, die zu der Zeit Anklang
fanden, indem sie nicht ganz unrichtig befunden wurden. Die fremden
Völker trafen nun auch zusammen. Die französischen Truppen im
Elend darzustellen konnte nach dem Leben genommen werden, und es
geriethen einige satyrische Blätter. Die Veranlassung brachte unsern
Künstler darauf, das Fach des Scherzes zu treiben, nachdem er bisher
im Ernste, wie die Sculptur es fordert, sich beschäftigt hatte. Das
Sonderbare war, dass er in derselben Zeit französische Offiziere an
seinem Tische hatte. Auch wurden vom Königs-Palais Gips- und
Marmor-Sachen bei ihm deponiert. In der Akademie wurde die in
Thon gebrannte Apotheose der Königin aufgestellt und davon eine
Zeichnung genommen vom Professor Buchhorn, welche vortrefflich
gerieth.

Den 20. Februar sprengten die Kosaken in die Stadt. Den 21.
rückte wieder ein grosses französisches Korps unter Marschall St. Cyr
ein, Kanonen wurden in den Strassen aufgepflanzt. Während dieser

Kriegstroubles mussten Mittel zum Unterhalt an die Söhne in Rom geschafft werden. Eine Sorge zerstreute die andere. Es waren auch Arbeiten fertig fürs Ausland, es wollte aber kein Fuhrmann sie zum Fortschaffen übernehmen. Es wurden auf der Post Briefe nach Rom nicht angenommen.

Den 3. Maerz erst wurde unseres Künstlers Haus von der französischen Einquartierung geräumt, zu gleicher Zeit morgens rückten die Russen ein. Man betrieb von dem Augenblicke an alle Geschäfte, sowohl private als bei den Behörden mit einer lange nicht gewohnten Unbefangenheit. Ein neuer Muth beseelte alles, obwohl die Einquartierung der nordischen Krieger sich bald als beschwerlich zeigte. Fürst Repnin war gütig genug unserem Schadow Kalmücken, Kosaken und Baschkiren ins Haus zu schicken, womit er seiner Sammlung von National-Physiognomien nöthigen Zuwachs gab.

Zu gleicher Zeit, den 24., sah die Stadt wieder ihren angestammten Landesherrn. Nun wurden auf dem Altar des Vaterlandes Opfer dargebracht, die Jünglinge konnten ohne Scheu zu den Waffen greifen und Bürger und Vornehme freiwillige Beiträge hinlegen. Unser Künstler gab seine in Rom schwer errungene goldene Medaille und ein paar französische Goldmünzen. Denselben Abend erzählte er es dem Staatsminister von Schrödter, welcher dazu den Kopf schüttelte. Das war es freilich nicht was half, aber der allgemeine Geist aus dem auch diese kleinen Handlungen hervorgingen, — der war es.

Den 11. April am Sonntage Palmarum oder Christi Einzug in Jerusalem wurde das erste Sieges-Tedeum in unseren Kirchen gesungen. Zugleich sah man die ersten französischen Gefangenen, und alle Herzen wendeten sich mit Dankgefühl zum Herrn der Heerschaaren, obwohl die Feinde noch hartnäckig das nah gelegene Spandau vertheidigten. Anfang Mai bei der Nachricht vom Rückgehen unseres Heeres mussten Viele von amtswegen und Andere aus Furcht die Stadt verlassen. Der Landsturm war aufgestanden. Schadow stellte sich sogleich und übte mit andern Gleichgesinnten das Feuergewehr; ihr Ziel war ein gemalter französischer Tambour.

Die Kasse der Akademie wurde ihm anvertraut. Dieses und die Wegschaffung kostbarer Kunstwerke gaben mühsame Geschäfte. Seinem Hause wurde manches Werthvolle anvertraut.

Seine Frau bekam zur selben Zeit heftige Anfälle, die Besorgniss erregten, wovon sie sich jedoch wieder erholte, die nachher aber öfter wiederkehrten. Dieses störte ihn mehr noch als die Kriegsunruhen. Die Relation mit Italien kam erst im August wieder in Zug. Mitte Juli hatte man Friedensgerüchte; es kam aber nur ein Waffenstillstand heraus. Ende Juli stand die hiesige Garnison unter dem Befehle des

Kronprinzen von Schweden, Bernadotte, welche von demselben sehr
eifrig geübt wurde. Auch wurde des Landesherrn Geburtstag feierlich
begangen. Am 22. stand die französische Armee so nah bei Berlin,
dass man den Dampf des Geschützes deutlich sah. Indessen war die
Besorgniss nach Verhältniss gering und die Zurücktreibung am folgenden
Tage entschieden. Nun folgten die Siegesbotschaften von mehreren
Seiten, und der Künstler bekam Musse und Lust in seiner Werkstatt.
Dies dauerte bis Mitte September, wo das Corps des General Tauenzien
sich näherte, unserem Künstler die Akademie-Kasse zum zweiten Male
anvertraut wurde und eine abermalige Entfernung der Behörden eintrat. Die Einquartierungen wurden auch gar lästig, um desto mehr
da ihm seine Gattin wegen ihres kranken Zustandes keine Hülfe war.
Die grosse Schlacht bei Leipzig am 18. October machte indessen vielen
dieser Uebel ein Ende. Sie gab Stoff, erstlich zu den Transparenten
bei der Illumination, und zu dauernden Darstellungen der Helden des
grossen Tages. Unter den Gefangenen, die nach Berlin kamen, war
ein italienischer Steinschneider Amastini, dem man das in zerris-
senem gemeinem Soldatenrock nicht ansehen konnte. Diesem Werkzeug
und nachmals Absatz der kostbaren Arbeit zu verschaffen, war nichts
Geringes.

Im Anfang des Jahres 1814 kam die Kaiserin von Russland und
mehrere Vornehme, welche aber der Kunst hier keine Aufmerksamkeit schenkten. Erfreulich war die Einforderung einer Liste von den
durch die Franzosen entführten Kunstwerken, und die bald danach
eingehende Nachricht von Eroberung ihrer Hauptstadt 31. März

Im Juni wurde Schadow zum Mitgliede der Akademie in Rom
ernannt. Zum feierlichen Einzuge des Königs und der Garden, Sonntag,
7. August, hatte auch unser Künstler Siegesgöttinnen gearbeitet, auf
zwei Säulen stehend vor dem Brandenburger Thore, und zwei kolossale
auf Thürmen stehend, ohnfern des Zeughauses.

Dergleichen erfordert bei ernster Ueberlegung zum Voraus, die
eiligste Ausführung danach, wegen beschränkter Zeit. Nun widerfuhr
ihm beim Heraustragen jener Kolosse, dass einer derselben durch seine
eigene Last auseinanderfiel. Die Besteller gaben es auf die beiden
Kolosse auf ihrem Platze zu sehen. Er aber unternahm es sogleich
zwei neue nach einer andern Struktur aufzubauen, die nachher auf ihrer
Stelle und zu rechter Zeit paradierten und wovon der Eine nachmals
im Zeughause aufgestellt wurde. Eine noch seltenere Feier, bald danach, den 15. August, war die Mahlzeit der russischen und preussischen
Garden unter den Linden im Freien.

Mehrere angesehene Bürger dachten daran ein dauerndes Denkmal der grossen Ereignisse in der Stadt als Zierde aufzurichten. Der

Chef der Akademie nahm Theil. Die erste Idee war ein grosser Spring-
brunnen auf dem Schlossplatze, wozu das Reservoir auf dem alten
Schlosse das Wasser geben könnte. Unter des Architekten Schinkel
herausgegebenen architektonischen Umrissen ist jenes erste Projekt zu
sehen, an dessen Ausführung Schadow einen guten Theil hätte haben
sollen, welches aber wegen zu grosser Kostbarkeit unterblieb, und wofür ein Anderes und Passlicheres ausserhalb der Stadt zu Stande gekommen ist, auf dem sogenannten Kreuzberge.

Am 16. Dcbr. feierten Prinzen und hohe Offiziere das Geburtsfest
des Helden Blücher. Der Schachklub, dessen Stiftungstag es war,
feierte in demselben Hause Beides und es wurde einer Deputation desselben erlaubt dem Sieger des Klubs Huldigung darzubringen. Unser
Künstler, welcher das Wort führte, sagte in seiner Anrede: „Hoffentlich
sei Napoleon auf dem grossen Schachbrette dermassen matt gemacht,
dass er keine Partie wieder wagen würde u. s. w." Der Held antwortete:
„Was Grosses und Gutes geschehen, verdanke man seinen Kriegsge-
fährten."

Auf dem Brandenburger Thor sah man wieder den Siegeswagen
mit den vier Pferden, und von Paris kam Ende des Jahres eine grosse
Anzahl der hervorragendsten Abgüsse des dortigen Museums, die auch
als Siegestrophäen zu beachten sind.

Im Februar 1815 kam die Giustiniani-Gemäldesammlung. Diese wurde
der Aufsicht der Akademie übergeben und ist seitdem zweimal wöchent-
lich Jedermann zugänglich, beinah die einzige Kunstsammlung, welche
die Bewohner der Hauptstadt benutzen. In demselben Monat, 28. Febr.,
starb der Direktor Frisch, ein guter Lehrer und vortrefflicher Mensch.
Schadow wurde dessen Nachfolger im Direktorat. Sein Wirkungskreis
wurde ein immer umfassenderer, indem die Baufächer sich anreiheten.

Leben und Kunst waren erwacht, als in der Mitte März Bona-
partes Erscheinen auf Frankreichs Boden laut wurde, und gerade am
30. März, als die Zeitung dessen Einrücken meldete, ging von Berlin
die erste Zeichnung einer Statue equestre des Feldmarschalls Blücher
nach Rostock an die Mecklenburgischen Stände. Es sollten noch Thaten
geschehen, die auf diesem Denkmal abzubilden waren, wie nachher
wird zu erzählen sein. Denn bis zum 11. Juli, wo man in Berlin die
erste Nachricht von der zweiten Einnahme von Paris erhielt, musste
noch mancher harte Kampf bestanden werden. Danach konnte man
mit allgemein triumphierendem Gefühle des Herrn von Goethe Schauspiel
Epimenides sehen (16. Juli).

In Monbijou waren die Gipsabgüsse so aufgestellt, dass sie dem
Kunstliebhaber einen schönen Ueberblick und den Künstlern ein gutes
Studium gewährten.

Der Staatsminister von Schuckmann liess von Rom durch Ridolfo Schadow Abgüsse kommen, um das Fach der Ornamente für Architekten und für alle Handwerke, welche der Zierrathen bedürfen, zu vervollständigen. Nicht minder bedeutende Sendungen von typographischen und Kupferstichwerken wurden aus England, Frankreich und Italien herbeigeschafft, nachdem seit mehreren Jahren die dort angesammelten Gegenstände dieses Kunstzweiges hier unbekannt geblieben waren.

Im September war zum Besten der verwundeten Krieger eine öffentliche Ausstellung der wieder eroberten Gemälde in den Sälen der Akademie. Der König beehrte solche am zehnten Tage nach seiner Rückkehr aus dem Feldzuge am 1. November. Acht Tage vorher war auf dem grossen Exerzierplatze im Thiergarten das ganze Volk der Stadt versammelt und allgemeine Freude und Lust. Stangenklettern und andere Uebungen gewährten beim günstigsten Wetter die angenehmste Unterhaltung, indem man Geschicklichkeit, Gewandtheit und Kraft bewunderte.

Seit dreissig Monaten hatte seine Frau, die Mutter des Bildhauers Ridolfo und des Malers Wilhelm, mehr und mehr gelitten und von Zeit zu Zeit heftige Anfälle gehabt, die einen schnellen Tod befürchten liessen. Der letzte dieser Anfälle traf sie in der Mitternacht vom 8. zum 9. November. Ihr letztes Wort war „Meine Kinder!" Die Ferne derselben waren ihre letzten Seelenschmerzen, und während ihrer Krankheit der Kummer über ihren im Oesterreichischen noch zurückbleibenden Theil ihres Vermögens, der noch nicht berichtigt ist, nachdem sie schon früher durch eine Reduction der dortigen Regierung vier Theile desselben eingebüsst hatte, und so aus einem ganz anständigen Einkommen ein geringes geworden war. Die zärtlichste Mutter und Gattin, um desto mehr da sie für alle übrigen Zerstreuungen in der Welt gleichgültig geworden war, empfand sie es so schmerzlich ihrer Liebe nicht genügen zu können. Ihr Grabhügel ist mit einer Marmorsäule und Aschenkrug geziert.

Die neue Hauseinrichtung, die Erbschaftssachen und die vielen gerade in jener Zeit für die Akademie zusammentreffenden Geschäfte zerstreuten unsern Künstler und liessen ihm nur die Nacht zu seinem Gram. Er hatte dreissig Jahre in einer guten Ehe gelebt, und nun musste er seine Häuslichkeit selbst besorgen, die für den, welcher Haus und Hof hat, auch Zeit hinnimmt. Er, den nichts mehr verstimmt, als Nichtabgemachtes, Zurückbleibendes, dem Rechnungen Zahlen Zwangsarbeit ist, der an ein Wesen gewöhnt war, welches ihm das Alles abnahm. Er befand sich, dabei verlassen von seinen Kindern, in einer unangenehmen Lage. Dazu kam die Mitübernahme der Erbschaftsangelegenheit der Kinder einer verstorbenen Freundin.

Die Mecklenburgischen Stände hatten auf den Rath ihres Beauftragten, des Herrn von Prehn, einen Sachkundigen zum Schiedsrichter für das Denkmal des Feldmarschall Blücher gewählt. Dies war der Herr von Goethe. Von diesem erhielt Schadow den ersten Brief, welcher ihn veranlasste mit dem Kapellmeister Anselm Weber der Einladung nach Weimar im Januar 1816 zu folgen, nachdem noch vorher ein guter Theil der wiedereroberten antiken Marmorwerke in Empfang genommen und ausgepackt worden war.

Zu Weimar wurden unsere beiden oben genannten Künstler im Palais der verstorbenen Herzogin Amalia stattlich beherbergt und konnten sich täglich einen Gast laden zum Mittagessen. Auf diese angenehmste Weise machten sie die Bekanntschaft mit Schauspielern, Musikern, Künstlern und Gelehrten, besuchten das Theater, und die Abendgesellschaften gewährten mancherlei neue Unterhaltung. Beim preussischen Gesandten versammelte sich an einem Abend der ganze Hof. Man stellte lebende Bilder und die schönsten Gestalten der Stadt waren musterhaft gruppiert, drapiert und beleuchtet, welches von Hofrath Meyer, dem bekannten Maler und Zeichenlehrer ausging, dem das Alles wundervoll gelang.

Ueber der Statue des Feldmarschall Stellung und Bekleidung erhielt er bald Herrn von Goethe's Zustimmung. Aber die Reliefs des Fussgestelles boten Schwierigkeiten. Gezeichnete Entwürfe dazu wurden in Weimar selbst gemacht. Die Militairs, welche Theil genommen hatten, wollten die buchstäbliche Darstellung, wozu sie die Relation der Vorgänge gaben. Hofrath Hirth wollte eine symbolische Darstellungsweise, indessen Herr von Goethe und der Künstler auf diejenige Art geriethen, welche zur Ausführung gekommen und welche man, um dem Genre einen Namen zu geben, Wahrheit und Dichtung zu benennen hätte.

Auf der Rückreise wurde Leipzig, wo Weber ein glänzendes Conzert gab, und wo Lampe, welcher ein schönes Gemäldekabinet besass, und der auch als Dichter bekannte Apel unseren Künstlern die ganze Eleganz eines Leipziger Gastmahles zu schmecken gaben. Ein mitgenommener Brief des Herrn von Goethe an Herrn von Dietz veranlasste eine nähere Bekanntschaft mit diesem durch seine Vorliebe für die Türken und seine orientalische Gelehrsamkeit merkwürdigen Mann.

In der Mitte des Jahres wurde das kolossale Modell der Statue des Feldmarschall Blücher fertig. Für die Kunstfreunde war die öffentliche Ausstellung anziehend, welche die vielen eroberten Gemälde zeigte, unter welchen nach unseres Künstlers Meinung das Danziger Bild alle anderen an hohem Werth übertraf und nach Meinung der Künstler die bedeutendste Zierde eines künftigen Museums hätte abgeben müssen. Der Monarch schickte es an seine ersten Eigenthümer zurück und die

Anträge der Künstler wurden verweigert. Dagegen erhielten die Maler den Auftrag mehrere Bilder für die Garnisonkirche in Potsdam zu malen. Unser Künstler versenkte sich in die Forschung vom Metallguss, richtete seine Werkstatt ein um Versuche der Art zu machen, korrespondirte desshalb mit einem der erfahrensten Künstler, Professor Zäuner in Wien, und erhielt von demselben die ausführlichste Anweisung mit Freundlichkeit. Jedoch war alles dies die ihm längst bekannte Art. Er wusste, dass in Frankreich, um eine grössere Promptitude zu erhalten, eine neue Methode durch viele Uebung zur Reife gekommen war. Er entschloss sich desshalb von dort einen tüchtigen Giesser kommen zu lassen, wozu ihm ein früherer Kunstgenosse von Rom, Bildhauer Ramey, auf die redlichste Art behülflich war. Diesem Giesser folgte nachmals von dort ein geschickter Ciseleur. Mit diesen erfahrenen Leuten gelang es in bestimmter Zeit und mit Sicherheit grosse Kunstwerke in Metall zu liefern.

Im August brachte der Chef der Akademie, Staatsminister v. Schuckmann, das Denkmal Dr. M. Luthers wieder in Anregung und dergestalt dass es zum Handanlegen kam. Unser Künstler machte grosse Ankäufe in Kupfer, mehrentheils russische Kopeken.

Im Oktober machte er mit einem alten Kunstgenossen eine Reise nach Dresden. Da fiel ihm auf das Bild von Lischewsky, von der Gallerie weggeschafft, unter den ausrangirten Bildern anzutreffen seiner Meinung nach ist es eins der merkwürdigsten Gemälde neuerer Zeit, das Resultat unermesslichen Fleisses und der Triumph der Prosa in der Malerei.

Im vertraulichen Gespräche mit diesem Reisegefährten entstand der Vorsatz, um seine jetzige Frau anzuhalten, und so verehlichte er sich am 19. März mit Henriette, Tochter des Geh. Finanzrathes Rosenstiel. Das Schicksal war ihm günstig, indem diese seine neue Lebensgefährtin alle Eigenschaften besass, um von seinen mannigfaltigen Geschäften diejenigen zu übernehmen, welche jedem Künstler fremdartig bleiben und welche ein solcher nur dann besorgt, wenn er muss.

Bei der kolossalen Statue des Feldmarschalls hatte er an seinem Schüler Louis Wichmann einen trefflichen Gehülfen, aber die Arbeit der Reliefs lag ihm allein ob. Die Schwierigkeiten solcher Darstellung, wo Dichtung und Wahrheit auf derselben Tafel zu sehen, sind nicht gering. Grosse Beispiele der Art finden sich in der Malerei, und das Vorzüglichste hierin ist des Rubens Gallerie im Luxemburg. Zu dem Kopfe des Helden bediente er sich des von Professor Rauch nach dem Leben modellirten Brustbildes, welches dermassen trefflich gerathen, dass er zweifelte es besser zu machen. Es fielen dazwischen kleinere Arbeiten vor, wie die Victorien an der Zeughauswache und die Portrai-

tierung eines Hundes, welcher einem Legationsrath Palmer in Gotha gehörte, der kinderlos, nun diesem Hunde eine Affenliebe schenkte.

Im August machte er mit seiner Frau und zwei Kunstfreunden eine
Reise über Dessau, Leipzig, Meissen und Dresden, welche wegen ihrer
Anmuth und Reichhaltigkeit den Gegenstand einer eigenen Beschreibung erfordern würde. Herr von Kügelgen hatte sich in einer poetischen Umgebung niedergelassen. Wir sahen da zum ersten Male die berühmte Schauspielerin Schroeder von Wien. In Pillnitz, wo es Bedenken
fand, Fremde in die italienische Oper einzulassen, packte man uns auf
eine dermassen dunkle Gallerie, dass wir die nächsten Leute nicht, aber
die Benincasa und die Sandrini desto besser sehen konnten.

Ende Oktober ging er nach Wittenberg, wo durch die Bereitwilligkeit
Aller die Vorarbeiten zur Grundsteinlegung des Lutherdenkmals bald fertig
waren, und es durch die Anwesenheit des Monarchen, seines Hauses und der
hohen Staatsbeamten ein für diese Stadt wahrhaft frohes Fest wurde, dessen
Andenken durch das nun dastehende Denkmal nicht verlöschen kann.

Gleich darauf ging die obere Leitung des öffentlichen Unterrichts
über an den Staatsminister von Altenstein, wodurch eine andere und
in den Berichten noch ausführlichere Geschäftsführung eintrat.

Am 7. Februar 1818 wurde ihm ein Söhnlein geboren, den man
Richard taufte, weil der Tag so hiess. Dies Kind lebte nur 7 Monate.
Am 22. August starb dieses Söhnlein. Zur selben Stunde wurde die
Statue Blüchers gegossen und gerieth. Wegen des Platzes, wo sie
in Rostock aufgestellt werden sollte, reiste er dorthin, gab den Plan zu
der jetzt wohl aufgewachsenen Pflanzung, wodurch für diese sonst nicht
sehr freundliche Stadt ein Lustgärtchen entstand. Er vergnügte sich
besonders in dem prächtigen Dobberan, wo nahe der elegantest lebenden Welt eine herrliche uralte Kirche, die den Beschauer in eine der
Welt abgeschiedene Gemüthsstimmung versetzt. Auch fand er mit der
Frau in Rostock gute Verwandte, liebevolle Aufnahme.

An kleineren Arbeiten kamen vor einige Figürchen zu einem Tafel-
service in Porzellan für den Herzog von Wellington und die Modelle
zu eisernen Löwen am Denkmal des Fürsten Kutusow.

In der Akademie war im Herbst die öffentliche Ausstellung. Der
Präsident der Akademie zu Venedig, Cicognara, äusserte seine Verwunderung hier in der lebenden Kunst das anzutreffen, wovon er sich
zuvor einen unverzeihlich geringen Begriff gemacht habe. Der Kaiser
von Russland kam auch, beehrte die Ausstellung und betrachtete jedes
Stück. Ein Maler hatte den Regenbogen in Perspective gebracht, als
wäre er ein Tonnenreif vom Auge abwärts gerichtet. Hierbei erklärte
der Kaiser, wie das unmöglich sei und unser Auge sich stets am
Mittelpunkte des Regenbogen-Kreises befände.

Am ersten Tage 1819 wünschte unser Künstler dem Fürsten-Feld-
marschall ein gutes Neujahr und erhielt von Hochdemselben eine Streit-
axt von Feldstein, die auf der Wahlstatt gefunden ward, als man das
Fundament zum Siegesdenkmal grub, welches der Schlacht an der
Katzbach gesetzt wurde. Dieser künstlich gearbeitete Stein erinnert
an jene Tartaren-Schlacht, wovon die Gegend ihren Namen hat.

Den 21. Januar kam aus Wien ein Brief vom Advokaten seiner
ersten Frau, an selbige adressiert, meldend: die bevorstehende Hebung
von Zinsen. Es wurden die nöthigen Vollmachten dazu besorgt und
hingesandt, das Geld selbst ging jedoch nicht ein.

In der Hälfte Februar war das grosse Gipsmodell des Dr. Luther
fertig. Der König und der ganze Hof bezeugten dem Andenken des
grossen Reformators ihre Achtung, indem sie die Werkstatt mit ihrer
hohen Gegenwart beehrten.

Am 23. März 1819 fiel vom alten Schauspielhause ein Stück Mauer
ein, wodurch Leute getötet, andere schwer verwundet wurden. An
demselben Tage wurde Kotzebue ermordet. Dieser Meuchelmord, der
für viele schmerzlich war, machte unserm Künstler bittern Kummer,
indem ein längerer Umgang und mancherlei Geschäfte ihn gelehrt hatten,
welch ein trefflicher Mensch Kotzebue war, und auch von der Seite
den meisten seiner Anfeinder überlegen. Es kann sein, dass ein be-
deutendes Einkommen zu dem uneigennützigen und edlen Benehmen
beitrug, wovon man das Gegentheil bei seinen Gegnern wahrnahm,
wenn man zufällig in ähnliche Verhältnisse mit ihnen gerieth.

Anfangs August wurde die Metallstatue des Fürsten Blücher von
Wahlstatt in der Werkstatt aufgerichtet und dem Publikum gegen ein
Eintrittsgeld gezeigt. Der Ertrag kam den Waisenkindern der Stadt
zu Gute.

Bald darnach ging das Stück und der dazu gehörige Würfel mit
dem Relief von Bronze nach Rostock. An demselben Tage kamen
seine beiden ältesten Söhne von Rom an, Ridolfo der Bildhauer und
Wilhelm der Maler. Ihr erster Gang war nach dem Grab ihrer Mutter,
der andere zur Taufe ihres jüngsten Bruders. Der Maler malte dann
seines Vaters Bildniss, welches dessen erste Arbeit nach der Rückkehr
aus Italien war.

In der Mitte des August musste unser Künstler nach Rostock
zur Aufstellung obenerwähnten Denkmals; und wie nun Alles stand
und glücklich vollbracht war, auch keine Anordnung mehr nöthig und
er die Glückwünsche hätte annehmen sollen und der festlichen Mahle
Freuden geniessen, packte ihn eine schwere Krankheit, die ihn hoffnungs-
los darnieder warf, und in welcher er sich dachte, dass er entschlafen
und bei der nahen grossen Kirche ruhen würde. Mit unglaublicher An-

strengung schrieb er sein Testament. Auch sagten ihn die öffentlichen
Blätter todt. Seine Söhne kamen von Berlin herbeigeeilt. Die schlimme
Krise war vorüber, und als sie wieder zurückkehrten, empfand er die
schwerste Wehmuth beim Abschied des Ridolfo, der nämlich gerade
wieder nach Rom zurückging, indess sich Wilhelm in der Vaterstadt
niederzulassen dachte. In Rostock trug der liebevollen Verwandten
Sorgfalt zu der von geschickten Aerzten herbeigeführten Genesung
viel bei, und er traf in der ersten Woche des Oktober wieder in Berlin ein.

An kleinen Arbeiten hatte er in diesem Jahre ungeachtet dieser
Störung doch zu Stande gebracht: einen Marmorsarkophag mit Figuren
en relief, einen dekorierten Leichenstein, einen Chinesen, als Pagode,
und eine halblebensgrosse Figur, zu welcher der starke Mann, genannt
der nordische Hercules, selbst Modell stand.

Im Jahr 1820 modellierte er das ganze Figürchen des Prinzen Georg
von England, einen Sohn des Herzogs von Cumberland, dessen Büste er
auch modellierte. Ferner eine Christus-Figur in Holz für die kleine
Stadt Barth in Pommern. Die Akademie erhielt die Abgüsse der Elgin
Marbles aus England und die der Aegineten aus Rom.

In derselben Zeit hatte Wilhelm der Maler seinen Bacchus-Zug
fertig, welcher an der Decke des Prosceniums im Schauspielhause zu
sehen ist. Er wurde bei Abendbeleuchtung in der Werkstatt aufgestellt und der Vater hatte die Freude seines Sohnes erste Arbeit von
bedeutenderen Liebhabern der Kunst mit Vergnügen betrachtet zu
den sehen. Im November holte sich dieser aus Mitau seine Ehege-
nossin und machte Ernst, sich in seiner Vaterstadt und seinem väter-
lichen Hause niederzulassen. Auch kamen die beiden Marmorfigür-
chen seines Ridolfo aus Rom, die Sandalenbinderin und die Spinnerin,
welche jetzt im Königspalais stehen. Nach der schweren Krankheit
und den bitteren Tagen waren dies die süssen und die glorreichen für
den Vater.

Für die Kunstfreunde war die Ankunft des berühmten Thorwaldsen
Ende August erfreulich; ihm werthvoll, da dieser seinen Söhnen Freundschaft und Liebe erwiesen hatte.

Im Februar waren in seiner Werkstatt zu sehen die Metallstatue
des Dr. Luther und die beiden Marmorfiguren des Ridolfo und Gemälde
des Wilhelm. Die vornehmsten Beschützer und andere Kunstfreunde
besuchten diese kleine Ausstellung, wovon der Ertrag wiederum dem
grossen Waisenhause überlassen wurde.

Der Fürst-Staatskanzler Hardenberg hatte von der Gnade des
Königs einen bedeutenden Vorschuss erlangt für den Ridolfo in Rom,
welcher bis dahin aus eigenen Mitteln eine kolossale Gruppe des Achill
und der Pentesilea unternommen hatte. Dieser Ridolfo war ein guter

Wirth und bedächtig in Allem, nur in seinem Kunsttreiben hinaus über seine Körperkräfte und über zeitliche Mittel.

In der Mitte des Jahres 1821, bei einer lang ersehnten Musse, begann unser Freund eine Idee auszuführen, die ihm wie eine zu erfüllende Pflicht vorgeschwebt hatte, nämlich die wahre Gestalt König Friedrichs des Grossen. Er besitzt dessen Anzug und glaubt unter den Künstlern der Einzige zu sein, der solche plastisch darstellen kann, weil er den König nah gesehen hat. Ein guter Theil des Jahres ging damit hin. Am 31. Oktober war er bei der Einweihung des Denkmals Dr. Luther's in Wittenberg. Mit der Aufrichtung selbst hatte er nichts zu schaffen, wie dies sonst der Fall ist.

Mitte Februar 1822 erhielt er die Nachricht vom Tode seines Sohnes Ridolfo in Rom. Viele in Gram geschriebene Briefe Dortiger gaben zu erkennen, wie er nicht allein in Jammer des trefflichen Jünglings gedachte, dessen starker Wille das minder starke Leben überwältigte und ins Grab versenkte. Blumen aus seinem Garten in Rom, noch in Farbenfrische, und sein gezeichnetes Portrait von einem Freunde sind das sichtbare Gedächtniss in des Vaters Zimmer. Ein stattliches Denkmal in Marmor wird in der Kirche zu stehen kommen, wo dessen Körper ruht.

Im März wurde das Modell des Königs Friedrich so weit fertig, dass es einigen älteren Kriegsmännern gezeigt werden konnte. Unter diesen war auch der Feldmarschall Kleist, und was er sagte, wäre nicht zur Ermunterung des Künstlers gewesen, wenn dieser auf zeitlichen Gewinn dabei gedacht hätte. Was er aber sagte, war ihm doch erfreulich. Er hat die für einen Einzelnen bedeutende Ausgabe des Gusses, der Ciselierung in Metall gemacht, um seiner Verehrung zu genügen und um sich der kleinen Zahl alter Bürger anzureihen, die noch darin beharren.

Eine allgemeine Ermunterung war es für die in Rom sich aufhaltenden preussischen Künstler, dass ihr Landesherr gegen das Ende dieses Jahres dort ankam und theils fertige Arbeiten von ihnen kaufte, theils welche bestellte, was für König und Vaterland und für die Kunst begeisterte. Es war, als wenn auch dem bösen Genius ein Opfer fallen müsste: der Fürst-Staatskanzler, früher auch Kurator der Akademie und jederzeit ihr gütigster Fürsprecher, starb daselbst. Durch diesen Tod entstand für die Werkstatt in Rom in Betreff obenerwähnter Marmorgruppe eine Intervalle.

Das Jahr 1823 förderte die Abbildungen von den Denkmälern Wittenbergs, wohin er selbst mit jüngern Zeichnern sich begab.

Zu den Arbeiten unseres Künstlers, wodurch lebenden verdienstvollen Männern die gebührende Huldigung wiederfuhr, sind zu erwähnen:

der General-Chirurg Guericke, in Marmor die Büste des Präsidenten Gerrestein, des Astronomen Bode und des Bürgermeister Tesdorf in Lübeck. Diese letzte veranlasste die Reise dorthin, welche für ihn auch in Hinsicht der Kunst bedeutend war, indem diese alte Stadt die herrlichsten Ueberbleibsel hat in Sculptur, Malerei und Baukunst, worüber ein reichhaltiges Werk zu liefern wäre.

Für sein Werk über National-Physiognomien, woran er seit einigen zwanzig Jahren sammelt, benutzte er die Anwesenheit solcher Gestalten, wie die kolossale Schweizerin, die Chinesen, welche jetzt in Halle sind, den indianischen Jongleur, ältere und jüngere Neger, und hofft einst darüber etwas Zuverlässiges ausgehen zu lassen.

Er zählt jetzt 60 volle Jahre und ist der guten Hoffnung auch dies noch zu Stande zu bringen, indem seine sonstigen grösseren Unternehmungen an Andere übergegangen sind.

Dies ist ein leichter Umriss seines Lebens, worin eine Menge Personen und Begebenheiten, die hiermit in Verbindung, nicht haben können erwähnt werden, weil es zu weitläufig.

Er lebt in dem Wahne, in einem der best verwalteten Länder zu wohnen, in der schönsten Stadt zwar nicht das grösste, aber das schönste Haus zu besitzen, welches er und sein Sohn mit Frauen und Kindern bewohnen, hält seine ziemlich weitläufige Familie für die sittsamste und geistreichste, bildet sich ein die besten Schüler der Sculptur gezogen oder doch zur Stiftung einer guten Schule beigetragen zu haben, und wenn er mit Neid das Beste der Arbeiten seiner Nachfolger ansieht, so erhebt ihn der Gedanke, dass er daran Theil habe, und wenn er der hohen Schule zu Rom die beste Ausführung einräumt für die höchsten Aufgaben in der Kunst, so beschränkt er dies auf Imitation und glaubt, dass für Aufgaben aus der wirklichen Welt die unter seinen Augen enstandenen Künstler mit mehr Originalität ausgestattete Werke liefern werden. Alle ihm widerfahrenen Ehrenbezeugungen auswärtiger Akademien erkennt er mit Dank und ist der Meinung, dass es ihm gerecht ergangen sei und vielleicht über Verdienst.

Anhang[1]).
1822.

Nachdem die Bronzestatue des Dr. Martin Luther beendet ist, ... findet sich, dass für meine Person nichts zu thun ist, als die Aufsicht und die Schreiberei, welche mein Amt als Director veranlasst. Es steht noch bei mir an fertiger Bronzearbeit eine Statue des Paris, eine Büste des Kaiser Alexander, und eine des Königs Friedrich II. Nach beendeter Ausstellung sind zwei Marmorstatuen aus Rom angekommen[2]). Um zu den Frachtkosten zu kommen und auch wieder dem grossen Waisenhause den etwaigen Ueberschuss zuzutheilen, wollte ich von den genannten Gegenständen eine Ausstellung machen. Dabei sollte auch das grosse Bild des Justiz-Ministers von Kircheisen zu sehen sein, woran der Unterzeichnete noch arbeitete ... Nach dem ich früher vielfache Gnade von dem Könige genossen, bin ich von Allerhöchstdemselben nachher gewissermaassen vergessen worden; daraus kann ich die Zurücksetzung herleiten, die man mich erdulden lässt. Vom Jahre 1789 bis 1800 machte ich die Entwürfe und Modelle zu allen Sculpturen der königlichen Bauten, und war die Bestellung hierzu von der jetztregierenden Majestät königlichem Herrn Vater. Unter mehrerem will ich nur die Quadriga des Pariser Thors anführen, die nach meinen Modellen und unter meiner Leitung ausgeführt wurde. Auch ziehe ich noch davon einen Gehalt; doch habe ich seitdem nichts zu leiten gehabt, als die Restaurationen am hiesigen Zeughause von Seiten der königl. Regierung. Obwohl mir nun jene Arbeiten mancherlei Erfahrungen in der getriebenen Kupferarbeit verschafft haben, so hat man doch vermieden mich von den neueren Arbeiten der Art das geringste wissen zu lassen. Man hat sie nicht an Männer des Fachs übertragen; sie sind nicht aus dem ganzen getrieben, sondern aus Hälften zusammengenagelt. Wäre die Wirkung der Gruppe des Apollo auf dem Comödienhause gelungen, so wäre nichts zu sagen. Als ich die Modelle von den Victorien am Wachtgebäude machte, gab ich dem Geh. Rath Schinkel zu bedenken, dass seine angenommenen

---

[1]) Von der Stimmung G. Schadows in jenem Jahr gibt der nachfolgende Entwurf, wie es scheint, zu einem Bericht an den Minister Aufschluss. Das Original ist im Besitz der Frau E. S.

[2]) Er sagt nicht welche.

Dimensionen schwerlich von Wirkung sein könnten. Er war zu verliebt in seine Zeichnung um hierauf zu reflectieren; und um nicht fernere
Gegenreden zu hören, übertrug er dem Medailleur Brand das Modell
zum Frontispiz[1]), mit noch kleineren Figuren. Ich hätte freilich statt
der 30 Figuren ein Wappen oder Adler mit zwei Figuren angenommen
und damit das Frontispiz hinreichend gefüllt[2]).

Was hilft es mir, wenn ich Mitglied so vieler auswärtigen Akademien
bin, wenn ich in meinem Vaterlande vergessen werde, während ich,
Gott sei Dank! eine Fülle der Gesundheit geniesse, die mir in meinem
Kunstfache thätig zu sein wohl noch gestattet.

Berlin, den 28. December 1820.

G. Schadow.

[1]) Folgt Notiz über den dafür gezahlten Preis.
[2]) Folgt eine Klage über das K. Hofmarschallamt, wegen Missachtung der von dem
Direktor bis dahin an fremde Künstler erteilten Erlaubniss, die K. Schlösser zu besichtigen.

Verzeichniss

der

Werke Schadows.

1. Die Bildhauerwerke.

Nach chronologischer Ordnung.

In dieses Verzeichniss sind die plastischen Werke und die für Sculpturen bestimmten Entwürfe aufgenommen worden, welche J. G. Schadow als von ihm herrührend in seinen Schriften nennt, oder die laut den Verzeichnissen der in den Sälen der Akademie ausgestellten Kunstwerke — von 1788 bis 1826 — als seine Arbeiten angegeben werden. Auch die daselbst angeführten, in früher Zeit entstandenen Copien sind nicht übergangen und die Bildwerke so viel als möglich in der Folge zusammengestellt, in der dieselben entstanden. Nur die wenigen Sculpturen, bei denen etwas Näheres über die Zeit ihrer Entstehung nicht feststeht, sind erst zuletzt in einem Anhang genannt, so wie solche, die mit mehr oder weniger Grund Schadow zugeschrieben werden. Bei den mehrfach angeführten Druckschriften steht:

Wrkst. d. Bldh. — für die in diesen Blättern S. 56 ff. abgedruckte Schrift: die Werkstätte des Bildhauers.
G. Sch. biogr. Sz. — für die hier ebenfalls S. 1 ff. abgedruckte biographische Skizze.
K. u. K. v. Sch. — für die bei R. Decker in Berlin 1849 erschienenen: Kunst-Werke und Kunst-Ansichten von Dr. Johann Gottfried Schadow.
Bilderheft — für Erläuterungen der — Abbildungen von den Bildhauer-Arbeiten des Johann Gottfried Schadow und seines Sohnes Rudolfo Schadow. In demselben Verlage 1849 erschienen.
Verz. d. K.-Ausst. — für Verzeichnisse der in den Sälen des Akademie-Gebäudes ausgestellten Kunstwerke.

Da die in anderer Hinsicht erwünschte chronologische Anordnung des Verzeichnisses das Auffinden der einzelnen Werke etwas erschwert, ist ein Register zur Uebersicht beigefügt mit Angabe der Seite, wo über das betreffende Werk — wenn es an Nachrichten darüber nicht ganz fehlt — Näheres gesagt ist.

Berlin, im Februar 1864.

Heinrich Wittich, Maler.

Einige Nachträge und Verbesserungen, meist aus dem Handexemplar des Herausgebers J. F. sind eingefügt und es ist versucht worden soweit möglich den jetzigen Aufbewahrungsort der Werke anzugeben. Hierbei wurden verschiedene Bemerkungen von Prof. Dobbert dankbar benutzt.

Büste der Frau Herz, geb. de Lemos. 1783.

Die erste Büste der Frau des Hofrath Dr. Marcus Herz, welche Schadow modelliert hatte, verunglückte als der Ton gebrannt wurde. Von ihrem zweiten Brustbilde war (1876) ein Gipsabguss im Schadowhaus, er ist jetzt im Besitz von Frau Prof. Kaibel in Strassburg. — Als die Büsten gemacht wurden, waren der Darsteller und die Dargestellte ziemlich in dem gleichen jugendlichen Alter.

K. u. K. v. Sch. S. VI. XIX., oben S. 10.

Amor und Psyche. 1786.

Eine während seines Aufenthaltes in Rom von Schadow gemachte Copie der im capitolinischen Museum befindlichen antiken Gruppe.

Verz. d. K.-Ausst. v. 1788 S. 11.

Die durch Perseus befreite Andromeda.

Halblebensgrosse rundausgearbeitete Gruppe in gebranntem Thon, mit welcher Schadow den von der Akademie S. Luca in Rom im Jahre 1786 ausgesetzten ersten Preis gewann. Perseus ist der Andromeda beim Herabsteigen von dem Felsen, an den sie gefesselt war, behülflich; er sichert mit der Linken ihre Schritte, während seine Rechte noch das Medusenhaupt hält, durch dessen Anblick er das sie bedrohende Seeungeheuer getödtet hat.

Von dieser in der Akademie S. Luca zu Rom befindlichen Gruppe ist bis jetzt kein Abguss in Berlin; die Bibliothek der k. Akademie besitzt nur die kleine Originalskizze aus Thon, an der jedoch der Kopf der Andromeda und der rechte Arm des Perseus fehlt. — Nachgebildet ist die Gruppe allein auf der zwei und einen viertel Zoll grossen, gegossenen Medaille, welche die Akademie der Künste in Berlin bei der Feier des siebenzigsten Geburtstags Schadows hat anfertigen lassen. Die Vorderseite der Medaille zeigt Schadows rechtshin gewandtes Profil mit Käppchen und der Umschrift: J. G. S c h a d o w geb. Berlin 20. M a i 1764 Mitgl. d. Akademie 1788 Director 1817; die Rückseite die Gruppe des Perseus und der Andromeda, mit der Beischrift links: Z u R o m 18. Okt. 1786 g e k r ö n t v. d. Ak. S. L u c., rechts: Zu Berlin 20. M a i 1831 g e f e i e r t v. d. Ak. d. K. Auf dem Felsabschnitt steht C. Fischer fec.

G. Sch. biogr. Sz. S. 6. f. - K. u. K. v. Sch. S. 3.

Zwei Entwürfe zu einem Monument Friedrichs des Grossen. 1787.

Die Skizze in Wachs stellte den König in der Tracht des Alterthums zu Pferde sitzend vor.

Die Zeichnung zeigt den abgeschiedenen Helden in halbaufgerichteter Stellung auf einem Sarkophag, um welchen die in Trauer versenkten neun Musen sitzen. Beide Entwürfe sandte Schadow von Rom aus nach Berlin ein.

Verz. d. K.-Ausst. 1787 Seite 22 u. 40. — K. u. K. v. Sch. S. 3.

Vgl. unten S. 113; die Nrn. 4 und 7 der im Jahr 1797 ausgestellten Entwürfe zu dem Friedrichsdenkmal.

Flora.

Zu Rom gemachte Nachbildung in Marmor der antiken Statue im capitolinischen Museum.

Verz. d. K.-Ausst. 1808 S. 36.

Jupiter als Beherrscher der durch Neptun, Vulcan, Cybele und 1788. Iris dargestellten Elemente.

Fünf Figuren, zu einem prachtvollen Tafelaufsatz bestimmt, welchen die königliche Porzellanmanufactur nach Angabe des Architekten Genelli bei Gelegenheit der hohen Vermahlungen der Erbstatthalterin, später Königin der Niederlande und der Kurprinzessin, später Kurfürstin von Hessen, ausgeführt hat. Ueber die nach entgegengesetzten Richtungen sitzend gebildeten Neptun und Vulkan, sowie die in ruhenden Stellungen nach anderen Seiten hingewendeten Cybele und Iris erhebt sich Jupiter mit dem Donnerkeil in der Rechten und dem Adler zu seinen Füssen.

Das von Schadow gemachte 15 Zoll hohe Modell des Jupiter, sowie die kleineren Originalskizzen zu dieser Figur, zu dem Neptun und der Iris besitzt die K. Porzellanmanufactur; auch werden die zwei erstgenannten Statuetten von derselben noch in Biskuit geformt. Verz. d. K.-Ausst. 1788 S. 41.

1788. Die Reliefs im Parolesaal des Königlichen Schlosses in Berlin.

In Gips.

Vier römische Fahnenträger (Signiferi). Jede dieser leichtbewaffneten aber kräftigen Figuren, deren Kopf mit einer Thierhaut bedeckt ist, hält in verschiedener Stellung einen Stab mit einem Feldzeichen in Händen. Abguss in der Bibliothek der K. Akademie. Zwei Siegesgöttinnen in Medaillons über den Thüren.

Verz. d. K.-Ausst. 1788 S. 43. — K. u. K. v. Sch. S. 22.

1789. Freundschaft und Liebe.

Eine Gruppe in carrarischem Marmor, welche Schadow für einen russischen Grossen als Tafelaufsatz gemacht hat. Ein junger Mann und ein junges Weib sitzend, er einen Pokal schwingend, sie nach einem Korb mit Früchten hinabreichend, berechnet von allen Seiten gut sichtbar zu sein, auf einer kreisförmigen Plinthe, 0,54 m hoch. Im Besitz des Directors E. Bendemann in Düsseldorf. Das Modell der vom frischen Geist antiker Kunst belebten schönen Gruppe ist in der K. Porzellanmanufactur.

Verz. d. K.-Ausst. 1789 S. 17. Eine grössere Wiederholung in rothgemaltem Gips, 0,76 m hoch, aus Mendelssohnschem Besitz jetzt in dem der Hinterbliebenen des Baumeisters M. Gropius in Berlin. Ausgestellt in der Jubiläumsausstellung von 1886 unter Nr. 2725.

Die zwei Gruppen der Herculesbrücke in Berlin.

Eine dieser Gruppen zeigt Hercules, der den Centaur Eurytion erschlägt, die andere, wie er den nemeischen Löwen tödtet. Zu der ersteren machte Schadow das Modell auf Verlangen des Baudirectors Langhans nach einem Kupferstich der Gruppe des Giovanni di Bologna. Die Skizze davon führt das Verzeichniss der Kunstausstellung von 1789 vermuthlich aus Versehen als Theseus mit dem Minotaurus auf. Ebenda wird auch Schadows Skizze zu der anderen Gruppe, Hercules mit dem Löwen, genannt; nach K. u. K. v. Sch. S. 23 f. ist diese auf der Brücke stehende Gruppe ganz von dem Bildhauer Boy.

Die Modelle zu den Pferden des Siegeswagens auf dem Brandenburger Thor in Berlin.

Von den in halber Naturgrösse von Schadow gemachten Modellen sah man drei in Gips auf der Kunstausstellung im Jahre 1789: nach ihnen arbeiteten die Gebrüder Wohler in Potsdam die Pferde aus Eichenholz in derselben Grösse, wie man solche danach von Jury in Kupfer getrieben auf dem Thore sieht. Eins der Gipsmodelle, 1876 im Schadowhaus, befindet sich jetzt in der K. Nationalgalerie.

K. u. K. v. Sch. p. 11.

Das Denkmal des Grafen Alexander von der Mark in der 1791. Dorotheenstädischen Kirche.

Von König Friedrich Wilhelm dem Zweiten seinem acht und ein halbes Jahr alt entschlafenen natürlichen Sohne errichtet. Eines der bedeutendsten Werke der neueren Kunst, durch welches Schadow gleich nach seiner Rückkunft von Italien seinen Ruhm begründet hat.

In einer grossen Nische der hohen Marmorwand sitzen die drei Parzen, hehre und mächtige Gestalten: Clotho in sich zusammengezogen liest im Buche des Schicksals, Atropos — allein betagt vorgestellt — ist im Begriff den Lebensfaden zu trennen, Lachesis will sie davon abhalten.

Auf dem frei vor der Wand stehenden Sarkophag liegt schlummernd der junge Graf, mit kurzer Tunika bekleidet, die Füsse in Sandalen geschnürt. Helm und Schwert, die seine Neigung zu den Waffen andeuten, sind dem Kopfe und der Hand entsunken.

Die erhobene Arbeit an dem Sarkophag, bei dem Schadow sich der ihm gemachten Vorschrift fügte, zeigt den Jüngling, wie Minerva ihn in ihre Schule der Wissenschaft und Künste aufnehmen will, die unerbittliche Zeit aber den sich Sträubenden entreisst. Auf der rechten Seite an dem Sarkophag sieht man den Tod als Jüngling, in der einen Hand die umgekehrte Fackel, in der anderen einen Rosenkranz haltend, mit einem Schmetterling darin als Sinnbild der entfesselten Seele. Auf der rechten Seite ist als Zwillingsbruder des Todes der Schlaf, der an einen Baumstamm gelehnt steht, gebildet. Die Figuren und alle plastische Arbeit, wie das um die schwarzmarmorne Inschrifttafel von Rosetten herabhängende Laubgewinde, ist von weissem carrarischen Marmor, während der als architektonischer Grund vorschriftsmässig zur Anwendung gebrachte graue schlesische Marmor die malerische Wirkung des Ganzen erhöht. Die Höhe des Denkmals beträgt 19½, und die Breite desselben 11¼ Fuss. Das 1788 nach dem Tode Tassaerts (dem es zuerst übertragen war) von Schadow neu begonnene Monument, bei welchem er gleich seinem Vorgänger die Ideen des damaligen Galeriedirectors Puhlmann zu befolgen hatte, vollendete er in dem kurzen Zeitraum von drei Jahren. Als die Mutter des jungen Grafen das Bild von Stein sah, küsste sie es.

Verz. J. K.-Ausst. 1791 Anhang S. 9—12. Zeitschrift Berlin I S. 27. Der Freimuthige. Jahrg. 1803. — G. Schadow, biograph. Sk. S. 5 f. Morgenblatt Jahrg. 1807. Wittenbg. Denkm. S. 135. — K. u. K. Sch. v. S. 4. 8. 9. In Naglers Künstler-Lexik. Bd. XV S. 84 wird das Monument unrichtig als Denkmal des Prinzen Fried. Wilh. Moritz Alexander von Preussen angegeben.

Die Sculpturen des Denkmals sind während des in den J. 1861 bis 1863 ausgeführten Umbaues der Dorotheenstädischen Kirche für das k. Museum abgeformt worden und waren in der Jubiläumsausstellung von 1886 ausgestellt.

Das ganze Monument stellt dar:

1) Ein Blatt in schwarzer Kunst von 1793. 23⅜ Zoll hoch, 17¼ Z. breit mit der Aufschrift von Gottfried Schado, Königlich preussischer Hofbildhauer ist dies Grabmahl 19½ Schuh hoch, 11¼ breit von Marmor. — auf Sr. Königl. Majestät allerhöchsten Befehl auf der Neustadt in der St. Dorotheen-Kirche errichtet worden Berlin 1791. von Sintzenich gestochen Churfürstlicher Pfalz Bayrischer Hof-Kupferstecher 1793. — herausgegeben von Heinnerich Sintzenich Februar 1793 Berlin . . . . im Baudessons Erben Haus.
Die hierzu auf Pergament estompiete Originalzeichnung in der Grösse des Stichs besass (1876) Prof. Mandel. Kreidezeichnung bei Dobbert Taf. IX.

2) Ein Stich in 2⁰. Blatt 2 des Bilderhefts. L. Buchhorn des. C. Becker sc.
Die ruhende Figur des jungen Grafen allein zeigt:
Bilderheft Blatt III. T. Neu del. Metallogr. v. F. Silber.
Das Hauptrelief des Sarkophags ist abgebildet im:
Bilderheft, untere Hälfte desselben Blatts III T. Neu del u. s. w.
Von der Gruppe der drei Parzen befindet eine kleine Nachbildung sich auf der auf
Schadows Tod 1850 von W. Kullrich geschnittenen Denkmünze, von 2 Zoll
Durchm. V.-S. "GOTTFRIED SCHADOW BILDHAUER" GEB. D. 20. MAI 1764 GEST. D. 27. JAN. 1850"
Des Meisters Profil rechtshin mit Käppchen. "R-S. LONGARVM SERVARVNT PARCAE.
Gruppe der Parzen. Auf der Hohlkehle darunter steht: G. SCHADOW INV. ET SCVLP.
IN MARMORE 1799 W. K.

1791. Die vier Superporten im Gelben Pfeilersaal[1]) des Königlichen Schlosses in Berlin.

Die geschichtlichen Darstellungen der Reliefs über den Thüren dieses im reichsten Styl antiker Baukunst geschmückten Saales sind aus dem Leben Alexanders des Grossen genommen und deuten auf die ausserordentlichen Wirkungen hin, welche die Künste in den Gemüthern im Alterthum hervorbrachten.

1. Der Tonkünstler Philemon setzt durch in Alexanders Gegenwart aufgeführte Musik, deren anfangs sanfte Modulationen in immer rauschendere Weisen übergehen, alle Zuhörer in so kriegerische Begeisterung, dass Alexander sofort das Zeichen zur Schlacht geben lässt.

2. Alexander bestimmt das kostbarste Kästchen, welches unter den erbeuteten Schätzen des Perserkönigs gefunden und vor ihn gebracht worden ist, zur Aufbewahrung der Gesänge des Homer.

3. Deinokrates entwickelt dem Alexander sein Project, dem Vorgebirg Athos eine Menschengestalt zu geben. Diese sollte sitzend in der einen Hand eine umfangreiche Stadt und in der andern das Becken eines See's haben, aus welchem sich ein Fluss ins Meer ergösse. Der König befiehlt dem Künstler die Anlage der Stadt Alexandria in Aegypten und bezeichnet dazu die Stelle am Pharos.

4. Von dem Bildniss einer seiner Geliebten, welche Alexander dem Apelles zu malen aufgetragen hatte, ist der makedonische Held so entzückt, dass er in Betracht der von dem Künstler zu seinem schönen Modell gefassten Neigung sie ihm zu schenken sich entschliesst.

Die Gegenstände dieser Reliefs gab Herr von Erdmannsdorf an, welcher von Friedrich Wilhelm II. mit der Instandsetzung der königlichen Gemächer beauftragt war. In den Jahren 1791 bis 1793 von Schadow modelliert, sind sie für das K. Schloss in Gips geformt worden.

Im Bilderheft geben Blatt IV. V. VI u. VII lithographische Abbildungen der Reliefs.
Verz. d. K.-Ausst. 1791 Anhang S. 13. — K. u. K. v. Sch. S. 22.

1791. Vier Reliefs in dem ovalen Saal des Königlichen Schlosses in Berlin.

Sie zeigen folgende mythologische Darstellungen:

1. Die von den Göttern des Olymps gefeierte Vermählung des Amor und der Psyche, über welchen Hymen die Fackel schwingt.

2. Triumphzug des Bacchus und der Ariadne; ihrem von Panthern gezogenen Wagen folgen Silen, Satyrn und Bacchanten.

---

[1]) Mit dem Balcon nach dem Lustgarten über Portal IV. In demselben Saal ist die schöne Marmorgruppe Achilles und Penthesilea von Rudolf Schadow aufgestellt.

3. Mit Amorinen spielende Centaurinnen; nach antiken Motiven.
4. Der Raub der Sabinerinnen.

Schadow machte zu diesen erhobenen Arbeiten nur die nöthigen Zeichnungen. Der Saal, in welchem die Reliefs auf blauem Grund ausgeführt sind, gehört zu den unter Langhans Leitung für die Gemahlin Friedrich Wilhelms II. in Stand gesetzten königlichen Gemächern.

Verz. d. K.-Ausst. 1791 Anhang S. 14. — K. u. K. v. Sch. S. 23.

Sieben Reliefs im ehemals Lichtenau'schen, später von Eckardtsteinschen Landhaus zu Charlottenburg. 1791.

Ovale Gipsmedaillons, drei längliche über den Thüren und vier hochstehende an zwei gegenüberliegenden Wänden eines boisierten, ursprünglich dem Andenken eines Frühverstorbenen (d. Grafen Al. v. d. Mark) gewidmeten Zimmers. Die vertieften Ovale von drei Fuss Länge über den Thüren zeigen:

1. eine mit gefalteten Händen vor einem Grab(-Kreuz) sitzende weibliche Gestalt;
2. eine in der heiligen Schrift lesende Frau;
3. eine ruhende Figur (die Hoffnung) mit dem Anker.

Die ziemlich drei Fuss hohen Reliefs an den Wänden stellen vor:

4. einen mit einem Kinde sich aufschwingenden Engel, der die Friedenspalme in der Hand hat;
5. den guten Hirten, der das Lamm trägt;
6. eine Figur, zu deren Füssen ein Pelikan seine Junge mit seinem Blute nährt;
7. eine weibliche Gestalt, die als Sinnbild der Ewigkeit die einen Reif bildende Schlange in der Hand hält.

Verz. d. K.-Ausst. 1791 Anhang S. 13. — K. u. K. v. Sch. S. 9.
Von den Originalen waren sechs von der Actiengesellschaft für Bildhauerarbeiten vormals Gebrüder Dankberg in der Jubilaumsausstellung von 1886 (unter Nr. 2726 a—f) in Berlin ausgestellt. Abgüsse von diesen schönen Reliefs sind nicht bekannt, die noch ziemlich gut erhaltenen Reliefs selbst fast unbekannt.

Entwurf zu einem Friedrichsdenkmal.

In Wachs bossierte Skizze zu einer Reiterbildsäule des grossen Königs. Am Piedestal sind vorn Mars, Minerva und Fortuna, an der Rückseite in allegorischen Gestalten Sieg, Ruhm und Ueberfluss gebildet; die Reliefs zu beiden Seiten des Fussgestelles zeigen Friedrichs von Siegen heimkehrendes Heer, dem Gefangene verschiedener Nationen folgen.

Verz. d. K.-Ausst. 1791 S. 5. Vgl. unten S. 113 Nr. 5.

Büste des Kurfürsten, nachmals Königs Friedrich August von Sachsen. Gips.
Verz. d. K.-Ausst. 1791 S. 8.

Marmorbüste eines Unbekannten.
Verz. d. K.-Ausst. S. 8.

Amor. nach Falconet.
Marmor.
Verz. d. K.-Ausst. 1791 S. 5.
Das berühmteste Werk des im Jahre 1791 verstorbenen französischen Bildhauers Falconet ist die in dem kaiserlichen Museum zu St. Petersburg befindliche Statue eines Amor, der schalkhaft drohend den Zeigefinger an den Mund legt.

1791. **Eine Vase, die bei dem Staatsminister von Heinitz im Saale aufgestellt war.**

Nach einem Entwurf von Schadow angefertigt. — Verz. d. K.-Ausst. 1791 S. 8.

1792. **Friedrich der Grosse, lebensgrosser Studienkopf.**

Von diesem geistvollen Kopf des Königs — ohne Hut — war im Besitz des Prof. Kaselowsky ein Gipsabguss, welchen früher Prof. Niedlich besass.

Eine Büste Friedrichs mit Rock und Ordenstern, aber ohne Hut und Kranz, lebensgross, in Marmor, gelangte aus dem Schadowhaus in den Besitz der Hinterbliebenen des verstorbenen Baumeisters Martin Gropius in Berlin; sie ist ohne Bezeichnung, galt aber immer als ein Werk Schadows.

1793. **Friedrichs des Grossen Standbild in Stettin.**

Friedrich der Zweite steht in Generaluniform, über die ein den Rücken bedeckender Hermelinmantel von den Schultern herabhängt, mit dreieckigem Hut auf dem Kopf, etwas rechtshin blickend; er stemmt die linke Hand in die Seite und stützt mit der Rechten den Kommandostab auf die neben seinen Füssen liegenden Gesetzbücher; auf einem derselben ist Codex Juris Friedericianus; auf dem anderen Artes Pacis et Belli zu lesen. Die 7 Fuss hohe Statue von carrarischem Marmor steht auf einem Postament von grauem schlesischem Marmor mit der Inschrift: FRIDERICO II POMERANIA MDCCXCIII. Die an den Seiten und nach hinten eingesetzten Relieftafeln von weissem Marmor zeigen links: Kriegstrophäen, rechts: Bücher, Flöte, Leyer und Lorbeerkranz, und an der Rückseite: einen Adler mit dem Blitzstrahl. — Das Monument wurde von den Ständen der Provinz Pommern errichtet, welche in Folge des von dem Minister von Hertzberg ergangenen Aufrufs die 6200 Thlr. betragenden Kosten zusammenbrachten. Dies hielt 1807 die Franzosen ab, das Standbild mit nach Paris zu nehmen. — Das Modell — die Statue 3½ Fuss hoch von Gips, das Piedestal aus Holz — ist im runden Saal der Königlichen Akademie der Wissenschaften in Berlin aufgestellt. Danach wurde sie in Biscuit in der K. Porzellanmanufactur ausgeführt. Im Jahre 1877 ist es in Erz gegossen worden. Wo ist der Marmor? (J. F.)

Ein ausgeführter Kupferstich, 19⅝ Z. breit, von D. Berger ist 1793 erschienen. Joh. Godof. Schadow marmor sculp. Daniel Berger aeri incidit Berolini 1793. Auch hat derselbe das Monument in 8⁰ gestochen. Kleiner Umriss, als Beilage gest. zu der bei Enthüllung des Monuments am 10. Okt. 1793 von dem Minister von Hertzberg ausgegebenen Schrift: Umständliche Nachricht über die Errichtung des Denkmals Friedrichs II. 1793. Die Statue allein ist im Bilderheft in zwei Ansichten abgebildet auf Blatt VIII T. Neu Metallogr. Eine andere (sehr seltene) metallographische Ansicht der Bildsäule C. G. in gr. 4⁰.

Marmorbüste König Friedrich Wilhelm des Zweiten.

Der Monarch ist, wie er dazu im Marmorpalais bei Potsdam gesessen, in seinem mit dem Ordensstern dekorierten Civilrock dargestellt. Friedrich Wilhelm III. hatte diese Büste im Fahnenzimmer seines Palais stehen. In der Büstensammlung des K. Schlosses Monbijou befindet sich ein Gipsabguss des Brustbilds.

K. u. K. v. Sch. S. 30.

Die Reliefs am Königlichen Marmorpalais bei Potsdam.

Zu den die Aussenwände dieses Palastes zierenden, unter seiner Aufsicht ausgeführten Marmorarbeiten machte Schadow wonicht alle Modelle, so doch die

Zeichnungen. Der 1791 nach Gontards Entwurf begonnene Bau wurde erst gegen 1800 von Langhans beendigt. Die Andeutung der die alten Gottheiten der Griechen und andre mythische Personen darstellenden Reliefs geben die in der Bibliothek der K. Akademie der Künste befindlichen vier Fassadenaufrisse. Im Jahre 1793 war von den in Schadows Werkstatt dazu gearbeiteten Reliefs ein Medaillon: Bacchus und Ariadne, und 1794 ein anderes: Bacchus, welcher die Ariadne über die Flucht des Theseus tröstet, ausgestellt.

Verz. d. K.-Ausst. 1793 Nr. 289 u. 1794 Nr. 229. — h. u. K. v. Sch. S. 21.

Die Statue des Mars in der südlichen Nische des Brandenburger 1793. Thors in Berlin.

Die Rechte auf das so eben in die Scheide gesteckte Schwert stützend, heftet der seinen Sitz im Moment zu verlassen bereite Kriegsgott seinen Blick scharf beobachtend nach der Seite. Diese schöne, sehr lebendige überlebensgrosse Bildsäule wurde in Sandstein nach Schadows 1876 in seinem Hause befindlichen Modell, das nur halblebensgross ist, ausgeführt. In seinen Kunstwerken und Kunstansichten sagt Schadow darüber: „Nach der Sorgfalt, mit welcher das Modell dieser sitzenden Figur gearbeitet wurde, hätte solche Beachtung verdient; diese wird jedoch den „Arbeiten in Sandstein versagt, obwohl kein Hindernis vorhanden, die Gestalten in „schönen Linien einzuschliessen".

K. u. K. v. Sch. S. 11. 296. — Verz. d. K.-Ausst. 1793 S. 43. Abgüsse des in der K. Nationalgalerie befindlichen Modells, ausgestellt in der Jubiläumsausstellung von 1886 unter Nr. 2720, hatte der Gipsgiesser Vanni in Frankfurt a. M.

Das Standbild des Generals Zieten, auf dem Wilhelmsplatz errichtet, 1794. seit 1862 im Hof des Königlichen Kadettenhauses zu Berlin, dann in Lichterfelde.

In seiner Husarentracht steht der Feldherr ruhig spähend, die rechte Hand am Kinn, die linke am Griff des Säbels, mit übergeschlagenem Bein an einen Baumstumpf sich lehnend. In das die 7½ Fuss hohe Statue von weissem carrarischen Marmor tragende Piedestal, das aus grauem schlesischen Marmor gearbeitet und 8 Fuss hoch ist, sind Reliefs von weissem Marmor eingelassen. Das an der Vorderseite ausgespannte Tigerfell, wie solches die Offiziere des Zietenschen Husarenregiments trugen, enthält die Inschrift des Denkmals. Das Relief der linken Seite zeigt Zieten, wie er als Oberst das Corps des österreichischen Generals Baroney bei einer Wassermühle, im ersten Schlesischen Kriege, in die Enge treibt, mit der Beischrift Zieten und sein Lehrer Baroney. Rothschloss den 22. Juli 1741. — Auf dem Relief an der Rückseite sieht man, wie Zietens Husaren im zweiten Schlesischen Feldzug mehrere sächs. Regimenter überfallen, gefangen nehmen und ihre silbernen Pauken erbeuten: Zieten und vier Sächsische Regimenter. Katholisch Hennersdorf den 23. Nov. 1745. — Auf der rechten Seite, in einem Gefecht des siebenjährigen Krieges, werden die feindlichen Batterien unter Zietens Anführung mit Sturm erobert. Zieten auf den Siptizer Höhen. Torgau den 3. November 1760.

Verz. d. K.-Ausst. 1794 S. (8—71. Von Blumenthals Leben Zietens S. 607—612. Cleinows Beschreibung in d. Neuen Misc. I S. 29—36. Gädike Lexik. v. Berlin S. 136 f. Meusels Arch. f. Künstl. Bd. 2 Hft. 4 S. 105. — K. u. K. v. Sch. S. 21—28. Buchners Deutsche Ehrenhalle S. 783.

Den schädlichen klimatischen Einwirkungen zu begegnen, denen die im Freien befindlichen Standbilder von carrarischem Marmor in Norddeutschland aus-

gesetzt sind, wurde die Bildsäule — in Folge einer noch von Professor Rauch gegebenen Anregung — in neuerer Zeit abgeformt und in Erz gegossen. Diese
Bronzebildsäule: Ausgeführt von dem Königlichen Gewerbe-Institut
1857, ist an die Stelle des Schadowschen Denkmals, welches im Hof des Königl.
Kadettenhauses stand und jetzt daselbst in Lichtenfelde ist, auf einem Granitpiedestal
aufgerichtet worden. Dem letzteren wurden nachträglich Erzabgüsse der oben be-
zeichneten drei Schadowschen Schlachtenreliefs eingefügt.

Im Kleinen ist das Denkmal in der Königl. Porzellanmanufaktur nachgebildet worden und
wird von derselben in Biscuit vervielfältigt; ohne das Piedestal ist diese Figur 10.3/4 Zoll
hoch. Ein Modell dazu in Papiermasse ist im Besitz der Hinterbliebenen des Baumeisters
Martin Gropius in Berlin, hoch 0,72 m. Die Voransicht des Monumentes geben: 1) Eine
Radierung von Schadow, siehe die Radierungen Schadows. — 2) Stich in 8⁰. Jury d. —
Schadow. Fr. Bolt s. 96. Als Staffage ein Herr und eine Dame, welche das Monument
betrachten. 3) Stich in 8⁰. Fr. Bolt d. et sc. 1799. Vor dem Denkmal stehen zwei
Offiziere und zwei Frauen. — 4) Von 1805, Fr. Bolt del. et sc. 1805. — 5) In dem
Bilderheft das Blatt IX Henriette sc. — 6) Federzeichnung auf Stein von A. M. (Adolf
Menzel). Zu der Prachtausgabe Friedrichs des Grossen gehörend. — 7) Ausgeführter Stich
in 8⁰ nach photographischer Aufnahme Kuhn photogr. E. Wagner in Berlin sculp.
In der Deutschen Ehrenhalle von Buchner, Darmstadt 1862. Die Reliefs sind in einem
Stich in 8⁰ alle drei unter einander gestochen: Schadow c. Fr. Bolt sc. 1802. — Ferner
im Bilderheft auf Blatt IX, wo unter dem von Rothschloss L. Buchhorn dir. R. Woltze
rad., unter dem von Kathol. Hennersdorf G. Lüderitz dir. R. Heintze sc., und unter
dem von Torgau, wo der Offizier zu Fuss vor Zieten steht, L. Buchhorn dir. B. Woltze
rad. Das letzte Relief in Bleistift gezeichnet »7br 1802« besass Prof. Mandel. Die Entwürfe
zu den Reliefs Dobbert Taf. XXXV -XXXVIII.

Schadow hatte drei Skizzen zu dem Denkmal Zietens gemacht. Die erste
10 Zoll hohe Skizze in Thon, wo dieser in einer Hand den Kommandostab hat,
besitzt die K. Nationalgalerie in Berlin. — Die zweite, in der man den General
mit der Tigerdecke sich mit der Rechten auf den gezogenen Säbel stützen sieht,
ist in dem Bilderheft auf dem Blatt IX gestochen, L. Buchhorn dir. C. Becker
sc. Nach der dritten Skizze ist das Denkmal ausgeführt.

1794.   **Marmorbüste einer Dame.**

Ohne nähere Angabe. Es wird dies das Brustbild in carrarischem Marmor der
Frau des Geheimen Kämmerers Rietz, späteren Gräfin Lichtenau sein, welches, nach-
dem es nach Stettin und daselbst zum Verkauf gekommen, an Hrn. Kammerger.-
Assess. Robert-Tornow, nachher an Hrn. Walter R.-T. in Berlin gelangt ist.

Verz. d. K.-Ausst. 1791 Nr. 227.

Die Reliefs der Metopen des Frieses am Brandenburger Thor in Berlin.

Nur zu den sechzehn Metopen an der Thiergartenseite des Thores hat Schadow
die Modelle gemacht. Nach ihnen wurden sie in Sandstein ausgeführt und stellen
gleich den sechzehn der andern Seite den Kampf der Centauren mit Lapithen vor.

K. u. K. v. Sch. S. 11.

Die Siegesgöttin auf dem Viergespann, auf der Attika des Brandenburger Thors.

In der Rechten einen Stab mit dem Siegeszeichen haltend führt die auf dem
Wagen stehende geflügelte Göttin in ruhiger Hoheit die Zügel ihrer Rosse. Bei der
ersten Aufstellung war sie nach Aussen gewendet und an dem Stab eine römische
Trophäe befestigt (jetzt im Zeughaus). Von Paris, wohin Napoleon I. die Kolossal-
gruppe hatte bringen lassen, wieder zurückgeführt, wurde sie der Stadt zugewendet,

einziehend, aufgerichtet und bekam auf dem das Kreuz als Losung des Befreiungskampfes umschliessenden Kranze den seine Schwingen erhebenden Adler. Während Schadow zu den Pferden sehr ausgeführte Modelle machte, entwarf er, wie er in den Kunstwerken und Kunstansichten sagt „zu der geflügelten Göttin auf dem Triumphwagen eine kleine Skizze. Diese Figur wurde dem Klempnermeister Gericke in Potsdam übertragen, der sich dabei überaus geschickt benahm, was sich mit dadurch bewährt. dass diese Figur den Stürmen Widerstand leistet". Die Höhe der aus Kupfer getriebenen Gruppe bis zum lorbeerumflochtenen Scheitel der Victoria beträgt 16 Fuss.

K. u. K. v. Sch. S. 10, 11. 87. 133. 135.

Kleine Nachbildungen dieses Wahrzeichens der preussischen Hauptstadt sieht man an dem Monumente der im Befreiungskampf gefallenen Krieger auf dem Kreuzberg und an einem der Reliefs des Blücherdenkmals in Berlin.

Im Stich gibt es ein Aquatintablatt von Jügel in folio. Kolbe del. Jügel sc.

Der Siegeswagen auf dem Brandenburger Thor zu Berlin. Ein theures Gut, Ererbet von der Väter Kriegesruhm, Erworben durch der Söhne eig'nen Muth Zu einem sich'rern Eigenthum.

Der Gott des Schlafes, Marmorarbeit.   1794.

Eine schöne Jünglingsgestalt mit langen, von einem Kranz umgebenen Locken; aufrecht stehend hält sie in der etwas gehobenen Rechten Mohn und in der Linken ein nach dem Boden sich ausschüttendes Füllhorn. Die 9 Zoll grosse Wachsskizze befindet sich in der K. Nationalgalerie in Berlin.

Verz. d. K.-Ausst. 1794 S. 46. —

Marmorbüste Friedrich Wilhelm des Dritten als Kronprinz.

Nach dem dazu von Schadow nach dem Leben modellierten Brustbild. In der militairischen Tracht damaliger Zeit. Sie befindet sich im königl. Schloss, ein Gipsabguss in Monbjou.

Verz. d. K.-Ausst. 1797 S. 43. — K. u. K. v. Sch. S. 29. 31.

Da der König erst im Jahre 1814 wieder Sitzung gewährte, wurde das 1794 gemachte Brustbild noch zu späteren Bildnissen mehrfach benutzt.

Büste der Kronprinzessin Luise von Preussen.

Mit langem, unter einem kleinen Kopftuch auf die Schultern fallenden Haar, mit einer schmalen Binde unter dem Kinn und einem über das Brustgewand nach der linken Schulter gehenden Band. Gipsabguss dieser nach dem Leben modellierten Büste im Schloss Monbijou.

K. u. K. v. Sch. S. 28. 29.

Büste der Gemahlin des Prinzen Ludwig von Preussen.

Gleichzeitig mit der Büste der Kronprinzessin Luise modellierter anmuthiger Kopf; bei späteren Bestellungen von Abgüssen nannte die Königin von Hannover ihn „feu mon visage".

In Monbijou u. s. w.   A. a. O.

1795. Marmorgruppe der beiden Schwestern: die Gemahlin des Kronprinzen von Preussen und die Gemahlin des Prinzen Ludwig von Preussen. nachmalige Königin von Hannover, in Lebensgrösse.

Die beiden Fürstinnen stehen, eine der anderen Hand erfassend, sanft an einander gelehnt in geschwisterlicher Zuneigung. Den überaus anmuthigen Gestalten der Prinzessinnen durch die Plastik einen die Zeit überdauernden Ausdruck zu geben, fand Schadow in sich selbst eben so viel Anregung, als er durch den Curator der Akademie der Künste, Staatsminister von Heinitz dazu aufgefordert wurde. „In „stiller Begeisterung" sagt er in seinen Kunstwerken und Kunstansichten, „arbeitete „der Künstler an diesem Modell; er nahm die Maasse nach der Natur; die hohen „Damen gaben von Ihrer Garderobe das, was er aussuchte, und hatte so die da-„malige Mode ihren Einfluss auf die Gewandung." Die Ausstellung des Gipsmodells auf der Kunstausstellung im Jahre 1795, wo die Gruppe allseitig den ausserordent-lichsten Beifall fand, hatte die Allerhöchsten Orts sogleich befohlene Ausführung in Marmor zur Folge. Bei der besonderen Sorgfalt, welche Schadow während der Jahre 1796 und 1797 auf diese Ausführung verwandte, wurde das Werk jedoch erst nach dem Hinscheiden Friedrich Wilhelms II. beendigt. „In keiner seiner „Marmor-Arbeiten hat unser Künstler" sagt Schadow in seinen Erläuterungen zu den Abbildungen seiner Bildhauerarbeiten, „einen solchen Grad von Vollendung an-„gewendet, wie in dieser, und dies von allen Seiten, da seine Absicht war, dass „sie frei stehen sollte. Die Gründe, weshalb sie lange Zeit nicht sichtbar war, sind „im Texte (der Kunstwerke und Kunstansichten S. 47) zu lesen. Sie befindet sich „zur Zeit in dem untern Stockwerke des alten Schlosses zu Berlin, in den Winkel „eines Saales geschoben, wodurch die hintere und rechte Seite gedeckt sind, und „so wenig beleuchtet, dass eine Zeichnung danach nicht genommen werden kann. „Da diese Gemächer selten geöffnet werden, so ist dieses Kunstwerk bis auf den „heutigen Tag dem Publikum wenig bekannt."[1]) — Die lebensgrosse Gruppe von carrarischem Marmor steht auf einem Postament von grauem Marmor, in welches zwei achteckige weisse Marmortafeln mit halberhaben gearbeiteten Rosenkränzen ein-gesetzt sind; sie sind dazu bestimmt, die Namen der hohen Fürstinnen aufzunehmen. Die Schönheit der Gestalten und den in die Köpfen liegenden Zauber giebt am besten die sicher ohne Schadows Antheil 1796 für die Königl. Porzellan-Manufaktur zum Ausguss in Biskuit modellierte 20 Zoll hohe Nachbildung wieder. Aus der im Bilderheft Blatt X gestochenen Abbildung lassen sich auf den Werth des plastischen Kunstwerkes keine Schlüsse ziehen. Laut Naglers Künstlerlexikon (Artik. Schadow) befindet sich im Journal für Kunst und Kunstsachen Heft 2 auch eine Abbildung. Eine von Schadow 1797 in schwarzer Tusche gemachte Zeichnung der Gruppe, auf deren Plinthe: Anno XI. regni Fred. Guill. II. und am Fuss-gestell in dem Kranze links: Lovisa, conjux principis heredis regni borussici, und rechts: Fredericia, conjux Ludovici reg. boruss. filii geschrieben steht, besass Prof. Mandel.

Verz. d. K.-Ausst. v. 1795 S. 42 und v. 1797 S. 43; Jubiläumsausstellung v. 1886 Nr. 2712. — Wrkst. d. Bldh. S. 60 f. — G. Sch. biogr. Skz. oben S. 6 — Wittenb. Denk. S. 136. — K. u. K. v. Sch. S. 28   32. — Erläutergn. d. Abbild. S. 4. Neuerdings in Photo-graphien von Rückwardt (Berlin, H. J. Meidinger) verbreitet.

1795.   **Zwei männliche Büsten.**

Im Verz. d. K.-Ausst. von 1795 S. 42 als Arbeiten von Schadow aufgeführt, ohne nähere Angaben. Eine dieser Büsten ist wahrscheinlich des Meisters eigenes einst im Schadowhause vorhandenes Brustbild.

Vgl. unten S. 166 Nr. 2.

1) Es ist neuerdings dem Vernehmen nach in den 'Petit-Kammern' Parterre nach dem ersten Schlosshof, aufgestellt worden. Das Originalmodell ist in der K. Nationalgalerie.

Denkmal des Generals Tauenzien in Breslau. 1795.

An diesem nach der Angabe des Oberbaudirectors Langhans ausgeführten Monumente sind von Schadow die Bellona, welche halbaufgerichtet auf dem Sarkophag ruhet, und die beiden Basreliefs an dem Postament, jene in Sandstein, diese in carrarischem Marmor gearbeitet. Das Medaillon am Sarkophag mit dem Bildnisse Tauenziens rührt nicht von ihm her. Von seinen Basreliefs stellt das eine eine Scene der Belagerung von Breslau im Jahre 1760 vor — Tauenzien drängt durch einen Ausfall die Feinde zurück und lässt die von ihnen im Stich gelassenen Kanonen vernageln —, das andere die Uebergabe der Festung Schweidnitz an die Preussen, welche man in die Stadt einmarschieren sieht, während die Oesterreicher vor dem Sieger die Waffen zu strecken genöthigt sind. Die Söhne des Generals haben das Denkmal errichten lassen.

Zeitschrift der Torso, um jene Zeit in Breslau erschienen, K. u. K. v. Sch. S. 12—13. Im Bilderheft giebt Blatt XI die Ansicht des Denkmals mit der Bellona L. Buchhorn dir. C. Becker sc. und auf demselben Blatt sind die Reliefs besonders abgebildet G. Lüderitz dir. Fr. Grundmann sc. Die Entwürfe zu der Belagerung von Breslau bei Dobbert Taf. XVIII. XIX.

Mehrere Entwürfe zu dem Friedrichsdenkmal. 1797.

Schadow gab deren sieben zu der Kunstausstellung des Jahres 1797.

Zwei »statues pedestres« zum Vergleich des antiken Costäms mit dem Costüm der Zeit auf einem Bogen:

1. Friedrich hält das Schwert in der Rechten und einen Oelzweig in der Linken. Relief am Fussgestell: Mars lauscht auf das Saitenspiel des Apollo.
2. Der König mit dem auf die Gesetzbücher gestützten Commandostabe in der Hand. Am Postament: Symbole der Gerechtigkeit und der Weisheit, des Ackerbaus und der Industrie.
3. Der König in römischer Tracht mit fliegendem Mantel auf gallopierendem Ross; vor ihm her die Siegesgöttin mit errungenen Kränzen. Das Piedestalgebälk wird von vier dorischen Säulen getragen, zwischen welchen Borussia an einem Altar steht und von Schlesien und Westpreussen den Eid der Treue empfängt. Vor den Säulen vorn Mars und Minerva, hinten Apollo, der auf eroberten Waffen sitzend in die Saiten der Lyra greift. Am Fries sind Medaillons mit den eingezeichneten Namen und Tagen der gewonnenen Schlachten.
4. Friedrich in römischer Tunika segnet von seinem Pferde herab sein Volk. Vor dem Fussgestell sitzen Mars und Minerva. Das eine Seitenrelief zeigt den König als Held im Kriege, das andere als Beschützer von Wissenschaft, Kunst und Industrie.
5. Friedrich der Grosse zu Pferd in der Tracht seiner Zeit mit dreieckigem Hut, nach der Lieblingsidee des Volks, wie es seinen König im Leben sah.
6. Der Monarch auf dem Thron sitzend. Minerva, Apollo und Borussia sitzen am Piedestal. Auf den Reliefs sieht man die vom König beschützte Kunst, Wissenschaft, Industrie und Landwirthschaft.
7. Für ein Mausoleum oder Campo Santo: der König ruht nachdenkend und halbaufgerichtet auf einem Sarkophag, dessen Fries von Reliefs gebildet wird, auf denen man liegende und weinende Krieger sieht. Um den Sarkophag sitzen trauernd die neun Musen.

Verz. d. K.-Ausst. 1797 S. 57. — K. u. K. v. Sch. S. 13 f. 47—52. 58.

Von diesen Sieben Entwürfen besitzt die Bibliothek der K. Akademie die unter 3. und 5. angeführten Zeichnungen: Dobbert Taf. II. III. Von Nr. 5 ist ein kleiner Eisenguss, 0,48 m hoch, im Besitze von Prof. G. Karsten in Kiel.

Eine chronologische Uebersicht der Pläne zur Errichtung eines Denkmals Fr. II. von G. Schadow enth. die Staats-Zeitung von 1810. Vgl. auch Koppmann und König. Denkwürdigkeiten der Mark Brandenburg I 1796 S. 220. 339.

1797.   **Büste des Prinzen Ludwig von Preussen.**

Prinz Ludwig, der zweite Sohn Königs Friedrich Wilhelm II., starb am 28. Dec. 1796.

In Gips. Verz. d. K.-Ausst. 1797 S. 43. — Monbijou.

Entwurf zu einem dem Prinzen Ludwig von Preussen im Dom zu Berlin zu errichtenden Monument.

Man sieht den der Erde sich entwindenden Prinzen schwebend, den Seinen das letzte Lebewohl zuwinkend. Die trauernde fürstliche Wittwe kniet neben ihren drei kleinen Kindern, von denen das eine in der Wiege, und faltet, dem scheidenden Gatten nachsehend, betend die Hände. Ein von dunklem Marmor architektonisch eingefasstes, in weissem carrarischen Marmor auszuführendes Relief, in welchem die Figuren lebensgross werden sollten. Die Idee hatte die Prinzessin Wittwe bis ins Detail genau vorgeschrieben. Ihrer Angabe folgend entwarf Schadow die jetzt in der Bibliothek der K. Akademie befindliche Zeichnung [1]), nach welcher ihm das Denkmal auszuführen contractlich übertragen wurde. In Folge des gegen Ende des Jahres erfolgten Hintritts des königlichen Bestellers blieb die bereits begonnene Arbeit aber unausgeführt. — Ein Stich nach der beschriebenen Zeichnung ist im Bilderheft Blatt XII L. Buchhorn dir. C. Becker sc.; Dobbert Taf. XXXIII. 44.

K. u. K. v. Sch. S. 33 f.

Eine weibliche Büste.

Ist im Verz. d. K.-Ausst. 1797 unter Nr. 205 angeführt. Vielleicht die einst im Schadowhause, jetzt im Besitze von Director E. Bendemann in Düsseldorf befindliche Marmorbüste. Naheres ist darüber nicht bekannt; sie wird für eine Schülerarbeit gehalten.

Die unter dem Namen der Nymphe Salmacis bekannte liegende Figur.

Die in carrarischem Marmor lebensgross ausgeführte Statue war 1797 bereits ausgestellt [2]).

Verz. d. K.-Ausst. 1797 Nr. 202.

Im Jahr 1810 wurde sie von dem General Rapp gekauft und nach seinem Landhaus bei Strassburg gebracht. Von da kam sie in die Sammlung des Banquiers Aguado nach Paris, galt hier für eine Arbeit Thorwaldsens und wurde als solche im Katalog dieser Sammlung unter dem beigelegten Namen »la Ninfe Salmacis« aufgeführt. Erst nach dem Tode Aguado's 1845, als die Sammlung zur Versteige-

---

[1]) Auf der Zeichnung steht: D. O. M. (Monumento) del prencipe Ludovico essendo morto giovane e (lasciando) moglie con tre figli, lu pianto dal padre e dal popolo. MDCCXCVI. inventé par la princesse son épouse.

[2]) Irrigerweise heisst es in Naglers Künstlerlex. XV S. 83, dass Schadow diese Statue 1807 in Rom gemacht habe.

rung kam, entdeckte Prof. Wach den Irrthum. Seitdem hat ein Engländer, Lord Yarmouth, der diese Statue für 4400 Fcs. erwarb, sie in seiner Villa bei Paris aufstellen lassen. — Die Abbildung in dem Bilderheft, Blatt XIII, ist nach einer von dem französischen Bildhauer Hrn. Dumont dort gemachten Zeichnung gestochen. L. Buchhorn dir. C. Becker sc.

K. u. K. v. Sch. S. 52. 110. 113.

Kleiner lachender Sartyrkopf. Nach einem antiken Fragmente.

Verz. d. K.-Ausst. v. 1798 S. 43. Vgl. unten S. 111.

Marmorbüsten König Friedrich Wilhelm des Dritten und der 1798. Königin Luise von Preussen.

Beide Arbeiten giebt das Verz. d. K.-Ausstellung des Jahres 1798 S. 42 an.

Büste des Fürsten Leopold von Anhalt-Dessau.

Von dieser ungemein lebensvollen Büste, welche Schadow als Studie zu dem Standbilde des Fürsten machte, ist im Schloss Monbijou ein Gipsabguss, der die im Marmordenkmal verwitterten (theilweise verstümmelten, wenngleich restaurierten) Gesichtszüge des Feldherrn in ihrer ganzen ursprünglichen Frische zeigt.

K. u. K. v. Sch. S. 40.   G. Schadow Aufs. u. Br. S. 39.

Zwei über die Natur geformte Büsten, in gebranntem Thon.

Verz. d. K.-Ausst. v. 1798 S. 42. Eine derselben befand sich in einer Gartenlaube des Schadowhauses; seitdem verschollen.

Eine Büste in ungebranntem Thon.

Wahrscheinlich die Nicolai's; vgl. H. Heydemann in Lützows Zeitschr. für bildende Kunst XVII 1882 S. 212: ursprünglich als Büste, dann in einen Hermenkopf umgearbeitet, hinten in den nassen Thon geschrieben '1798 G. Schadow fecit', rechts 'Friedrich Nicolai'. Die Büste befindet sich auf der Universitätsbibliothek zu Halle.

Marmormonument des Commerzienraths Schütze.

Errichtet in der Kirche zu Schöneiche, einer Gutsherrschaft bei Berlin, welche dem Verstorbenen gehört hat. Im Relief sieht man die Hoffnung mit dem Anker an dem Aschenkruge stehen, der das Medaillonbildniss Schützes zeigt und dessen Sockel Embleme des Handels trägt. Zu Ackerbau und Landwirtschaft gehörige Gegenstände sind am Fussgestell des Monuments sichtbar.

K. u. K. v. Sch. S. 53. 54.

Abgebildet ist das Denkmal in dem Bilderheft auf Blatt XIV.

Schlafender Amor.

Ein Relief, welches 1798 unter Glas und Rahmen ausgestellt war.

Verz. d. K.-Ausst. S. 42.

Büste der Königin Luise. 1799.

Um den von einer Krause umgebenen Hals ist eine Doppelkette geschlungen, an welcher ein Medaillon hängt; das Brustgewand ist mit Franzen besetzt. Von dieser im Jahre 1799 ausgestellten Gipsbüste ist ein Abguss im Schloss Monbijou, ein anderer, rosagefärbt, einst im Schadowhause, jetzt im Besitz von Frau F. S.

Verz. d. K.-Ausst. v. 1799 S. 58.

**1799. Marmorbüste der Prinzessin von Oranien, nachmals Königin
der Niederlande.**

* Wurde 1799 im Schloss zu Schönhausen nach dem Leben modelliert. Ein
Gipsabguss war im Jahr darauf ausgestellt.

K. u. K. v. Sch. S. 54. 134.
Verz. d. K.-Ausst. v. 1800 S. 38.

**1800. Die Königin Luise mit dem Apfel, als Preis der Schönheit,
in der Rechten.**

Modell in Gips, 4 Fuss hoch.

Im Verz. d. K.-Ausst. 1800 unter Nr. 32 genannt.

**1800. Das Standbild Leopolds von Dessau im Lustgarten errichtet, dann
nach dem Wilhelmsplatz versetzt, seit 1862 im Hof des K. Kadettenhauses
zu Berlin, jetzt in Lichterfelde aufgestellt.**

Der alte Dessauer ist in preussischer Feldmarschallsuniform, in der Rechten
den Feldherrnstab führend, dargestellt; mit der Linken am Degengefäss, steht er
vor dem Stumpf eines Baumstammes; sein Hut hat das bei Kesselsdorf aufgesteckte
Eichenreis. — Die Statue von carrarischem Marmor, 6 Fuss 2 Zoll hoch, steht
auf einem Postament von schlesischem Marmor, mit eingefügten weissen Marmortafeln. Die an der Vorder- und Rückseite enthalten die Inschriften. An der linken
Seite ist Borussia, mit Helm und Schild bewaffnet, eine Victoria auf der Hand
haltend zu sehen, und auf der rechten Seitenwand die Siegesgöttin gebildet, welche
Kesseldorf den 15. December 1745 mit dem Griffel in ihren Schild einschreibt.

G. Schadow, Aufs. u. Br. S. 39—43. Verz. d. K.-Ausst. 1800 S. 22—25. K. u. K.
v. Sch. S. 39—41. Gadike's Lexik. v. Berlin S. 137. Varnhagen, Biograph. Denkm. II S. 418.
Spicker, Berlin u. s. Umgebungen 1833 S. 125. Förster, Preussens Helden 1851 I S. 421.
Buchner, Deutsche Ehrenhalle S. 780.

Die 1862 auf dem Wilhelmsplatz an Stelle des Schadowschen Standbilds auf
einem Fussgestell von Granit aufgestellte Nachbildung in Erz ist, zur Ausgleichung
ihrer Höhe mit den übrigen Statuen dieses Platzes, anderthalb Fuss grösser gemacht. Der Stumpf des Lorbeerbaums wurde weggelassen. Ausgeführt von
dem Königlichen Gewerbe-Institut 1859. — Ein von dem Standbild ge-
machter Bronzeabguss ist ebenfalls auf granitnem Fussgestell in Dessau 1860 vor
dem Herzoglichen Schlosse aufgerichtet worden. Die Gesamtkosten des letzteren
Denkmals betrugen 6068 Thaler.

Schadows Skizze zu dem Dessauerstandbild, 10 Zoll hoch in Thon, besitzt die
K. Nationalgalerie in Berlin. Eine zweite 12 Zoll hohe Originalskizze in Thon befindet
sich in der K. Akademie. — Das Modell der Bildsäule sah man 1800 auf der Akademie.

Verz. d. K.-Ausst. S. 22. Studie zum Kopf Dobbert Taf. XXIV.

In der K. Porzellanmanufaktur giebt es davon eine Nachbildung in Biscuit,
in derselben Grösse wie das Zietendenkmal verkleinert.

Gestochen ist die Bildsäule mit dem oberen Theile des Postaments Schadow
in marmore fecit, Dähling d. Fr. Bolt sc. 1801. — Eine metallographische Abbildung im Bilderheft, Blatt VIII, giebt die Statue allein, und eine kleinere
Federzeichnung auf Stein A. M. (Adolf Menzel) in der Prachtausgabe der Werke
Friedrichs des Zweiten, eine Ansicht des ganzen Denkmals. Die in Buchners Deutscher Ehrenhalle befindliche Abbildung ist nach dem Standbild in Dessau genommen.

Marmorbüste König Friedrich Wilhelms des Dritten. 1800.

Verz. d. K.-Ausst. S. 58.

Marmorbüste des Fürsten Anton Radzivill.

Andere Büste als die in der Singkademie zu Berlin aufgestellte. Diese ist von Wichmann.

Verz. d. K.-Ausst. S. 58.

Büste des Dichters Heinrich Voss.
Büste der Gräfin Maltzahn, geb. Grfn. von Hoym.
Büste der Frau von Reibnitz.
Büste eines jungen Mädchens (Frl. Friederike Unger?).

Die zweite und dritte dieser vier im Jahre 1800 ausgestellten Büsten wurden in Marmor ausgeführt.

Verz. d. K.-Ausst. 1800 S. 58. — Wkst. d. Bldh. S. 63. 64. — K. u. K. v. Sch. S. 55. 61.

Vier Copien in Marmor nach antiken Statuen.

Jede 2¼ Fuss hoch.

1. Die Mnemosyne in der Antikensammlung in Dresden;
2. die Flora in der capitolinischen Sammlung in Rom;
3. der Harpokrates; und
4. der Apollino (dieser in der Tribune) der Sammlung in Florenz.

Ebenda: Verz. d. K.-Ausst. v. 1800 S. 58.

Monument des Rector Darjes und seiner Gattin zu Frankfurt an der Oder.

Auf dem Anger (ehemaligem Kirchhof) neben dem Denkmal des Dichters Kleist. Auf rundem Postament eine sitzende und eine stehende weibliche Figur zu den Seiten eines erhöht aufgestellten Aschenkrugs mit den Medaillonportraits. Die stehende Figur stellt die Wissenschaft, die sitzende, an welche ein Kind sich schmiegt, die mütterliche Liebe vor. Die Urne ist von weissem Marmor, die Inschrifttafeln am Postament von grauem, alles Uebrige von Sandstein.

K. u. K. v. Sch. S. 58.

Im Bilderheft giebt Blatt XIV die Abbildung C. G.

Gipsmodell eines schlafenden Mädchens.

Lebensgrosse Figur, 5 einen halben Fuss lang, 2 Fuss breit. Wurde auf Bestellung für den Besitzer eines herumziehenden Wachsfigurencabinets gemacht.

Verz. d. K.-Ausst. 1800 S. 57. K. u. K. v. Sch. S. 54.

Skizzen zu acht Statuen auf der Fassade des Schlosses Monbijou.

Die allda aufgestellten Figuren von Sandstein stellen zumeist Personen aus dem trojanischen Kriege vor; neben Hektor, Aeneas und Paris sieht man auch eine Diana und den Homer (?).

K. u. K. v. Sch. S. 56.

Entwürfe zu den Sandsteinfiguren auf der Mohrenbrücke.

Die liegenden Wassergötter und Nymphen aufder von Langhans erbauten Colonnade der Brücke, bestehend aus zwei Gruppen und vier einzelnen Figuren, sind von Prof. Bettkober gearbeitet, ohne dass Schadows Entwürfe darin zu erkennen wären.

K. u. K. v. Sch. S. 56.

1800.   **Skizzen zu den Statuen auf dem neuen Thor.**

Mit diesem Thor ist wahrscheinlich das Rosenthaler Thor gemeint, auf welchem vier Statuen römischer Krieger standen.

K. u. K. v. Sch. S. 56.

Die beiden Reliefs an dem K. Obermarstallamt in der breiten Strasse zu Berlin.

Das eine zeigt einen Wettlauf zu Pferde. Dem am Ziel angekommenen, vom Pferd sich schwingenden Sieger reicht eine geflügelte Victoria den Kranz.

Das andere: ein Wagenrennen, wobei einer der Fahrenden mit den Pferden stürzt. Von dem Agonotheten wird eine Amphora für den Sieger in Bereitschaft gehalten. Nach antiken Motiven (Vasenbildern). Die kleinen Modelle zu diesen Reliefs im Schadowhause sind angeblich in die K. Akademie gekommen, befinden sich aber nicht daselbst.

K. u. K. v. Sch. S. 56.

Die Reliefs an dem abgebrannten Schauspielhause am Gensdarmenmarkt.

Die nach Schadows Skizzen ausgeführten Reliefs an den Fassaden des von Langhans erbauten Schauspielhauses zählt er mit zu den reichsten; leider existiert davon weder Modell noch Zeichnung mehr.

Ebenda S. 56. 119. 163.

Drei Reliefs an der Fassade der Kaserne der reitenden Artillerie in Berlin.

Gruppen von Militairs, ein Geschütz bespannend, mit einem anderen davoneilend; im dritten Relief die Kanone abfeuernd. Nach dem von Schadow dazu gemachten Entwurf.

K. u. K. v. Sch. S. 56.

Das Relief im Horsaal des K. Medizinisch-Chirurgischen Friedrich-Wilhelms-Instituts (Pepinière).

Inmitten der Schlacht schirmt der Genius Preussens die Seinen und es wird den verwundeten Kriegern Hilfe gebracht. Die Ausführung dieses 15 Fuss langen, 3 Fuss hohen Reliefs nach Schadows Entwurf ist von seinem damaligen Eleven, dem späteren Professor Rauch.

Neuer Teutscher Merkur Jahrg. 1804 Bd. 2. S. 291. K. u. K. v. Sch. S. 56. Schadows treffliche Skizze in Ton befand sich um die Mitte der zwanziger Jahre, wenngleich beschädigt, noch im Rauchschen Atelier im Lagerhaus.

Zwei Reliefs im vormals Dönhoffschen, dann gräflich Schwerinschen Palais in der Wilhelmstrasse in Berlin.

Nach antiken Motiven. Bewegte, an der Feier eines Bacchusfestes Anteil nehmende Gestalten. Weiss auf gelbem Grund von Stuck. Die Reliefs wiederholen sich im Fries an beiden Enden des langen Saals.

K. u. K. v. Sch. S. 56.

1801.   **Marmordenkmal des Staatsministers Grafen von Arnim.**

Errichtet in einer besonderen Grabkapelle zu Boitzenburg. Eine Matrone sitzt mit einem Myrtenkranze in der Hand neben der Urne, die sie mit der andern umfasst; daneben ist ein Hund befindlich. Allegorische Darstellung der ehelichen Treue. Der Kopf der Statue ist das Portrait der Wittwe des verstorbenen Ministers, deren Hund ebenfalls nach der Natur copiert ist. Die Figuren sind lebensgross. — Im Bilderheft zeigt Blatt XIII diese Gruppe L. Buchhorn dir. — Th. Jättnig sc.

Verz. d. K.-Ausst. 1802 S. 62. — Wkst. d. Bldh. S. 61. 65. — K. u. K. v. Sch. S. 57.

Relief, welches den Fürsten von Hohenlohe-Oehringen 1801. und seine Gemahlin darstellt.

Es wurde nach beider Tode gemacht, ist in römischem Styl gehalten und zeigt die halben Figuren beider Gatten, die einander die Hand geben, auf einem vertieften Grund.

Wkst. d. Bildh. S. 61.

Die Marmorbüsten König Friedrich Wilhelms des Dritten 1802. und der Königin Luise.

Es werden dieselben in K. und K. v. Schadow S. 57 angeführt.

Die Marmorbüste des Staatsministers Grafen Hoym.

Am a. O. S. 61.

Die Marmorbüste der Gemahlin des Ministers von Schrötter, geb. von Ostau.

Verz. d. K.-Ausst. 1802 S. 62. Wkst. d. Bldh. S. 61. K. u. K. v. Sch. S. 61.

Die Marmorbüste des Architekten Friedrich Gilly.

Ueber Lebensgrösse. Sie ist im Sitzungssaal des Senats der Königl. Akademie der Künste zu Berlin aufgestellt.

Ebenda.

Marmorbüste des Gymnasialdirectors Meierotto.

Sie steht in dem Hörsaal des Joachimsthalschen Gymnasiums in Berlin.

Am a. O. — Wkst. d. Bldh. S. 63.

Marmorbüste des Stifters der Berliner Singakademie Karl Fasch.

Sie steht in der für den Königl. Hof bestimmten Loge des grossen Saals der Singakademie.

Ebenda.

Büste des Staatsministers von Heinitz, Curator der Akademie der Künste.

Gips. Abgüsse in Monbijou und der Akademiebibliothek.

Am a. O. — Wkst. d. Bldh. S. 61.

Büste des Geheimen Medizinalrats Selle.

Gips. Die letztgenannten sechs Büsten sind nach dem Tode, teils mit Hilfe der Masken, teils aus der Erinnerung modelliert.

Am a. O.

Büste des Dichters von Göckingk.

Gips. Im Jahr 1817 wurde sie auch in Bronze gegossen.

Am a. O.

Büste des Dichters von Kotzebue.

Gips.

Am a. O.

Wielands Büste.

1802. In Weimar nach dem Leben modelliert und in Marmor ausgeführt für den in Riga ansässigen englischen Kaufmann Pearson.

Verz. d. K.-Ausst. 1804 S. 47. Neuer Teutscher Merkur Bd. II. Hft. 4 S. 108 K. u. K. v. Sch. S. 66 ff. Stiche dieser Büste: 1) Dreiviertel-Profil rechthin in 12⁰. Fr. Bolt del. et sculp. 1805. 2) Dasselbe linkshin und von einem Achteck eingefasst in 8⁰. C. M. Wieland. — G. Schadow cud. Fr. Bolt sc. 1821. Zwickau ...

Ein Opferkästchen von Marmor.

Gleichzeitig mit Wielands Büste für Hrn. Pearson angefertigt. Die von Hofrath Böttiger angegebenen Reliefs desselben zeigen an der Vorderseite Amor von Psyche gefesselt, an einer Seitenwand einen auf der Lyra spielenden Genius, und auf der andern einen Faun, der die Syrinx bläst.

Verz. d. K.-Ausst. 1804 S. 47.

Ein lachender Faun.

Copie in Marmor nach der früher im runden Tempel bei Sanssouci, jetzt im königlichen Museum befindlichen Antike. Ebenfalls von Hrn. Pearson in Riga bestellt.

K. u. K. v. Sch. S. 68.

Eine die Hoffnung vorstellende lebensgrosse Figur.

Ueber die Entstehung dieser Statue erzählt Schadow, dass, nachdem er die Büste der Frl. Friederike Unger modelliert, er auf den Gedanken gekommen, eine halbe Figur daraus zu machen und diese schliesslich zu einer sich auf einen Anker lehnenden ganzen Figur vervollständigt habe. Statue in Gips im Schloss Monbijou. — Die halbe Figur sah man auf der Kunst-Ausstellung 1797. Verz. S. 13. Die ganze Figur 1802. Verz. S. 62.

Wkst. d. Bldh. S. 64. 65. — K. u. K. v. Sch. S. 72.

Büste der Frau von Knobloch, geb. von Schrötter.

Wkst. d. Bldh. S. 64.

Büste der Baronin von Pereira, geb. von Arnstein.

Ein Abguss einst im Besitz des Hrn. Geh. Ober-Justizrath Friedlaender in Berlin.

Am a. O. u. Verz. d. K.-Ausst. 1802 S. 63.

Büste der dramatischen Künstlerin Händel-Schütz.

Gips. Als Galatea in Pygmalion, im Moment des Erwachens. Abguss derselben in Monbijou.

Ebenda.

Büste der Madame Börger, geb. Fromm.

Gips.

A. a. O. S. 64.

Büste der Frau Justizrätin Mila.

Gips.

Ebenda.

Büste der Frau Agnes von S.

Gips.

Verz. d. K.-Ausst. 1802 S. 64.

Büste eines Knaben.

In Ton

Könnte das Bildniss Leo's von Schrötter sein, des Sohnes des Ministers.

A. a. O.

Ein Portrait en Medaillon. 1802.

Wahrscheinlich das Modell zum folgenden.

Ebenda.

Medaillon in Marmor des Grosskanzlers von Goldbeck.

Wkst. d. Bldh. S. 64. — N. Teutscher Merkur 1801 Bd. II S. 288.

Marmorbüste des Präsidenten von Beyer.

Mit der Inschrift an der Rückseite: „Das Ober-Revisions-Collegium „seinem würdigen Präsidenten, dem Herrn Johann August von Beyer, am 11. December 1802".

Verz. d. K.-Ausst. 1804 S. 46. — K. u. K. v. Sch. S. 72.

Die Büste ist erst 1803 vollendet worden; im Finanzministerium befindet sie sich nicht.

Die Reliefs an dem Königlichen Münzgebäude.

Fries von Sandstein 5¼ Fuss hoch, 116 F. lang, an dem von C. G. Genz erbauten, ursprünglich für die mineralogische Sammlung, die Münze und die Bau-Akademie bestimmten Gebäude; ausgeführt nach dem Entwurf von Fr. Gilly. Die Göttin Rhea, von ihrem mit Panthern bespannten Wagen gestiegen, zeigt den nach Metallen suchenden Arbeitern, wo solche zu finden; Prometheus lehrt sie das von ihm dem Himmel entwendete Feuer zur Schmelzung der Metalle benutzen. Zum wissenschaftlichen Ordnen derselben giebt ein vor der Bildsäule der Diana von Ephesus sitzender Lehrer, dem die Erze gebracht werden, den Schülern Anweisung. Man sieht dann Erzklumpen von den Arbeitern in die Schmelzofen bringen, das gewonnene Erz schmieden und in der Strecke walzen, die Metallscheiben unter die Stempel kommen und geprägt werden; der Münzmeister untersucht das Gepräge; aufgehäuft werden die Münzen zur Wägung geführt und von dem Wardein, zu dessen Seiten man einen Greif sieht, in Obhut genommen. Der Gott des Handels eilt zu ihm, das Geld in Circulation zu setzen. Die allegorische Gestalt der Baukunst, vor einem Tempel an einem Altar stehend, fordert die Schwesterkünste Sculptur und Malerei, denen vom Genius der Kunst Kränze geboten werden, zu gemeinsamer Wirksamkeit auf; unweit davon sieht man die Schutzgöttin der Künste vor dem unter einer Palme stehenden Altar. Jenseits derselben erteilt Ceres einem Bewohner der ländlichen Flur Lehren über den Landbau. Gegen die Wut der durch Neptun, Aeolus und Brontes in Aufruhr gesetzten Elemente werden Bollwerke aufgeführt und Molen zusammengewälzt.

Verz. d. K.-Ausst. 1802 S. 93—97. — K. u. K. v. Sch. S. 61—64.

Die Abbildung des Frieses geben die Blätter XV und XVI des Bilderheftes: XV F. Grundmann sc. und XVI A. Heinze slp. — Die von Gilly zu diesem Fries entworfene kleine Originalskizze besitzt das K. Kupferstichkabinet. — Die Reliefs, die einst die drei Seiten des Münzgebäudes nach dem Werderschen Markt hin einnahmen, zieren nach dem Abbruch desselben die lange Fassade der K. Münze in der Oberwasserstrasse. Nach Schadows — nicht mehr vorhandenen — Modellen und in seiner Werkstatt sind allein die gegenüberliegenden Seiten des Frieses gearbeitet, an dem mittleren Teile des Reliefs haben andere, namentlich Bussler, Anteil.

1803. Marmorpiedestal zu dem Standbild Friedrichs des Ersten in Königsberg.

Die früher im Berliner Zeughause befindliche Statue von Preussens erstem Könige, ein Werk Schlüters, hatte Friedrich Wilhelm III. der Stadt Königsberg geschenkt und zu ihrer Errichtung das Piedestal anzufertigen Schadow den Auftrag gegeben. An dem nach seiner Zeichnung ausgeführten Postamente ist auf der rechten Seite der sich emporschwingende Adler mit Zepter und Reichsapfel und der Unterschrift Suum cuique, auf der linken Seite Krone und Zepter angebracht. Vor- und Rückseite erhielten (vom Hofrath Hirt verfasste) Inschriften.

K. u. K. v. Sch. S. 60, 61.

Marmorbüste König Friedrich Wilhelms des Dritten.

Unter Lebensgrösse. Von der Königin bestellt.

Verz. d. K.-Ausst. 1803 S. 46. — K. u. K. v. Sch. S. 72.

Marmorbüste des Staatsministers von Hertzberg.

Von der Königlichen Akademie der Wissenschaften ihrem zur Ruhe eingegangenen Curator errichtet. In dem runden Saal ihrer Akademie.

Leider sind Abgüsse dieser Büste gar nicht bekannt, Abgüsse der von einem Eleven Schadows, C. Wichmann, modellierten Büste des Ministers hingegen nicht selten.

K. e. K. v. Sch. S. 72.

Ein von dem Minister von Struensee bestellter Sarkophag von Marmor

Er kam auf das von demselben besessene Gut Matschdorf.

A. a. O.

Lebensgrosse Portraitfigur Leo's von Schrötter, verstorbenen Sohnes des Ministers.

In Gips. Nach Hirts Idee als Opferknabe (camillus) bekränzt an einem Altar stehend, mit einer Weihrauchsschale in der Hand dargestellt. Die erhabene Arbeit des runden Altars zeigt die in langen Schleier gehüllte Gestalt der Psyche, welche von einem flöteblasenden Flügelknaben zur Einweihung in die durch Eros, der auf der Lyra spielt, personifizierte Harmonie geführt wird. Nach einer antiken Gemme.

Verz. d. K.-Ausst. 1803 S. 17. — K. u. K. S. 72.

Die Wachsskizze dieser Figur, 8 Zoll hoch, besass Schadows Schwiegertochter in Berlin.

Marmorbüste der Justizrätin Oeding.

Nach dem Tode derselben gemacht.

N. T. Merkur 1805 BJ. II S. 288.

Zwei Marmorbüsten des curländischen Präsidenten von Offenberg.

Vom Sohne dem Andenken des Vaters geweiht.

N. T. Merkur a. a. O.

Marmorbüste der Gräfin Rohnstock mit den Marmorstatuen der Patientia und Religio zur Seite.

Von dem Grafen Hochberg seiner verstorbenen Schwester geweiht und in einem Zimmer des Schlosses Fürstenstein aufgestellt. Die Gesichtszüge der Büste sind von einem leichten Schleier umflort. Von den allegorisch zu ihren Seiten stehenden, 3 Fuss hohen Figuren trägt die Patientia ein Lamm, und ist die Religio mit nach oben gewandtem Blick, die Hände faltend, dargestellt [1].

Neuer Teutsch. Merkur 1801 Bd. III S. 3 ff. Das Titelkupfer in „" dieses Bandes zeigt beide Statuen: Patientia, Religio, nach G. Schadow gest. von E. Henne. — Einen Bronzeabguss der Religio besitzt Frl. Jul. Wolff in Berlin, ein Gipsabguss der Patientia befand sich im Schadowhause. Patientia, Bronzestatuette, aus Privatbesitz ausgestellt in der Jubilaumsausstellung von 1886 unter Nr. 2725.

Zwei Vestalinnen oder Kanephoren in einem Zimmer des   1803. Königlichen Schlosses.

Gips. Von dem Prinzen Wilhelm, Bruder des Königs, bestellt und am Eingang eines vertieften Gelasses aufgestellt.

N. T. Merkur II. S. 289. K. u. K. v. Sch. S. 73.

Die Büste Ifflands.

Gips.

N. T. Merkur II S. 289.

Büste der Schauspielerin Fleck, späteren Schröck.

Dessgl.

Ebenda. Profilzeichnung Dobbert Taf. VII.

Büste des Kabinetsrats Lombard.

Dessgl.

Am a. O.

Büste der Frau des Dichters A. von Kotzebue.

Dessgl. — Nach der Totenmaske.

Am a. O.

Monument für den Reichsgrafen von Lieven in Curland.

Grabdenkmal von Marmor, 8 Fuss hoch, welches aus einer von einem altarförmigen Postament getragenen Urne besteht, mit dem Todesgenius auf der einen und der sich aufwärts schwingenden Psyche auf der andern Seite.

N. T. Merkur II S. 289.

Eine Wiederholung des letzteren Reliefs in carrarischem Marmor, 11½ Zoll hoch, 6½ Zoll breit, ist im Besitz des Director E. Bendemann in Düsseldorf.

Grabdenkmal in Frankfurt an der Oder für einen Ungenannten.

Urne mit Spiralcannelüren aus weissem Marmor, 3 Fuss hoch, das Piedestal von Sandstein.

A. a. O.

Ein Monument in Marienwerder.

Es ist nicht bekannt, für wen. Urne von grauem schlesischem Marmor auf einem Fussgestell von Sandstein mit zwei Inschrifttafeln von schwarzem Marmor.

A. a. O.

Denkmal des Schauspielers Fleck.

Auf dem alten Jerusalemer Kirchhofe vor dem Hallischen Thor bei Berlin errichtet.

A. a. O.

---

[1] In Naglers Künstlerlexikon XV S. 84 wird letztere Statue unrichtig als die Hoffnung angegeben und die Errichtung des Denkmals dem Gr. Heym statt dem Gr. Hochberg zugeschrieben.

Es besteht aus einer Marmorvase mit der Maske des Lustspiels auf der einen, und der des Trauerspiels auf der andern Seite; an dem Fussgestell von Sandstein und weissem Marmor sind Inschriften.

1803. Sechs Modelle zu tragischen Masken von kolossaler Grösse.

Eine jede wurde viermal in Stuck ausgeführt zur Ausschmückung des Frieses in einem Saale (Kapelle) des der Palatine von Wilna, Fürstin Radzivill, gehörenden Landschlosses Arkadien bei Warschau.

N. T. Merkur II S. 292.

1804.   Marmorbüste der Königin Luise.

Unter Lebensgrösse.   Vom Könige bestellt.

Verz. d. K.-Ausst. 1804 S. 16.

Büste Friedrichs des Grossen aus inländischem Alabaster.

Am a. O.

1805. Die Thürreliefs an der Fassade des Schadowhauses in Berlin.

In gedrängten Momenten die Geschichte der bildenden Kunst bis ins fünfzehnte Jahrhundert darstellend. In dem Relief über dem Eingang die vier Epochen der griechischen Kunst. — Erste Periode: Schlichte Naturnachahmung. Dibutades bildet die Gesichtszüge des Erwählten seiner Tochter auf dem von ihr umzogenen Schattenriss in runder Form nach. Betrachtend steht die Tochter dabei; dem Geliebten hält Amor den Kopf. — Zweite Periode: Erhebung der Kunst zum Idealen. Das Götterbild des olympischen Zeus wird von Phidias dem Auge der erstaunten Griechen enthüllt. — Dritte Periode: Ausdruck der Leidenschaft. Meister Agesander von Rhodos und seine Söhne geben dem Laokoon Leben und Empfindung vom Scheitel bis zur Ferse. — Vierte Periode: Anmut und Grazie kommen zur Erscheinung. Praxiteles, in dessen Werkstatt man den Faun und bogenspannenden Amor sieht, wird auf Anstiften der Phryne, die hören will, welche seiner Arbeiten er am liebsten gerettet wünscht, durch die falsche Nachricht erschreckt, dass in seinem Hause Feuer ausgebrochen sei.

Das andere Relief stellt die vier Epochen der durch hohe Pfleger beschützten Kunst dar. Perikles genehmigt die Aufführung des Tempels der Akropolis und die Errichtung des Athenabildes, wozu Iktinos und Phidias ihm Plan und Skizze vorlegen, und giebt dem Protogenes zu malen. Um Alexanders Thron ist Lysippos mit seiner Reiterbildsäule beschäftigt, Apelles an seinem Staffeleibildnis thätig und Deinokrates erhält zu Bauten und Stadtanlagen Befehle. — Cosmus von Medicis betrachtet des Ghiberti, Massaccio und Brunelleschi sinnreiche Entwürfe und muntert sie zu deren Ausführung auf. — Bramante, Michelangelo und Rafael hat Papst Julius zu sich gerufen und giebt ihnen zu ihren Schöpfungen seinen Segen.

Abgebildet sind die beiden Reliefs im Bilderheft auf Blatt XVII. T. Neu del. Metallogr. — In der Wahl der Gegenstände stand Hirt dem Künstler bei. K. u. K. v. Sch. S. 75-79. — Die Zeichnung zur Alexandergruppe befindet sich in der Bibliothek der Akademie. Die Entwürfe zu den Reliefs 3 und 4 Dobbert Taf. VIII.

Denkmal der Familie von Grünfeld auf dem Gute Lehnhaus 1804. in Schlesien.

Auf einer hohen freistehenden Marmorwand sieht man die Religion und den Engel des Todes, neben diesem das zerbrochene Wappenschild der von Grünfeldschen Familie zu seinen Füssen, das Aussterben derselben andeutend.

K. u. K. v. Sch. S. 81. G. Sch. biogr. Skz. S. 7.

Büste der kleinen Mölter in Halle.

Im Jahr 1805 war, nach einer Notiz in einem Skizzenbuch Schadows, Geh.-Rat Mölter bei ihm im Atelier.

Das Original war im Besitz des Geh. Rats Rödenbeck in Halle. vgl. H. Heydemann in Lützows Zeitschr. für bild. Kunst XVII 1882 S. 210 ff. mit Abbildung, wiederholt bei Eggers-Dohme S. 33; vielleicht zwischen 1792 und 1794 entstanden. Gipsabgüsse im Kunsthandel.

Denkstein der Jubelhochzeit des Prinzen Ferdinand von Preussen.

Ein dreiseitiger Altar von weissem Marmor mit einer Inschrift, am 27. Septbr. 1805 im Garten des Schlosses Bellevue errichtet.

K. u. K. v. Sch. S. 81.

Marmorfigur einer Najade. 1806.

Kleiner als die Natur. Die im Jahr 1808 auf der Kunst-Ausstellung befindliche Statuette kaufte 1811 der General Rapp und sandte sie nach Danzig, wo er damals das Kommando hatte. Ueber ihren weiteren Verbleib ist leider nichts bekannt.

Verz. d. K.-Ausst. 1808 S. 30¹). K. u. K. v. Sch. S. 113.

Nicht zu verwechseln ist diese Statuette mit der liegenden, mit einer Perlenmuschel spielenden Najade von carrarischem Marmor, 3 Fuss lang, welche in Schadows Werkstatt sein Schüler Hagemann 1802 gearbeitet hat. Diese wurde im selben Jahr von der Königin erworben, 1807 aus dem Palais des Königs von Marschall Berthier nach Paris geschickt, 1814 im königlichen Palais wieder aufgestellt und steht gegenwärtig in der Bildergallerie von Sanssouci.

Verz. d. K.-Ausst. 1802 S. 66. Werkst. d. Bildh. S. 65. N. T. M. 1804 II S. 288. K. u. K. v. Sch. S. 65.

Die Angabe in Naglers Künstlerlexikon XV S. 83, dass eine Marmorstatue Schadows: Nymphe auf einer Tigerhaut liegend mit Castagnetten, im Berliner Schloss, von Denon 1806 mit nach Paris genommen sei, scheint auf Verwechslung zu beruhen, da über ein solches Werk nichts hat in Erfahrung gebracht werden können.

Marmorbüste König Friedrich Wilhelms des Dritten.

Unter Lebensgrösse. In wessen Besitz sie gekommen, ist nicht bekannt. Die grössere Büste des Königs und der Königin in Gips kaufte Denon und schickte sie nach Paris.

K. u. K. v. Sch. S. 91.

Denkmal des sieben Monat alt verstorbenen Prinzen Ferdinand, Sohnes König Friedrich Wilhelms III.

Die lebensgrosse Marmorfigur des Prinzen, auf seinem kleinen Lager schlummernd dargestellt, befindet sich in der Schlosskapelle zu Charlottenburg. Der Prinz starb den 30. März 1806.

K. u. K. v. Sch. S. 83. 91.

¹) Dasselbe Verz. führt S. 38 unter den von Ludw. Wichmann ausgestellten Arbeiten an: Copie eines schlummernden Mädchens nach Schadow; in Gips.

1806.   ### Entwurf eines Denkmals des Copernicus.

Die in der Bibliothek der Akademie befindliche skizzierte Zeichnung Schadows zu dem vom Minister von Schrötter beabsichtigten Monument zeigt eine durch vier Pilaster geteilte Wand mit der Büste des Copernicus in der Mitte. Von dessen in Frauenburg befindlichem Portrait nahm Denon dazu Copie.

K. u. K. v. Sch. S. 91. 119.

Marmorbüste des Doctor Arnold, Directors der Domschule in Brandenburg.

Aus schwarzem Marmor. Von seinen ehemaligen Schülern, unter anderen den Grafen v. Itzenplitz und v. Schlaberndorf, dem Gedächtniss ihres Lehrers gestiftet.

K. u. K. v. Sch. S. 82.

Ein Monument für den Minister Struensee.

Wie das im Jahr 1803 gemachte ebenfalls ein Marmorsarkophag.

K. u. K. v. Sch. S. 83. 91.

Monument für den Grafen Pfeil.

K. u. K. v. Sch. S. 83.

Ein für Riga bestimmtes Denkmal.

Mit einer Marmorurne.

K. u. K. v. Sch. S. 83. 91.

Einige nicht näher bekannte Büsten.

darunter eine für Herrn Blancmenil.

K. u. K. v. Sch. S. 91 (die Notiz scheint anderswoher entnommen).

Die Büste Luthers.

Lebensgross in Gips. Studienkopf zu dem später ausgeführten Standbilde Luthers in Wittenberg. Nachdem die Idee zur Errichtung eines solchen Denkmals von der Mansfelder litterarischen Gesellschaft in Eisleben angeregt worden, hatte Schadow dazu auf einer Rundreise Copien von allen vorhandenen namhaften Bildnissen Luthers genommen.

Verz. d. K.-Ausst. 1806 S. 15. — K. u. K. v. Sch. S. 79. 83 ff. — G. Sch. biogr. Skz. S. 12.

Entwurf zu dem Standbilde Luthers.

Die erste Skizze, in Wachs bossiert, zu der anderthalb Decennien später errichteten Bildsäule besitzt die K. Nationalgalerie in Berlin.

K. u. K. v. Sch. S. 91.

Luther schlägt seine Thesen an die Thür der Schlosskirche in Wittenberg an.

Grosse ausgeführte Zeichnung zu einem Relief, das am Postament des Luther-Denkmals angebracht werden sollte. Eine figurenreiche Composition, deren Mitte das Portal der Wittenberger Schlosskirche einnimmt, an das Luther, vom Volk umringt, die Thesen anheften lässt. Den Mittelpunkt der einen Seitengruppe bildet ein Kapuziner, der gegen die ihn umgebenden Männer und Frauen seinem Ingrimm über Luthers Beginnen Luft macht; darüber sieht man drei Engel schweben, von denen der in der Mitte die heilige Schrift aufgeschlagen in Händen hält. Auf der andern Seite erblickt man einen von Leuten umgebenen Kardinal, dem eine Pilgerin die Hand küsst, und der dem Vorgang geringschätzend den Rücken kehrt. Die darüber schwebende Gruppe deutet auf die römische Hierarchie.

A. a. O. Siehe S. 101 und 138. Schadow hat diese Zeichnung zweimal gemacht. Eine schenkte er Thorwaldsen und diese ist in dem Museum zu Kopenhagen. Mehrere Studienblätter dazu sind im Besitz der K. Akademie der Künste.

Ein Stich fol. Bilderheft Blatt XVIII. L. B u c h h o r n dir P. H a b e l m a n n sc. 1807.

Von dem damaligen Kronprinzen L u d w i g v o n B a y e r n wurden für die von ihm bei Regensburg zu errichten beschlossene W a l h a l l a folgende s i e b z e h n K o l o s s a l b ü s t e n v o n c a r r a r i s c h e m M a r m o r bestellt und von Schadow in den Jahren 1807—1812 ausgeführt.

Friedrich der Grosse. Mit Lorbeer bekränzt. Im Abschnitt F r i d e r i c u s R e x. Gipsabguss in Monbijou.

Wieland.

Copernicus.

Immanuel Kant.

Johannes von Müller.

Klopstock.

Leibnitz.

Otto von Guerike.

Albrecht von Haller.

König Heinrich der Vogler.

Konrad der Salier.

Heinrich der Löwe.

Kaiser Otto der Grosse.

Graf Christian zu Stolberg.

Herzog Ferdinand von Braunschweig.

Feldmarschall Graf Ernst von der Lippe.

Kaiser Karl der Grosse.

Verz. d. K.-Ausst. v. 1808 S. 34. K. u. K. v. Sch. S. 93—98. 113. 121.

Fünf dieser Büsten, Friedrich II., Leibnitz, Copernicus, und darunter Kant und Klopstock sind mit der in der Walhalla nicht befindlichen Büste Luthers im Umriss auf Einem Blatt gestochen. Man sieht darauf Friedrichs und Luthers Köpfe en face, die andern daneben in Dreiviertelansicht zugewendet, gr. 4°. S c h a d o w d e l. Ferdi. B e r g e r jun. sculp.

Marmorbüste der Frau Zelter, geb. Pappritz.

Dieselbe ist von der Berliner Singakademie bestellt und in ihrem Saal aufgestellt worden.

K. u. K. v. Sch. S. 82. 91.

Statue der Flora.

Aus Sandstein. Von dem Kabinetsrath Beyme bestellt und in seinem Garten zu Steglitz aufgestellt.

A. a. O. S. 91. Wohin mag sie gekommen sein?

1807. **Ein Figürchen,**

ohne andere Angabe, als dass Schadow es für Hrn. Feßner modellierte.

K. v. K. v. Sch. S. 92.

Ein reich verzierter Marmorkandelaber.

Für Hrn. Martignac ausgeführt nach einer Zeichnung von Schinkel. Die unteren Embleme deuten den Krieg und dessen Unheil, die oberen die Segnungen des Friedens an.

K. u. K. v. Sch. S. 99.

Zwei Figürchen,

ohne nähere Angabe, als dass sie mit zwei Gefässen von schwedischem Porphyr zusammen von dem General Clarke für 850 Thlr. gekauft wurden.

K. u. K. v. Sch. S. 96.

1808. **Büste eines verstorbenen Kindes aus der Familie von Eckardtstein.**

K. u. K. v. Sch. S. 100.

Denkmal im Garten des Fürsten Radzivill.

Ein Sarkophag, dem Andenken einer sehr jung verstorbenen Tochter des Fürsten gewidmet.

A. a. O.

Marmorcopie einer antiken Statue.

Die in der Dresdner Sammlung befindliche V e s t a l i n.

Verz. d. K.-Ausst. 1808 S. 56.

Modell zum Standbilde Martin Luthers.

In Gips, halblebensgross. — Ein Abguss, bronze-gefärbt, steht in Monbijou; ein ebenfalls bronzierter in der Dorotheenstädtischen Kirche in Berlin.

Verz. d. K.-Ausst. 1808 S. 56.

Kolossalbüste Luthers.

Gips.

Verz. a. a. O.

Im Umriss gestochen von Ferd. Berger, mit fünf in der Walhalla befindlichen Büsten zusammen, auf dem oben S. 127 erwähnten Blatte.

Eine Anzahl Entwürfe zu Grabmonumenten,

die theils in Kirchen, theils auch im Freien aufgestellt werden sollten. Im Besitz der Bibliothek der K. Akademie. Darunter der Entwurf eines Denkmals für den Grafen A l v e n s l e b e n (1808), den Grafen v o n B l u m e n t h a l, mit den drei Parzen — in anderer Weise als an dem Monument in der Dorotheenstädtischen Kirche —, die Zeichnung zu einem Relief: der Genius der Wahrheit führt eine Frau (Verstorbene) zur Sonne hin, und drei andere allegorische Gestalten. Ein von dem russischen Gesandten in Paris, Fürsten Kurakin, bestelltes Monument zum Andenken eines seiner Diener erhielt in russischer, lateinischer und französischer Sprache von ihm abgefasste Inschriften.

K. u. K. v. Sch. S. 103. Dobbert Taf. XIII. u. XXXIII.

Vier Reliefs in dem 1830 abgebrannten Schlosse zu Braunschweig. 1809.

In Gips. Sie schmückten den für den damaligen König von Westfalen, nach Angabe des Architekten L. Catel, eingerichteten Thronsaal.

1. Ein auf seinem von Beamten und Militärs umgebenen Thron sitzender Fürst empfängt einen aus Mannern der Wissenschaft und Künste gebildeten Zug, in welchem man den Theologen, den Rechtsgelehrten, den Mediziner, den Bildhauer, Maler, Architekten, den Musiker, Dichter, den Naturforscher, Geometer und den Astronomen erkennt.

2. Der Zug der verschiedenen Gewerke zieht an dem auf einer Tribüne von seinem Hofstaat umgebenen Fürsten mit deren Wahrzeichen vorüber, als: der Schmied, Zimmermann, Töpfer, Schlosser und Maurer. der Weber, der Erzgiesser, ein Fahnenschwenker, ein Windebauer, der Drechsler, Uhrmacher und Kupferschmied, ein Schiffer, der Kaufmann und der Buchdrucker.

3. Das durch Militärs aller Truppengattungen vertretene Heer umgiebt den vor seinem Pferde stehenden Fürsten. Dabei Artilleristen, Fahnenträger und Trompeter.

4. Dem von Rathen und Wachen umringten Fürsten wird von den Ständen des Landes gehuldigt: es nahen sich Bürgermeister und Gemeindevertreter, der Gutsbesitzer. der Schnitter, der Bauer mit dem Spaten. der Hirt, der Fischer und der Jäger.

Die Zeichnungen zu den vier mit dem Brande des Schlosses untergegangenen Reliefs besitzt die Bibliothek der K. Akademie. Eine mit Gold erhöhte Zeichnung von dem Relief 2 hat Schadow (1828) zu dem Albrecht Dürer-Album in Nürnberg gegeben; ein Teil des Reliefs 4 ist von ihm auch auf Stein gezeichnet. Ein Stich des Zugs der Gewerke, das zweite Relief, ist im Bilderheft Blatt XIV. G. Lüderitz dir. A. Heinze sc.

K. u. K. v. Sch. S. 105—108.

Monument für die Sängerin Schick auf dem alten katholischen Kirchhof vor dem Oranienburgerthor bei Berlin.

Grosse Urne von schlesischem Marmor auf mit Inschrifttafeln von weissem Marmor versehenem Postament; von Hrn. v. S., der das Denkmal ursprünglich für seine verstorbene Gattin bestellt hatte, der berühmten Sängerin gewidmet.

K. u. K. v. Sch. S. 105.

Kleines Marmordenkmal in der abgetragenen Werderschen Kirche.

Es war von dem Bäckermeister Schettler an einer Wand in der Kirche errichtet.

K. u. K. v. Sch. S. 104.

Marmoraltar auf der Luiseninsel im Thiergarten.

Mit einer Patera darauf. Dies Denkmal setzten auf Anregung des Philologen Fr. Aug. Wolf die Eigentümer der Häuserreihe im Thiergarten zur Kundgebung ihrer Freude über die Rückkehr des Königspaares nach Berlin.

K. u. K. v. Sch. S. 102.

Die Huldigung der Künste. 1810.

Reliefs im Schlosse zu Cassel.

G. Schadow, Aufs. u. Br. 2. Aufl.   9

1810. Marmorbüste Friedrichs des Grossen mit dem Lorbeer gekrönt.

Für den Prinzen Wilhelm von Preussen, Bruder des Königs, dann im Besitz
S. K. H. des Prinzen Adalbert von Preussen.

K. u. K. v. Sch. S. 110.

1811. Die Apotheose der Königin Luise.

Relief in gebranntem Thon, 5½ Fuss hoch und 4¼ Fuss breit. Nach der vom
ersten Besteller, Steuerverwalter Pilegard in Frankfurt a. d. O. angegebenen
Idee angeordnet und modelliert, kam das Relief bei des Bestellers desolaten Ver-
mögensumständen in königlichen Besitz und wurde in der Kirche zu Paretz aufgestellt. Man sieht unten den Todesengel seine Fackel zur Erde senken und liest
auf dem Flächenrund die Worte:

Hohen Zieritz
den 19 Juli 1810
vertauschte Sie die irdische Krone
mit der himmlischen
umgeben von Hoffnung Liebe Glaube
und Treue
und in tiefer Trauer versanken
Brennus und Borussia.

Links davon die in ihrem Waffenschmuck sitzende Borussia, welche der Macht
des Todesstosses Einhalt zu thun vergeblich bemüht ist, rechts als Ahnherr und
Haupt des Brandenburgischen Hauses Brennus, der die in Trauer gesenkte Stirn
auf die Rechte stützt. Höher hinauf erblickt man zum Sternenkreis emporschwebend
die Königin mit auf der Brust übereinander geschlagenen Händen. In allegori-
scher Gestalt umgeben sie rechts der Glaube und die Treue, links die Liebe und
die Hoffnung, jede an ihren Attributen leicht kenntlich. Auf den oben zu beiden
Seiten sichtbaren Wolken begrüssen kleine Engel die Verklärte. — In Thon gebrannt wurde das Relief von Feilner und die Oberfläche poliert. Eine die erhabene
Arbeit täuschend nachahmende Sepiazeichnung von Prof. Buchhorn war im Palais
Friedrich Wilhelms III. aufgestellt. — Den mit der Feder gezeichneten Umriss, bei
welchem der von Schinkel dazu entworfene Rahmen mit angegeben ist, besitzt die
Bibliothek der K. Akademie. — Stich in fol. im Bilderheft Blatt XX. L. Buch-
horn dir. Th. Jättnig sc. - Dobbert Taf IV. V.

Verz. d. K.-Ausst. 1812 S. 28. - K. u. K. v. Sch. S. 113. 116. 121.

Marmorbüste der Königin Luise.

Von dem General Rapp bestellt.

K. u. K. v. Sch. S. 115.

Büste des Fürsten Michael Radzivill.

In Thon, und durch das Brennen etwas kleiner als Lebensgrösse geworden.

K. u. K. v. Sch. S. 113.

Marmordenkmal des Hrn. Röstel in Grüneberg.

Von dessen Wittwe bestellt zur Aufrichtung unter einem kleinen dem Andenken ihres Gatten gewidmeten runden Tempel in ihrem Garten.

K. u. K. v. Sch. S. 116.

Der Sündenfall und das verlorene Paradies. 1812.

Bunt bemaltes Relief nach einer Zeichnung von Schinkel. Auf der Seite zur Linken des Baumes der Erkenntniss sieht man Eva dem Adam die verbotene Frucht darreichen, auf der andern Seite den über dem Baume schwebenden Engel mit flammendem Schwert das erste Menschenpaar aus dem Paradies vertreiben, das Ganze von einer reichen Arabeske eingefasst. Die Figuren bemalte Hr. Rector Weitsch und wurde neben den lebhaften Farben auch stellenweise Vergoldung angewendet.
Verz. d. K.-Ausst. 1812 S. 30. — K. u. K. v. Sch. S. 121.

Büste des General-Chirurgus Görcke.

In Gips.
K. u. K. v. Sch. S. 120.

Büste des Arztes Dr. Hufeland.

Ebenfalls.
A. a. O.

Büste eines Unbekannten.

In Gips. Mit den beiden vorigen zusammen 1812 ausgestellt.
Verz. d. K.-Ausst. v. 1812 S. 30.

Büste des Prinzen Ferdinand, Bruders Friedrichs des Zweiten. 1813.

In Gips.
Verz. d. K.-Ausst. 1813 Nr. 353. — K. u. K. v. Sch. S. 125.

Büste des Fräulein Calve.

Kammerjungfer der Gräfin Brandenburg. In Gips.
K. u. K. v. Sch. S. 125.

Kleine Büste Johann Gottlieb Fichtes. 1814.

Nach dessen am 28. Januar 1814 erfolgtem Tode modellirt; sie ist nur wenige-male in Thon ausgedrückt und gebrannt worden und daher überaus selten.
K. u. K. v. Sch. S. 155.

Marmorbüste des Professor Gäde in Göttingen.

Sie wurde nach der Totenmaske gemacht und war von seinen ehemaligen Zuhörern bestellt worden.
K. u. K. v. Sch. S. 121, f. 134.

Büste des Kapellmeisters Righini.

Für die Prinzessin von Oranien gemacht und kam nach dem Haag.
K. u. K. v. Sch. S. 134.

Marmorbüste Friedrich Wilhelms des Dritten.

Lebensgross mit unbedecktem Hals und Nacken. Der König sass zu dem Brustbild im Monat April 1814.
Verz. d. K.-Ausst. 1814 Nr. 222. K. u. K. v. Sch. S. 135. 136.

Auf Bestellung des Grafen Schwerin und anderer wurde die Büste im selben Jahre noch mehrmals in Marmor wiederholt; auch einmal für Danzig.

Kolossalbüste Friedrich Wilhelm des Dritten in Marmor.

Im Schloss Monbijou ist ein Abguss.
Verz. d. K.-Ausst. 1814 Nr. 223.

1814. Kolossale Marmorbüste Friedrich Wilhelms III. mit dem Lorbeerkranz.

Für Herrn de la Rivallière und dessen auf seinem Gut Frauenburg angelegte vaterländische Galerie durch Hrn. Fontane bestellt.

K. u. K. v. Sch. S. 131.

In wessen Besitz die Büste bei der 1824 zu Frankfurt a. d. O. stattgehabten Versteigerung dieser Sammlung übergegangen, ist nicht bekannt.

Zeichnung zu einer Statue des Königs,

welche in Eisen gegossen den Platz vor der alten Börse zieren sollte. Sie wurde von Hrn. Banquier Bendemann d. Aelt. im Namen der Kaufmannschaft von Berlin bestellt.

K. u. K. v. Sch. S. 131.

Entwurf zu einer Ehrensäule auf den Platz am Hallischen Thore berechnet.

Verz. d. K.-Ausst. 1814 S. 33.

Lebensgrosse Modellfigur der geflügelten Siegesgöttin,

von welcher zehn Abdrücke in Steinpappe beim feierlichen Wiedereinzug des Königs und der Garden in Berlin am 7. August 1814 auf dem Platz am Brandenburger Thor erhöht und durch Guirlanden verbunden aufgestellt waren.

Kolossalfiguren der geflügelten Victoria.

Sie dienten zur Bekrönung der Siegessäulen, welche bei derselben festlichen Gelegenheit an der Opernbrücke errichtet worden waren.

K. u. K. v. Sch. S. 134. 135.

Kolossale Marmorbüste des Staatskanzlers Fürsten Hardenberg.

Für die von Hrn. de la Rivallière in Frauenburg errichtete vaterländische Kunstsammlung. Abgüsse dieser lebensvollen Büste sind nicht bekannt. Das Original befand sich im Besitz der Frau Stadtgerichtsräthin Naumann in Berlin. Hals und Nacken der Büste sind unbedeckt; sie ist nicht zu verwechseln mit dem von C. Wichmann gearbeiteten Brustbild des Fürsten, welches in einer Nische am Eingange der Dorotheenstädtischen Kirche aufgestellt ist.

K. u. K. v. Sch. S. 121. 136.

1815. Kolossale Marmorbüste des Prinzen Wilhelm, Bruders des Königs.

Sie ist mit der von einer Draperie bedeckten Brust 30 Zoll hoch. Ebenfalls auf Bestellung des Hrn. de la Rivallière für dessen patriotische Sammlung gearbeitet.

Verz. d. K.-Ausst. 1816 S. 38. K. u. K. S. 141.

Die Büste wurde mit der vorgenannten 1834 von Hrn. Stadtgerichtsrath Naumann erworben, dessen Wittwe sie im Jahr 1876 noch besass.

Marmorbüste des Prinzen August Wilhelm, ältesten Bruders Friedrichs des Grossen.

Für die Frau Erbstatthalterin von Holland nach der von derselben aufbewahrten Wachsmaske ihres hochseligen Hrn. Vaters gearbeitet. Im Haag befindlich.

K. u. K. v. Sch. S. 131. 139.

Büste der ehemaligen Oberhofmeisterin der Königin. Gräfin Voss. 1815.

In Gips. Nach ihrem Tode modelliert. Im Schloss Monbijou.
K. u. K. v. Sch. S. 138. 139.

Bildsäule der Victoria.

Darüber heisst es in den Kunstwerken und K.-A. S. 139: »Zeug-Hauptmann
»Sasse kam, um den dritten Coloss, eine Siegesgöttin, nach dem Zeughause zu
»schaffen, wo diese Figur viele Jahre in einer Nische aufgestellt war und nur geringe
»Dauer versprach, indem die Bestandtheile eine eiserne Stange waren, ausserdem
»Gips, Holz, Steinpappe und in Gips getauchte Leinwand«.

Eine Gruppe auf den Sieg von Belle-Alliance.

Eine Angabe, die auf der Angabe K. u. K. v. Sch. S. 141 beruht: »Herr
Feilner wünschte eine modellierte Gruppe in Bezug auf den Sieg bei Belle-Alliance«.

Phantasiekopf in Marmor.

Verz. d. K.-Ausst. 1816 S. 58.

Studie zu Haendels Büste.

Gesichtsmaske zu dem von Rudolph Schadow für die Walhalla ausgeführten
Brustbild des Componisten.
K. u. K. S. 140.

Büste eines Kindes.

Des verstorbenen Töchterchens des russischen Gesandten Baron von Alopäus.
K. u. K. v. Sch. S. 141.

Denkmal in Sandstein für Herrn Lobeck.

Ebenda angeführt.

Marmordenkmal der Frau Lehr auf dem Kirchhofe zu Lützow
bei Charlottenburg.

Von deren Vater, Herrn Caspari, errichtet.
A. a. O. S. 140.

Fünf Reliefs in Gips.

1. Bogenschütz, schiessend, nackt, linkshin, ohne Bogen, bez. 25. Febr. 1815.
2. Desgl. linkshin mit Bogen. 1. u. 2. hoch 0,70 m; 3.—5 weiblicher Akt, stehend,
den Arm auf Pfeiler oder Baum gestützt, von vorn, von hinten, linkshin; 3—5 hoch
0,60 m; 2-5 nicht bezeichnet, aber ungefähr gleichzeitig.
Im Eingangsflur des Schadowhauses noch befindlich, auch bei Frau E. S.

Schaumünze auf Goethe.   1816.

In Wachs modelliert und in Bronze gegossen, 3½ Zoll im Durchschnitt. JO-
HANN WOLFGANG DE GOETHE AETATIS SUAE LXVI ANNO. Der rechtshin
gewendete Kopf. — Kehrseite: ΛΗ Ω ΦΙΛΩΝ ΜΟΙ ΗΕΛΙΣΟΝ (so) ΗΤΕΡΩΝ.
Der auffliegende Pegasus linkshin.
K. u. K. v. Sch. S. 150 u. f.

Unter der kleinen Anzahl modellierter und gegossener Schaumünzen, welche in neuerer Zeit verfertigt worden, ist diese die geistvollste und gelungenste. Sie ist sehr selten.

1816. ### Ueber die Natur geformte Büste Goethes.

In Gips. Einen Metallabguss dieser dem Leben entnommenen Maske besass Hr. Prof. Hildebrand in Düsseldorf; später ist sie verkauft worden.

K. u. K. v. Sch. S. 151.

Marmorbüste Goethes.

Lebensgross, Hals und Brust bekleidet, und mit dem Stern des Falken-Ordens auf dem Rock. In der K. Nationalgalerie in Berlin. — Diese treue Büste war früher wenig bekannt, da Abgüsse derselben fehlten.

K. u. K. v. Sch. S. 151.

Bronzefigur Friedrichs des Grossen mit zwei Windspielen.

Halbe Lebensgrösse. Der König ist in Uniform mit Ordensband und Schärpe, den gallonierten Hut auf dem Kopf und mit dem Stock in der Hand dargestellt, wie er auf der Terrasse von Sanssouci spazieren geht. Bei der Modellierung hatte der Künstler eine in Vollständigkeit erhaltene Uniform des Königs vor Augen. Die Bronzegruppe befand sich in Sanssouci, sie steht jetzt im Palais der Kaiserin Augusta; ein Gipsabguss derselben in den Wohnzimmern Kaiser Wilhelms I. Das königl. Kunstgewerbemuseum besitzt eine in Elfenbein geschnitzte kleine Nachbildung. — Das Bilderheft giebt auf Blatt XXV drei Ansichten dieser Statue.

Skizzen zum Blücherstandbild in Rostock und Zeichnungen zu den Reliefs am Postament desselben.

Die erste bereits 1815 gemachte Wachsskizze zerbrach bei der Uebersendung an Goethe. Die zweite, ebenfalls in Wachs und nach der Idee des Dichters gemachte, 10 Zoll hoch, befindet sich jetzt in der K. Nationalgalerie in Berlin. — Die Zeichnungen zu den beiden Reliefs des Fussgestells wurden nach Goethes Angabe sowohl entworfen als auch nach dessen Wunsch vom Künstler wiederholt geändert.

K. u. K. v. Sch. S. 141. 150. 159.

Entwurf zu dem Blücherstandbild in Breslau.

Bei der Schadow nicht übertragenen Ausführung des Denkmals wurde die Stellung des Helden beibehalten, die S. in seiner mit dem Kostenanschlag eingesandten Zeichnung angegeben hatte.

K. u. K. v. Sch. S. 154. 162.

Grosses Modell eines ruhenden Löwen.

Für die königliche Eisengiesserei bestimmt, von welcher viele Exemplare nach demselben gegossen wurden.

K. u. K. v. Sch. S. 151.

Marmorrelief mit den Wappen der drei verbündeten Monarchen in der Garnisonkirche zu Potsdam.

K. u. K. v. Sch. S. 158.

Denkmal des Baron von Stourdza. 1816.

Aus Sandstein. Auf dem ein Vasengefäss umschliessenden, mit Inschriften und Emblemen versehenen Bogen steht ein Crucifix.

K. u. K. v. Sch. S. 153.

Das Crucifix war 1816 in bronziertem Gips auf der Ausstellung zu sehen.

Verz. d. K.-Ausst. S. 38.

Das Monument lehnte früher an der Umfassungsmauer des Kirchhofs in der Mittelstrasse, jetzt ist es — da nunmehr ein Gitter an die Stelle gekommen — vor der Dorotheenstädtischen Kirche frei aufgestellt.

1817. Büste des Generals Grafen von Nostiz.

In Gips.

K. u. K. v. Sch. S. 159.

Büste Melanchthons.

Als Gegenstück zu dem Brustbilde Luthers modelliert, wurden beide in Metall gegossen.

K. u. K. v. Sch. S. 160. 164.

Friedrich Wilhelm III. liess Schadow für die beiden Bronzebüsten 1000 Thaler zahlen und schenkte sie der Mansfelder litterarischen Gesellschaft in Eisleben, welche das Lutherdenkmal angeregt und für dasselbe gesammelt hatte.

Büste des evangelischen Bischofs Dr. Sack.

Von dieser Büste ist auch ein Metallabguss gemacht worden.

K. u. K. v. Sch. S. 164.

Zehn verschiedene Siegesgöttinnen am Fries der Königswache neben dem Zeughaus.

Erhabene Arbeit, nach Schinkels Zeichnungen modelliert und nach Schadows Modellen in Zink gegossen. Diese Abgüsse sind am Fries des Wachthauses befestigt.

K. u. K. v. Sch. S. 162.

Amtsmedaille des Rector Magnificus der K. Universität zu Berlin.

In Gold gegossen, 2½ Zoll im Durchmesser. FRIDERICVS GVILELMVS III. PORVSSIAE. REX. VNIV. LIT. STATOR. Brustbild des Königs. RS. Dem Brustbilde entsprechend das Datum: D. XVI. AUG. MDCCCIX. Umschrift: VNIVERSI-TATE. LITTERARUM BEROLINENSI. CONDITA. — Das Insigne hängt an schwerer goldener Kette. — Das Brustbild ist auf das Siegel des Rectors übergegangen, im Durchmesser um ein Drittel verkleinert.

K. u. K. v. Sch. S. 161. In dasselbe Jahr gehören noch folgende Arbeiten.

a) Eiserner Löwe am Denkmal für Kutusow.

b) Decorierter Leichenstein.

c) Ein Chinese.

Vgl. Dobbert Taf. XXX.

1818. **Kolossales Brustbild Dr. Martin Luthers.**

Gips.

Verz. d. K.-Ausst. 1818 S. 31.

Wohl die bereits als im Jahr 1803 ausgestellt oben S. 123 angeführte Büste.

Vier kleine liegende Flussgötter.

Zu einem prachtvollen Tafelaufsatz, welchen Friedrich Wilhelm III. zum Geschenk für den Herzog von Wellington von der königlichen Porzellanmanufactur hat anfertigen lassen. Die 8½ Zoll langen Figuren sind an den Plinthen als K a i t n a , E b r o , D u e r o , S a m b r e bezeichnet. Der Kopf der indischen Flussgöttin ist mit einer Elephantenhaut bedeckt.

K. u. K. v. Sch. S. 167 f.

Monument für den Grafen Schwerin.

K. u. K. v. Sch. S. 168.

Denkmal des Grosskanzlers von Goldbeck.

Aus Sandstein. Es wurde von seinem Sohn, dem Präsidenten, dem Andenken des Vaters gewidmet.

K. u. K. v. Sch. S. 168.

1819. **Marmorbüste des Stadtgerichtsdirectors Gerresheim.**

Demselben „für fünfzigjährige Diensttreue von der Stadt Berlin errichtet" im Sitzungssaal des früheren königl. Vormundschaftsgerichts.

K. u. K. v. Sch. S. 174. Jetzt im Sitzungssaal der Civilkammer 5 und 6 des Landgerichts I, Jüdenstrasse 59 I, Zimmer 53.

Monument des Grafen und der Gräfin von Blankensee.

Marmorsarkophag mit einem Relief, auf dem man eine trauernd sitzende weibliche Gestalt und einen nach oben weisenden Genius sieht. Dem Gedächtniss der Eltern errichtet von den Söhnen auf ihrem Gut bei Filehne.

K. u. K. v. Sch. S. 168, 226.

Das Blücherstandbild in Rostock.

Bronzebildsäule 9 Fuss hoch auf granitnem Piedestal mit eingefügten Bronzereliefs. Von den mecklenburgischen Ständen dem Helden in seiner Vaterstadt errichtet. Nach Angabe G o e t h e s , dem die Stände die Anordnung des Denkmals übertragen hatten, von Schadow ausgeführt. Der M a r s c h a l l V o r w ä r t s , mit dem linken Fuss vorschreitend, in der rechten Hand den Feldherrnstab, die andere am Sabelgriff, steht unbedeckten Haupts da in heroisch-dichterischem Kostüm. Leibrock und Mantel umgiebt eine Löwenhaut, die mit dem Rachen auf seiner Brust befestigt ist. Ueber des Helden Bekleidung wird in K. u. K. v. Sch. S. 177 fl. folgendes beigebracht: „Nach der Neigung und Vorliebe desselben hätte man ihn „in der Husaren-Uniform abbilden können. Da aber zu erwägen war, dass unser „Held — Feldherr — ist, in der ganzen Ausdehnung des Worts, alle Abtheilungen „der Krieger, ja zuweilen fremde Kriegsvölker befehligend, so musste man von der „Idee, eine einzelne Art von Uniform anzubringen, abstehen. Wollte man ihn „ferner (wie geschehen ist) gleich dem Hercules der alten Fabel als Bändiger und „Ueberwinder der Ungeheuer zeigen, so war es natürlich, dass man eine heroisch-„dichterische Bekleidung vorzog, der Würde solcher Denkmale angemessen".

Die Seitenreliefs des Postaments stellen nach der Angabe Goethes den Helden in seiner grössten Bedrängniss, andrerseits in seinem grössten Kriegsruhm dar, halb historisch, halb allegorisch. — Ligny den 16 Juni 1815. Blücher bei seinem getödteten Pferd zu Boden gesunken und in höchster Gefahr, von den seine Schaaren verfolgenden französischen Kürassieren erkannt und gefangen zu werden, wird von einem geflügelten Jüngling — hinter dem scharrend ein Ross steht — mit Schwert und Schild bewacht, Germaniens Schutzgeist. — Belle-Alliance den 18. Juni 1815. Blücher mit gezogenem Schwert wieder zu Pferde sitzend, jagt die Dämonen des Bösen in den Abgrund. Victoria reicht ihren Kranz dem Helden, der Genius Preussens dem Englands die Rechte zum Bunde. — An der Vorderseite des Postaments: Blüchers Wappen. Darunter: Dem Fürsten Blücher von Wahlstatt die Seinen. — Auf der Rückseite:

In Harren und Krieg
In Sturz und Sieg
Bewusst und gross
So riss er uns
Von Feinden los.

Goethe hatte, um mit Schadow die Ausführung des Denkmals zu verabreden, den Künstler zu sich nach Weimar eingeladen. Die Skizzen zu dem Standbild sind oben S. 134 erwähnt worden. Von dem 3 Fuss hohen Hülfsmodell war ein Gipsabguss im Schadowhause. Die Kolossalstatue wurde 1818 modelliert und zu dem Kopf die Studienbüste Blüchers benutzt, welche Rauch auf Schadows Vermittlung gemacht hatte. Von Lequine im August 1818 gegossen und von Coué ciseliert, waren Bildsäule und die beiden Reliefs des Postaments 1819 in Schadows Werkstatt einige Zeit zu öffentlicher Ansicht ausgestellt. In Rostock errichtet wurde das Denkmal am 26. August 1819. — Medaille von Jachtmann, 2 Zoll im Durchmesser. VS. die Bildsäule mit dem Fussgestell, rechtshin; Umschrift: Denkmal des Fürsten Blücher von Wahlstatt. Unten Jachtmann f. KS. Errichtet in seiner Vaterstadt Rostock von Mecklenburgs Fürsten und Volk. D. 26 August 1819.

Ausführliches in Schadows Schrift: Über das Denkmal des Fürsten Blücher von Wahlstatt. 18 S. in 4°. Kunst und Altertum von Goethe I 3, 103; II 1, 172. II 2, 64 ff. von Raumers hist. Taschenbuch 4. Folge 3. Jahrg; Verz. d. K.-Ausst. 1818 S. 33. K. u. K. v. Sch. S. 139—155, 174—181.

Im Bilderheft Blatt XXI der Stich des ganzen Monuments. L. Buchhorn dir. Th. Jattnig sc. — Metallogr. Druck der Statue allein: Vorderansicht und Seitenansicht linkshin. Neu. — Blatt XXII die Stiche der beiden Reliefs des Postaments: Ligny C. Becker sc. Belle-Alliance. A. Becker sc.

Zu erwähnen ist noch ein Stockknopf in Bronze, Blücher in der Feldmütze, kl. Büste.

Bronzebüste Friedrichs des Grossen. 1820.

Verz. d. K.-Ausst. S. 32.

Portraitfigürchen des Prinzen Georg von Cumberland, nachmaligen Königs Georg V. von Hannover.

In Gips.

K. u. K. v. Sch. S. 193.

Statuette des Herzogs von Cumberland, nachmaligen Königs Ernst August von Hannover.

In Gips.

A. a. O.

Kolossalbüste Haendels.

In Gips. Für den Concertsaal des königl. Schauspielhauses bestimmt und daselbst aufgestellt.

— 138 —

1820.　　　**Kolossalbüste des Kapellmeisters Fasch.**

In Gips. Ebenfalls im Concertsaal des königl. Schauspielhauses aufgestellt.
K. u. K. v. Sch. S. 154.

Das Modell eines Christus.

In Gips; in Holz ausgeführt für die Stadt Barth in Pommern.
Oben S. 93. Verz. d. K.-Ausst. 1820 S. 33.

Modell Franks, des sogenannten nordischen Hercules.

In Gips.
A. a. O.

Mehrere Brustbilder,

unter Einer Nummer ausgestellt, in Gips.

Verz. d. K.-Ausst. v. 1820 Nr. 226. Dazu gehören wohl die lebensgrossen Büsten von vortrefflicher Arbeit eines kaum dreijährig verstorbenen Sohnes Bernhard des Geh. Bergrates Karsten, deren einzig bekannter Gipsabguss sich im Besitz der Frau Sanitätsrat Rosenstiel in Berlin befindet, so wie die Büsten der zwei früh verstorbenen Söhne G. Schadows aus zweiter Ehe, Richard und Julius, im Besitz von Frau E. S. in Berlin.

1821.　　**Das Lutherdenkmal auf dem Marktplatze in Wittenberg.**

Nach der 1817 bei der dritten Säkularfeier der Reformation stattgefundenen Grundsteinlegung errichtet am 31sten Oktober 1821. Luthers überlebensgrosses Erzstandbild steht auf einem grossen Fussgestell von Granit unter einem von dünnen Säulen getragenen gothischen Baldachin. Er weist mit der Rechten auf die Heilige Schrift, welche er aufgeschlagen in der Hand hält und auf deren einer Seite die Worte stehn: denn dich lobet Alles ewiglich. Amen. Der Bücher des alten Testamentes Ende, auf der andern Seite: Das Neue Testament verdeutscht von Dr. Martin Luther. Der Reformator ist im faltenreichen Talar mit weiten Aermeln dargestellt. Höhe der Statue 9 Fuss. — Das auf drei Stufen ruhende Fussgestell von poliertem Granit erhielt statt der von Schadow beabsichtigten Reliefs (siehe „Luther schlägt die Thesen an" S. 126) auf bronzenen Tafeln Inschriften. An der Vorderseite:

Glaubet an das Evangelium. Marc. I v. 15.

an der linken Seitenwand:

Ist's Gottes Werk, so wird's besteh'n
Ist's Menschen-Werk, wird's untergeh'n.

an der rechten Seitenwand:

Eine feste Burg ist unser Gott.

an der Rückseite:

Von dem Mansfeldischen Verein für Luther's Denkmal durch gesammelte Beiträge begründet und durch König Friedrich Wilhelm III. errichtet.

Der von vier Säulen getragene Baldachin von durchbrochener Arbeit ist nach Schinkels Zeichnung von der königlichen Eisengiesserei ausgeführt. Das ganze Monument ist 28½ Fuss hoch.

Aufgefordert von der Mansfelder litterarischen Gesellschaft in Eisleben, welche seit 1804 auf Mittel sann, dem Reformator ein würdiges Denkmal zu schaffen, hatte Schadow 1806 mit grösstem Eifer die nöthigen Vorarbeiten gemacht, als der Ausbruch des Krieges das Werk unterbrach. An die weitere Ausführung konnte erst nach vollen zehn Jahren wieder gedacht werden, in welcher Zeit die von der genannten Gesellschaft zusammengebrachten Beiträge auf 33 450 Thaler angewachsen waren. Als Friedrich Wilhelm III. seinen hohen Schutz dem Unternehmen fördernd zuwandte, wurde diese Summe dem Kultusministerium überhändigt. Der König legte 1817 den Grundstein zum Denkmal, die kolossale Bildsäule Luthers wurde 1818 von Schadow modelliert, die Statue 1819 von Lequine in der Königl. Giesserei am Zeughaus in Erz gegossen und von Coué ciseliert. Vor Abgang des Standbilds nach Wittenberg war dasselbe im März 1821 in Berlin ausgestellt [1]. Die feierliche Enthüllung des Monuments geschah in Anwesenheit Königs Friedrich Wilhelm III., der königlichen Prinzen, der obersten geistlichen Behörden und der Deputationen der Universitäten am Reformationsfest des Jahres 1821.

Wittenbergs Denkmäler der Bildnerei, Baukunst und Malerei mit historischen und artistischen Erläuterungen, herausgegeben von J. G. Schadow. Wittenberg 1825. — G. Sch. biogr. Skz. S. 7. Westermeiers Beschreibung der Einweihungsfeier des Lutherdenkmals. — K. u. K. v. Sch. S. 79, 83, 136, 186—193.

Schadows Skizze zu Luthers Statue ist unter 1806, und sein Hilfsmodell unter 1808 bereits erwähnt.

Eine kleine Bronzenachbildung des Denkmals hatte König Friedrich Wilhelm III. in seinem Palais aufstellen lassen. — Eine andere ohne den Baldachin besitzt die Wittwe von Gottfried Schadow, des Meisters Enkel, eine dritte ohne das Postament Dir. E. Bendemann in Düsseldorf.

Auch von der Königl. Eisengiesserei sind kleine Nachbildungen gemacht worden.

Stiche des Denkmals:

1) Von Buchhorn und seinen Eleven 1821; h. 21 Zoll, br. 15 Zoll. Sehr ausgeführt. **Denkmal Dr. Martin Luther's zu Wittenberg, eingeweiht den 31. Oktober 1821. Kirchhof del. Professor Buchhorn direxit.**
2) Von Ferdinand Berger. Eine kleinere Ansicht.
3) Von Eichens und Krever. Das Denkmal von der Seite gesehen. Radierter Umriss gr. 4⁰. Tafel O in Wittenbergs Denkmälern.
4) Von Jattnig. Das Denkmal ziemlich von vorn gesehen. Fol. L. Buchhorn dir. Th. Jattnig. sc. Im Bilderheft Blatt XXIII.
5) Von Schultheiss. Hauptansicht in 4⁰. Luther. Wittenberg. B. Schwarz photogr. A. Schultheiss sculpt. In der Deutschen Ehrenhalle, herausg. v. Buchner. Darmstadt.

Abbildungen der Lutherstatue allein:

1) Lithogr. v. Schadow. gr. 4⁰. Vorderansicht. 1817 fe. G. Schado.
2) Lithogr. v. Schadow. gr. 4⁰. Vorderansicht. Biblia die Heilige Schrift. In Wittenbergs Denkmälern.
3) Lithogr. v. Schadow. Querfol. Vorderansicht und zwei Seitenansichten. Statue en Bronze de M. Luther à Wittenberg. — G. Schadow fecit. In Wittenbergs Denkmälern.
4) Stich von Berger. gr. 4⁰. Vorderansicht. Ferd. Berger sculp. — In Wittenbergs Denkmälern Taf. P.
5) Metallographischer Druck von Neu. Vorderansicht und zwei Seitenansichten. Neu del. Im Bilderheft Blatt XXIV. Querfolio.

Marmorbüste Luthers.   1822.

Früher im Schadowhause, jetzt bei Dir. E. Bendemann in Düsseldorf aufgestellt.

Verz. d. K.-Ausst. 1822 Nr. 319.

---

[1] Zum Besten der kranken Kinder des grossen Berliner Waisenhauses. Für diese kamen, ebenso wie früher bei Ausstellung des Blücherstandbildes in Schadows Werkstatt, wiederum nahe an 600 Thlr. ein.

1822. **Marmorbüste des Astronomen Bode.**

Sie steht auf der Berliner Sternwarte. Den Gipsabguss besitzt des Astronomen Enkel, der K. Bibliothekar Hr. Dr. Schrader.

A. a. O. Nr. 318. — K. u. K. v. Sch. S. 200.

1823. **Marmorbüste des Bürgermeisters von Lübeck, Dr. Tessdorf.**

Für Lübeck bestellt.

K. u. K. v. Sch. S. 205. 208.

Entwurf zu einer für den Papst Pius VII. bestimmten Vase.

Diese war von König Friedrich Wilhelm III. bei der königl. Porzellanmanufactur bestellt worden und wurde nach Schadows Angabe mit den als Cameen gemalten zwölf Aposteln nach Peter Vischer geziert. Da indess der Tod des Papstes mit der Vollendung der Vase zusammenfiel, wurde diese in den Wohngemächern des Königs aufgestellt.

K. u. K. v. Sch. S. 200.

1824. **Kolossale Büste Sebastian Bachs.**
In Gips.

Kolossale Büste des Kapellmeisters Graun.
Desgl.

Kolossale Büste des Componisten Naumann.
Desgl.

Kolossale Büste G. E. Lessings.
Desgl.

Diese Büsten wurden im Concertsaal des Königl. Schauspielhauses, die Büste Lessings im Vorsaal bei den Brustbildern Schillers und Goethes aufgestellt.

K. u. K. v. Sch. S. 212.

Denkmal des Kaufmanns Zimmermann in Königsberg.

Es steht auf einem Piedestal mit Inschrift an der Vorderseite und den plastischen Darstellungen der drei christlichen Tugenden, Glaube, Liebe und Hoffnung an den drei anderen Seiten.

K. u. K. v. Sch. S. 211.

Modelle eines Negers und einer Negerin,

zwei Fuss hoch, in Gips. Jede Figur steht für sich, im Schurzkleid und mit einem Zuckerhut in der Hand; der Mann hält zugleich Zuckerrohr in der Rechten. Schadow modellirte diese Figuren 1824 auf Anregung des Bauraths Cantian für den Zuckersiederei-Besitzer Eulner.

Die nach diesen Modellen 1¾ Fuss gross in Eichenholz geschnitzten Mohren standen lange Zeit über dem Eingang der Zuckersiederei in der Prenzlauer Strasse Nr. 30 und stehen jetzt an dem Hause Leipziger Strasse Nr. 18, Ecke der Mauerstrasse. Die Gipsmodelle besass Herr Baurath Cantian, welchem sie Schadow zum Andenken schenkte.

Denkmal der Herzöge Ferdinand und Wilhelm von Braunschweig.

In Eisen, auf einem grossen bepflanzten Oval in Braunschweig (erwähnt in der Reise nach Nenndorf).

Ein ruhendes Mädchen.   1826.

Drei Fuss lang, 15 Zoll breit. Letzte Marmorarbeit von Schadow. In der
K. Nationalgalerie in Berlin.

Verz. d. K.-Ausst. 18 6 S. 61.

Das Modell in gebranntem Thon war 1824 ausgestellt.

Verz. d. K.-Ausst. 1824 S. 37.

Kolossale Büste Emanuel Bachs.   1827.

In Gips.

Kolossale Büste des Componisten Georg Benda.

In Gips. Beide Büsten waren für den Concertsaal des Königl. Schauspielhauses bestellt und sind daselbst aufgestellt.

K. u. K. v. Sch. S. 227.

Büste des Buchhändlers Carl Spener.

In Gips, nach dessen Tode (1828) modelliert.

Im Besitz des Geh. Oberjustizrates Spener in Berlin.

Theseus als Befreier Athens von dem alljährlich dem Minotaurus   1830.
zu bringenden Menschenopfer.

Figurenreiches Relief, bei dem die Motive eines herculanischen Wandgemäldes
benutzt wurden. Dem neben dem erschlagenen Ungeheuer stehenden Helden nahen
sich zu beiden Seiten die durch ihn vom Opfertode befreiten Jünglinge und Jungfrauen, dem Theseus die Hände küssend und seine Knie umschlingend. Die Composition ist über der Thür des langen Ausstellungssaals der K. Akademie in dem
grossen Halbrund grau in grau von Prof. Dähling gemalt, wozu Schadow die
Conture im Grossen auf Leinwand gezeichnet hat. Das ausserdem von ihm dazu
in Thon modellierte Relief, 3 Fuss breit, besitzt ebenfalls die K. Akademie.

K. u. K. v. Sch. S. 215.

Büste des Geh. Oberfinanzrates Rosenstiel.   1832.

des Vaters von Schadows zweiter Frau; in Gips, bez. Schadow 1832 und J. T[rieloff,
der Giesser?. Wahrscheinlich zum Jubiläum des Dargestellten 1830 gemacht.

Nicht erwähnt K. u. K. v. Sch. S. 261. Gipsabgüsse im Besitz von Frau E. S. und
Frau Geh. Justizrätin Beseler in Berlin.

1844.   Die Weinsbergerin, ihren Mann auf dem Rücken tragend.

Kleine von der königlichen Porzellanmanufaktur in Biskuit vervielfältigte
Gruppe. Das Motiv dazu entnahm Schadow der bekannten Erzählung, dass, als
Kaiser Konrad III. nur den Frauen mit ihrem Kostbarsten freien Abzug aus dem
von ihm dem Untergang bestimmten Weinsberg gestattete, sie ihre Männer auf
dem Rücken aus der Stadt trugen.

Auf der Plinthe der ohne diese 14 Zoll hohen Gruppe steht: Es ist Zeit:
Eine will ich frei'n — Sie muss wie Die — aus Weinsberg sein.

K. u. K. v. Sch. S. 359. 360.

Plastische Arbeiten Schadows, deren Entstehungszeit ungewiss ist.

Denkmal der Mutter Schadows.

Die ihrem Gedächtniss gewidmete Urne mit Inschrift und Fussgestell steht vor dem Eingang der Kirche des Dorfes Lichtenberg bei Berlin. Die Mutter ist d. 28. Juli 1797 gestorben.

Büste der ersten Frau in Marmor.

Seit 1882 im Besitz des Generallieutenants R. v. Schadow in Darmstadt. Ein Abguss befindet sich seit Kurzem in der K. Nationalgalerie.

Denkmäler der beiden Frauen Schadows.

Auf dem Dorotheenstädtischen Kirchhof vor dem Oranienburger Thor. Dem Andenken seiner am 9. November 1815 verstorbenen Gattin, geb. Devidels, hat Schadow eine Urne mit Inschrift auf einem Säulenpostament errichtet[1]) und als er am 2. November 1832 seine zweite Frau, geb. Rosenstiel, verloren hatte, ihr nahe dabei ein ähnliches Denkmal gesetzt. Zwischen beiden ruht auch seine Asche, und unweit davon die seines zwei und vierzig Jahr alt am 25. Juni 1861 ihm nachgefolgten jüngsten Sohnes Felix, des Malers.

Friedrich der Grosse.

Relief in Bronze (hoch 0,33 m, breit 0,39 m), auf galloppierendem Pferd, linkshin in Dreiviertelprofil, wohl um die Wende des Jahrhunderts entstanden. Im Besitz von Frau Emma Schadow in Düsseldorf. Ein Gipsabguss im Besitz von Prof. E. Hübner in Berlin; fast unbekanntes vortreffliches Werk.

Amor.

Relief aus carrarischem Marmor, 22 Zoll hoch, 14 Zoll breit. Die geflügelte Jünglingsgestalt steht mit rückwärts geneigtem Kopf an einem Baumstamm, auf den seine Linke mit dem Köcher gelehnt ist, während die rechte Hand den Bogen hält.

Natura.

Kleine Bildsäule von Wachs, mit der Plinthe 9½ Zoll hoch. Nackte weibliche Figur mit einer Mauerkrone; sie legt die Hände an die Brüste. Es giebt von der Statuette Bronze- und Gipsabgüsse, auf ihrem Fussgestell steht: NATURA.

Genius der bildenden Kunst.

Kleine Bildsäule von Wachs, 9 Zoll hoch. Unbekleidete Jünglingsgestalt mit einer Flamme auf dem Kopf; er hält eine Tafel in der Linken und den Griffel in der rechten Hand und hat den einen Fuss auf das Untertheil einer Säule gesetzt.

---

[1]) Auf dem Grabstein auf dem katholischen Kirchhof links dicht vor dem Oranienburger Thor steht folgendes: Piis Manibus Mariae Annae Augustae Weissenau, Pragae d. XVII. Dec. MDCCLVIII. judicis parentibus sub nomine Mattei Devidels natae, baptismatis sacramento in ecclesiam christianam receptae, anno MDCCLXXXV Godofredo Schadow sculptori regio nuptae, deinde matris Rudolphi sculptoris et Wilhelmi pictoris, d. IX. Nov. MDCCCXV Berolini post mediam noctem mortuae; posuit uxori carissimae. Dein Geist ist da droben, Dein Leib ist hier im Grab; O sende Heil von oben und Ruh auf mich herab. Sei, bis ich zu Dir komme in Deine schön're Welt, sei mir, Du gute, fromme, ein Engel, der mich hält.

(J. F.)

Nackte weibliche Figur,

mit erhobenem linken Arm, die rechte Hand in die Seite stemmend. Modell in Wachs, 12 Zoll hoch.

Ein sich an eine Ara lehnender Jüngling.

Kleine Figur in Thon, 12 Zoll hoch.

Halbbekleidete weibliche Figur.

Modell in Thon, 12 Zoll hoch. Sie steht mit der linken Hand den Schleier des Kopfes lüftend und hält mit der rechten ihr Gewand.

Griechischer Held (?).

Modell in Thon, 12 Zoll hoch. Nackte stehende Figur mit in die Seite gestemmter Linken, die Rechte am Griff des Schwertes haltend.

Sitzender Faun, die Syrinx blasend.

Kleines Modell in Thon, 8½ Zoll hoch.

Adam und Eva, Originalgipsmodell.

Ausgestellt in der Jubiläumsausstellung von 1886. Nr. 3492.

Die vorstehenden neun Stücke sind im Besitz der K. Nationalgalerie in Berlin.

————

Büste des Herzogs von Cumberland,
nachmaligen Königs von Hannover.

Lebensgross und in Husarenuniform.

Laut einer Mittheilung des Bildhauers Prof. Wredow hat Schadow eine solche Büste gemacht.

Medaillonbildniss Joh. Gottlieb Fichtes.

In gebranntem Thon, etwas über einen halben Fuss im Durchmesser. Einst im Besitz von dessen Sohn, Professor Hermann Fichte in Tübingen.

Büsten der berühmten Schachspieler Philidor und Stamma.

In Gips. Schadow als langjähriger Vorsteher des Berliner Schachklubs modellierte sie, wie versichert wird, um die Mitte der zwanziger Jahre und schenkte sie der Gesellschaft zur Ausschmückung ihres Lokals.

Minerva.

Statue von Sandstein in einer Nische am Brandenburger Thor zu Berlin. Seitenstück zu der S. 109 beschriebenen Statue des Mars. — Ob, wie versichert wird, Schadow zu dieser Bildsäule die Skizze gemacht hat, bleibt dahingestellt.

Büschings Monument

auf dem Neuen Georgenkirchhof vor dem Landsberger Thor, gleich rechts vom
Eingang an der Mauer. Es befand sich früher an seinem Gartenhause Gollnow-
strasse 30 eingemauert, das abgebrochen wurde, um die Georgenkirchstrasse durch-
zuführen. Der Schüler an diesem Denkmal kann nur vom alten Schadow sein. (J. F.)

Denkmal eines Knaben Fritsche

auf dem Nikolai- und Marienkirchhof, an der langen Mauer rechts vom Eingang,
oben in der Mitte ihrer Länge. Die Mutter neben der Urne, an der das Marmor-
relief des Knaben im Profil. Etwas weiter T h e d e r, das Profilrelief des Mannes.
Beides von G. Schadow? (J. F.)

Gipsrelief, die Sündfluth, bei Fr. E. S., etwa 4 Quadratfuss gross, mehrere
Gruppen. (J. F.)

Nicht von Schadow herrührende Werke.

Das Monument des Herzogs Leopold von Braunschweig in Frankfurt a. O.

Es ist nach einer Zeichnung von Rode ausgeführt, die im Jahr 1787 auf der
Berliner Kunstausstellung zu sehen war.

Verz. d. K.-Ausst. 1787 S. 5.

Marmorkopf eines jugendlichen Fauns.

In halber Lebensgrösse nach dem sog. Eros des Praxiteles in, wie es scheint,
griechischem Marmor höchst sorgfältig ausgeführt; auf der Stirn zwei enganliegende
Bockshörner, die Ohren thierisch.

Wahrscheinlich eine Studie von Rudolf Schadow. Aus G. Schadows Besitz in den
der Frau Sanitätsrat Rosenstiel in Berlin gelangt. Vgl. oben S. 113.

Kleine Büste des Fräulein Schlegel
(nachher Generalin von Paulsdorf).

Von Hagemann; G. S. hat nur die Augenpartie ausgeführt. Im Besitz von Frau E.
S. in Berlin.

Kleine Büste des Fräulein Julie Wolff
(etwa 14jährig).

Von Rudolf Schadow. G. S. hat sie vollendet. Im Besitz der Frau Müller geb.
Wolff zu Frohsdorf bei Leipzig.

Zieten
 is unten S. 112

2. Radierungen.

Radierungen eines Bildhauers gehören gewiss zu den Seltenheiten in der Kunstgeschichte, und nur ein Bildhauer, welcher ein so meisterhafter Zeichner ist wie
Schadow kann die seinem Beruf scheinbar so fern liegende Kunst des Radierens
üben. Schadow selbst legte in späteren Jahren Werth auf seine Radierungen; wenn
er sie auch in den Kunstwerken und Kunstansichten nur beiläufig erwähnte, so
sprach er doch gern in mündlicher Unterhaltung darüber, er freute sich des Antheils,
welchen Jüngere ihnen zuwandten, und mit Vergnügen vernahm er, dass die schönsten
im K. Kupferstichkabinet unter den Musterblättern aller Schulen bleibend ausgestellt worden sind. Und mit vollem Rechte; auch diese Blättchen tragen den
Stempel seines herrlichen Geistes, und darum verdienen sie auch für die Zukunft
die Aufmerksamkeit der Kunstfreunde. Denn Schadow gehört zu den grossen
Männern, welche ihren Zeitgenossen vorangehend ihnen die Richtung anweisen.
Er war der erste deutsche Bildhauer, welcher von dem Schwulst der Allegorien und
der Roccocoformen zur Naturwahrheit zurückkehrte. Konnte er dies nicht immer,
erinnern manche seiner Werke an die vorhergehende Epoche, so lag dies nicht
an seinem Willen noch an seiner Kraft, sondern daran, dass gerade der Bildhauer
bei seinen Werken von Fürsten und ihren Rathgebern — also vom Zeitgeschmack
— abhängig ist[1]).

Allerdings lag die Rückkehr zur Natur in der Zeit; wir finden sie, angeregt
von den Ideen Lessings, auf allen Gebieten des Lebens und der Kunst, namentlich
auch in der die Bildhauerarbeiten so oft bedingenden Baukunst. Aber dass Schadow
in der Sculptur diesen Fortschritt bewirkte, dies sichert ihm für immer seine ruhm-
volle Stelle in der Kunstgeschichte. Begünstigend war es, dass er keinen bedeutenden Meister gehabt hat. Tassaert, wie er ihn selbst schildert, überlieferte ihm
nur eine tüchtige Kunstfertigkeit, seinem Geiste konnte er nicht imponieren. Jung,
einundzwanzigjährig, kam Schadow nach Rom, unbefangen trat er vor die Antiken,
ein naturwüchsiger, energischer genialer Jüngling, dem Kern des Volks entsprossen.
Glühende Begeisterung für seine Kunst und unermüdlicher Fleiss führten ihn in
einem raschen Schritte zur Meisterschaft.

In seiner Jugend, als er die meisten seiner Radierungen verfertigte, scheint er
keinen Werth auf diese Blätter gelegt zu haben, denn nur wenige sind mit seinem
Namen bezeichnet[2]); allein diese wenigen sind in Zeichnung und Radierung so
charakteristisch, dass sie völlig genügen, auch die übrigen sogleich und mit Sicher-

---

[1]) Aus den Andeutungen, welche Schadow in den Kunstwerken und Kunstansichten
S. 4. 6, 8 und 221 giebt, lässt sich klar erkennen, wie alles, was uns jetzt an seinem ersten
grossen Werk, dem Grabmal des Grafen Mark, weniger gefällt, ihm fest vorgeschrieben
war. Ebenso an dem in der Kirche von Paretz aufgestellten Denkmal, Kunstwerke und
Kunstansichten S. 116.
[2]) N. 4, 5, viele von 6—26, 27, 40. 41.

heit als seine Werke erkennen zu lassen. Auch hat sich bei seinen Schülern und Verehrern einige mündliche Ueberlieferung in Betreff dieser Blätter erhalten, namentlich verdankt der Verfasser dieses Verzeichnisses Herrn Kupferstecher Caspar, Bibliothekar der K. Akademie der Künste, mehrere Nachweisungen, für welche er hier seinen Dank ausspricht. Die Bibliothek der Akademie besitzt neben vielen Zeichnungen Schadows auch eine zahlreiche Sammlung seiner Radierungen, welche er selbst dorthin gegeben hat. Andere Blätter befinden sich im K. Kupferstich-kabinet, und manche hat der Verfasser dieses Verzeichnisses aus Schadows Nach-lass erworben. Daher liess sich die Liste, welche Herr Dr. Nagler in dem Artikel Schadow seines vortrefflichen Künstlerlexikons giebt, beträchtlich vermehren. Von den 21 Blättern, welche die Vigano's darstellen, kannte er nur 18, von den übrigen 28 sicheren und 4 unsicheren nur 11. Ausserdem führt er aber 3 Blätter auf, welche hier unbekannt sind. Jedoch macht auch unser Verzeichniss noch keine Ansprüche auf Vollständigkeit. Die in rheinländischen Zollen angegebenen Maasse beziehen sich auf den Plattenrand.

Vorangestellt sind diejenigen Blätter, deren Entstehungszeit sich feststellen lässt. Die frühesten sind von 1783, als Schadow 18 Jahr alt war. Ist Nr. 53 auch von ihm, und ist es gleichzeitig mit dem Ereigniss, worauf es sich wahrscheinlich bezieht, so würde es schon im Jahre 1781 oder 1782 radiert sein. Fast sämmtliche Blätter, deren Zeit sich nicht bestimmen lässt, gehören den Kleidungen der Dar-gestellten nach in das vorige Jahrhundert. Später hat Schadow, wie er bis ins höchste Alter für alles Neue empfänglich blieb, auch vielfach auf Stein gezeichnet, ja selbst den für den Zeichner so unbequemen Zinkdruck vielfach und besonders zu seinen grossen Werken über die Verhältnisse des menschlichen Körpers und über die Nationalphysionomien geübt.

Die Aquatinta-Arbeit mehrerer späteren Blätter Schadows ist von Professor Jügel ausgeführt worden.   **J. F.**

1. Der Friede von 1783.

In der Mitte eines runden Tempels sind um die Bildsäule der sitzenden Friedensgöttin, welche Zweig und Fackel in den Händen hält, fünf Männer versammelt. Ein amerikanischer Wilder, welcher auf einer Stange die Freiheitsmütze hält, sucht an der Fackel der Göttin einen Zügel zu verbrennen, doch ein neben ihm stehender amerikanischer Bürger mit einem Zweig in der Hand und ein Franzose in Uniform scheinen ihn daran hindern zu wollen. Der Spanier in mittelalterlichen Kleidern steht daneben, und ziemlich getrennt von ihnen der Engländer als Matrose gekleidet mit einem Ruder in der Hand. Neben dem Fussgestell der Bildsäule liegen auf einem Waarenhaufen Mercurstab und Lyra, wohl in Beziehung auf die darniederliegenden Handel und Wissenschaft. Unter dem Bilde steht: *La Paix entre l'Angleterre, la France, l'Espagne et l'Amérique, conclue le 20me Janvier 1783* (Höhe 7⅛ Z., Breite 10¾ Z.). Ziemlich ausgeführte aber flüchtige und nicht eben schön gezeichnete Ra-dierung. Schadows Namen trägt sie nicht, aber sie ist nach der Aehnlichkeit mit den fol-genden wirklich von ihm, wie sie sich auch in der Bibliothek der Königl. Akademie unter seinen Radierungen, welche er selbst dorthin gegeben hat, befindet.

2. Die Kaffeesteuer. 1784.

Ein Tisch, welchen zwei Männer, sechs Frauen und zwei Kinder theils stehend, theils sitzend und Kaffee trinkend, umgeben. Einer der Männer liest aus einer Zeitung vor, auf dem Tisch liegt ein grosser Zettel: *Das Loth Caffé fünf Pfennige*, und am Boden ein Zettel mit: *den 1. July 1781* (5½ Z. h., 7½ Z. br.).

„Das Verbot des Kaffees und die Erhebung der Steuer durch Franzosen verdross die Männer und die Frauen" sagt Schadow in seiner Lebensbeschreibung Kunstwerke und Kunstansichten S. XVI.

3. Titelkupfer zu Eusèbe, 1785.

Das Laster als ein Mann mit Thierohren, Dolch und Schlangen in den Händen, sitzt auf dem Thron und stützt sich auf die Erdkugel. Er hält die Tugend an einer Kette gefesselt und setzt ihr den Fuss auf die Schulter. Fortuna, mit der Binde um die Augen, schüttet aus ihrem Füllhorn Gold, Bischofsmütze und Orden dem Laster in den Schooss, während ein Genius, zu Füssen der Tugend sitzend, traurig einen Sack ausschüttet, aus welchem nichts fällt. Neben der Tugend sieht man die Eule der Weisheit, und am Boden liegt die Aegis, von Ratten benagt, und, als die Belohnungen der Tugend, ein Henkerbeil mit Ketten. 8⁰.

Eusèbe ou les beaux profits de la vertu dans le siècle où nous vivons. Amsterdam 1785, 8⁰. Ein Roman von Professor de la Veaux in Berlin, hier bei Spener gedruckt und von de la Garde verlegt. Der Minister Hertzberg wird darin unter dem Namen Marquis de Rustigraphe verspottet, das Buch ward daher confiscirt und ist jetzt selten. Die Bibliothek des Joachimsthalschen Gymnasiums besitzt ein Exemplar, und das Kupfer allein ist in der Sammlung der K. Akademie der Künste. 1790 ward das Buch in Wien in's Deutsche übersetzt, gewiss nur um Hertzberg zu kränken.

Aus dem oben S. 11 abgedruckten Briefe ergiebt sich, dass Schadow dies Blatt gestochen hat.

4. Armide und Rinald, 1785.

Armide sitzt, einen Becher in der Rechten haltend, und vor ihr am Boden sitzt Rinald, den Arm über ihren Schooss legend. Hinter ihnen sieht man einen Fels, im Hintergrund durch eine Lücke der Bäume zwei Ritter. Unten: *Armida e Rinaldo. Il Goffredo, Canto 16, vers. 19, poema di T. Tasso. G. Schado inv. et fecit Romae 1785*. (8½ Z. h., 9 Z. br.)

5. Zieten. 1794.

In einem Oval ist Schadows Bildsäule des Generals Zieten, mit dem ächten Fussgestell, welches jetzt durch ein neues ersetzt ist, dargestellt, und neben dem Fussgestell sind die Reliefs skizzirt, welche sich an dessen Flächen befanden. Unten steht *G. Schadow feci 1794* (8 Z. h., 6 Z. br.)

Dieses Blatt gehört zu einer kleinen Schrift: Beschreibung der am 27. Februar des Jahres 1794 zu Berlin errichteten Bildsäule des Generals Zieten, wie auch der drey am Fussgestell befindlichen Bas-reliefs. Berlin 1794, 12 Seiten 4⁰. (Die Beschreibung ist nicht von Schadow verfasst.) Dies Blatt ist als Radirung wohl das vollkommenste von allen. Wiederholt oben S. 145.

6.—26. Die Vigano's, 1796.

21 Radirungen, Umrisse, 8 Z. h., 6 Z. br. Die Tänzerin Vigano und ihr Gatte in verschiedenen Stellungen. Auf neun Blättern ist die Frau allein, auf zehn andern mit dem Mann, auf zweien der Mann allein dargestellt. Viele sind mit *G. Schadow* bezeichnet.

Mehrere, vielleicht alle, sind auch in Umdrucken, also von der Gegenseite, vorhanden. Dies sind nicht nachgestochene Kopien, sondern Abdrücke der frisch gedruckten Blätter. Zuweilen besteht die Reihe nur aus 16 Blättern, Nagler erwähnt 18. In der Bibliothek der K. Akademie befinden sich 20. Vielleicht hat Schadow selbst einige verworfen, namentlich ist dies von dem 21. Blatt zu vermuthen, da sich unter den 20 ein ziemlich ähnliches, aber schöneres befindet, welches er wahrscheinlich anstatt des 21. radirt hat.

Beschreiben lassen sich diese in der flüchtigsten anmuthigsten Bewegung festgehaltenen

Gestalten nicht. Schadow selbst hat sie in einem handschriftlichen Blatt, welches bei dem Exemplar der K. Akademie liegt, so geschildert:

Berlin, d. 4. Januar 1796.

„Carneval. Oper Arianna von Righini. La Marchetti Fantozzi. Zuerst aufgeführt zur Vermählung der beiden Königssöhne, und verherrlicht durch die Anwesenheit des H. und der Madame Vigano. Er ein Meister im Anordnen eines Ballet, und (als) Tänzer, und sie, bald schalkhaft, bald nachdenkend, in Sehnsucht beklommen, niedergeschlagen, dann süss-lächelnd dem Geliebten mit offenen Armen entgegenschwebend, dreht sie sich plötzlich, ver-weigert seine Gegenliebe, steht gedankenvoll, und flieht mit Blitzesschnelle, und ihr schönes Gesicht sprach dies (alles) aus. Der pas de deux und la fille mal gardée waren die beiden höchsten Grade dieses Zaubertanzes".

„Was man sonst wol schöne Fabel nannte
seh ich jetzt als hohe Wahrheit ein.
gab es jemals eine Atalante
muss sie Ihr ganz gleich gewesen sein".

Manche Entwürfe zu diesen Blättern sind in der Bibliothek der K. Akademie.

27. Eine Neujahrskarte. 1799.

Die Grazien auf einem Felsen sitzend, mit verschlungenen Armen. Am Boden liegen die Bildhauerwerkzeuge, und vorn am Felsen steht: *Gf. Schadow* (3½ Z. h., 3¾ Z. br.).

Auf einem Abdruck im Königl. Kupferstichkabinet ist mit Tinte, gewiss von Schadow selbst, geschrieben: *den 1. Januar 1799.* Siehe die Nachbildung S. 169.

28. 29. Zwei Spottbilder, auf Napoleons Flucht aus Russland bezüglich, 1813 verfertigt.

Diese Blätter sind 7¾ Z. h. und 17 Z. br. Sie sind in Umrissen und in Aquatinta vorhanden.

28. Napoleon, *vu par derrière*, mit dem Mameluken Rustan bei einem Wegweiser stehend, welcher *nach Posen* weist. Ein Marschall handelt mit einem polnischen Juden, welcher einen bespannten Schlitten führt, über den Preis der Fahrt; einige Offiziere und Soldaten stehen umher; *Madame Renommée sur son retour* fällt von ihrem stolpernden Maul-esel, ihre Posaune zerbricht und die Lorbeerzweige entblättern.

29. Offiziere und Soldaten des französischen Heeres in einer russischen Schneeland-schaft zerhauen ein gefallnes Pferd und braten einen Hund und einige Ratten.

Beide Blätter haben noch mehrere kurze Bezeichnungen der Dargestellten. Rechts unten steht: *à Paris chez Blaise imprimeur*; sie sind aber, wie sich versteht, nicht dort erschienen.

30.—33. Vier Spottbilder gegen Napoleon. 1813.

Diese Blätter, 6 Z. h., 7¾ Z. br., kommen in Umrissen und in Aquatinta vor. Eins ist bezeichnet: *à Paris chez Gilrai*, die anderen nur *Gilrai* und *Gilrai à Paris*. Gilray war ein berühmter englischer Karrikaturenzeichner.

30. *Joye de la grande nation.* Victoria kommt auf einem Schwein rücklings reitend, umher stehen acht Figuren; einer fragt: *des Victoires?* das Schwein grunzt: *oui oui!* Die Umstehenden nehmen dies verschieden auf, einer sagt: *bu c'est faux,* ein anderer: *ça m'ennuie.*

31. *Le partage du monde.* Napoleon steht auf der Weltkarte, umgeben von gierigen Gene-ralen, hinter ihm zwei Grenadiere mit offener Hand und zwei Reiter auf schlechten Gäulen. Vorn sitzt der Minister des Auswärtigen und schreibt: *je prends, tu prends, il prend,* u. s. f.

32. Napoleon diktiert einem Marschall: *emparez vous de Berlin.* Vorn der Heereszug, der *Grand Sappeur, Gr. Receveur, Grand Tondeur, Grand Aboyeur* (ein Hund nämlich, welchem eine Tafel mit *Journal de l'empire* am Halse hängt), die *Administration* als dickes Weib auf einem Esel reitend, mit zwei Knaben als *employés.* Im Hintergrund Fussvolk und Reiter.

33. *22. August 1813* (Schlacht von Grossbeeren). *Das hallesche Dor* in Berlin; von
dem Bären (das Berliner Stadtwappen) und einigen Landwehrmännern vertheidigt: *dat flucht*;
einer der angreifenden Franzosen sagt: *cet ours, nous l'avions aprivoisé, mais il a repris
son naturel.*

Schadow erwähnt in seinem Buche Kunstwerke und Kunstansichten S. 128 diese vier
Blätter, er habe sie im April 1813 gezeichnet; die beiden letzten müssen jedoch einige Monate
später entstanden sein. Herr Dr. Nagler sagt in dem Artikel Schadow seines Künstlerlexikons, diese Blätter seien in grösserem Format kopiert und koloriert, mit Text, ausgegeben worden.

34. Diplom für den älteren Künstlerverein.

Braungedrucktes Aquatintablatt in Querfolio. Es giebt auch mit Gold aufgehöhte
Drucke. Die Mitte enthält das Diplom: *Der Verein der Maler Bildhauer Baukünstler und
Kunstgenossen gestiftet im Jahr 1814* u. s. f. Umgeben ist dieser Raum von einem breiten
Arabeskenrand, in welchem oben Victorien die Bildnisse Dürers und Peter Vischers be-
kränzen. In den seitlichen Arabesken sind geflügelte Knaben, welche zeichnen, in Kupfer
stechen, prägen u. s. f. Unten ein Bildhauer, ein Genius der Baukunst und ein malender
Genius. Ausserdem ein Mann mit Pflug und Sichel und ein Satyr, welcher eine Ziege
melkt, also eine Andeutung von Ackerbau und Viehzucht. Das Blatt ist weit später als
1814 verfertigt. Schadow hat es selbst radiert, Ed. Eichens hat es geätzt und Jügel die
Aquatintaarbeit gemacht.

35. 36. Zwei Tafeln in Schadows Werk über Wittenbergs Denkmäler, 1825.

Die auf Tafel 6 g. dargestellten Gräbdenkmäler des Herzogs Rudolf von Sachsen und
seiner beiden Gemahlinnen sind nach sicherer mündlicher Ueberlieferung von Schadow radiert,
ebenso die Tafel J, welche ein Metallrelief, die Krönung Maria's, darstellt. Die architektonischen Zierrathen auf diesen Tafeln sind jedoch von anderer Hand.

Alle folgenden Bilder lassen sich der Zeit nach nicht bestimmen, allein sie gehören
fast sämmtlich, theils nach den Kleidungen der Dargestellten, theils nach dem Stil, in die
beiden letzten Jahrzehnte des 18. Jahrhunderts.

37.—39. Drei Spottbilder, auf Freimaurer bezüglich.

37. Ein Billardzimmer, in dessen Mitte ein Mönch mit Thierohren steht; er hält in
der Linken eine Zeitung: *Gazette littéraire*, und empfängt in die vorgestreckte Rechte Geld,
welches ihm ein Freimaurer mit Thierohren zahlt. Umher sitzen und stehen noch zehn
andere, an den Schurzfellen kenntliche Freimaurer, einige haben thierische Gesichter und
Ohren (4⅞ Z. h., 4¾ Z. br.).

Vgl. *Gazette littéraire de Berlin par J. Du Fresne de Francheville, depuis 1782 per Le
Bauld de Nans* Berl. 1761—90 4. und *Gazette littéraire ou le Conservateur par Mayot* I II
Berl. 1792—93 8. (J. F.)

38. Ein Vorhang theilt das Bild, ausserhalb des Vorhangs steht ein Maurer, welcher
zwei Herankommenden den Vorhang öffnet; von den Kommenden hält der Eine ein Blatt
mit *Contes et Défense de la loge*. Hinter dem Vorhang steht der Mönch mit Thierohren des
vorigen Bildes, ein Maurer, welcher Geld in eine Schatulle legt, und im Hintergrunde noch
ein Mann. Am Vorhang hängt ein Zettel: *Secrets des Franc-Maçons de la loge York de
l'Amitié* (3¼ Z. h., 5 Z. br.).

39. In einem Garten sitzen um einen Tisch mit Flaschen und Gläsern mehrere
Personen: ein Dichter im Kostüm des Apollo, nackt bis auf den zurückgeschlagenen Mantel,
traurig den Kopf auf die linke Hand stützend, und in der Rechten eine umgekehrte Lyra
haltend, vor ihm am Boden liegen Maske, Dolch, Helm und Noterblätter; ihm gegenüber
sitzt der Mönch mit den Thierohren der vorhergehenden Blätter; er umfasst ein neben ihm

stehendes Mädchen und drückt ihr heimlich ein Geldstück in die Hand, und mit der rechten zeigt er spottend auf einen wesentlichen körperlichen Mangel des betrübten Dichters. Ausser ihnen sitzen am Tisch noch ein rauchender Mann und ein trinkendes Mädchen. Im Hintergrunde sind andere Personen in Lauben sichtbar, und eine Gruppe Tanzender bei einem Obelisken, an welchem steht: *au Restaurateur de la loge.* Vorn am Boden liegen Maurerkelle und Winkelmaass ($4^1/_4$ Z. h., $5^1/_4$ Zoll br.).

40. Schadow und seine Familie.

Zwei junge Frauenzimmer sitzen auf einer Bank und blicken in ein Buch, welches die eine auf dem Schoosse hält; Schadow, den Hut auf dem Kopfe, über die Lehne der Bank gebeugt, blickt auch in das Buch. Vor seinen Füssen sieht man den Kopf eines grossen Hundes. Im Hintergrund über den jungen Frauen sind die Köpfe und Oberkörper anderer Personen sichtbar; eine alte Frau, vielleicht Schadows Mutter; eine Frau mit einem Knaben, vielleicht seine Gattin. In dem Buche steht: *den 22. Aug. G. Sch* ($6^3/_4$ Z. h., $4^1/_8$ Z. br.).

Die Originalzeichnung in Bleistift besitzt Herr Professor Bürkner in Dresden. Auf einem Exemplar der Radierung in der Königl. Akademie in Berlin ist von einer gleichzeitigen Hand geschrieben: *Schadows Schwester und Madlle. Villaume.*

41. Sitzende Frau.

Eine Frau, wahrscheinlich Schadows Gattin, linkshin gewendet an einem Tische sitzend, auf welchen sie die zusammengelegten Arme stützt, den Kopf wendet sie nach vorn. $2^1/_8$ Z. h., $1^3/_4$ Z. br.)

Die Zeichnung befindet sich in der Königl. Akademie.

42. Ein Schauspieler.

Ein stehender Mann in phantastischer Kleidung, von vorn gesehen. Er trägt einen Federhut und einen Mantel, stützt die Linke auf einen Stock und stemmt die Rechte in die Seite. Den Degen hat er an der rechten Hufte ($3^1/_4$ Z. h., $1^5/_8$ Z. br.).

43. Ein anderer Schauspieler.

Ein Mann mit Hut und weitem Mantel sitzt von vorn gesehen auf einem Sessel. ($1^3/_4$ Z. h., $1^5/_8$ Z. br.)

44. Familiengruppe.

Zwei Männer, ein alter mit dem Hut auf dem Kopf und die Hände auf einen Stock stützend, und ein junger sitzen einander gegenüber: der junge Mann zeigt auf ein nacktes Kind, welches zwischen ihnen vor einer mehr im Hintergrund sitzenden jungen Frau steht. Rechts unten steht *Schado* mit feinen Strichen, und ebenfalls links oben im Bilde, rückläufig ($2^3/_8$ Z. h., $1^3/_8$ Z. br.).

45. Ein Zeichnender.

Ein Mann, fast von vorn gesehen, zeichnet sitzend in ein Buch, welches vor ihm auf einer Bank liegt, und zwar mit der Linken, während er die Rechte auf das Knie stützt. ($2^1/_8$ Z. h., $1^3/_4$ Z. br.)

46. Eine Strickende.

Eine alte Frau, rechtshin gewendet, sitzt strickend ($2^1/_8$ Z. h., $1^5/_8$ Z. br.). Die Zeichnung befindet sich in der Königl. Akademie.

47. Malerwerkstätte.

Ein älterer Maler malt, vor der Staffelei sitzend, das Brustbild eines Mädchens, welches ihm als Modell sitzt, ein jüngerer zeichnet auf einer Mappe, welche er sitzend auf den Knieen hält, und ein Kenner betrachtet durch ein Augenglas ein Gemälde ($1^3/_4$ Z. h. und br.).

48. Ein Bildniss.

Brustbild eines älteren Mannes mit sehr krausem Haar, fast von vorn gesehen, etwas rechtshin gewendet (1³/₄ Z. h., 2 Z. br.).

49. Studienblatt.

In der Mitte der Platte ist ein höchst meisterhaft ausgeführter weiblicher Kopf, im Profil (vielleicht Schadows Schwester), dahinter der Profilkopf seiner Mutter. Umher ohne Ordnung eine Anzahl anderer Köpfe im Umriss und in verschiedener Grösse, unten zwei nackte sitzende Kinder, die mit einem Bogen spielen (5 Z. h., 4³/₄ Z. br.).

Die folgenden Blätter können nicht mit Sicherheit Schadow zugeschrieben werden.

50. Lear.

Die vierte Scene des dritten Acts. Lear, neben welchem Kent und der Narr stehen, spricht mit dem aus seiner Hütte tretenden Edgar (4¹/₂ Zoll h., 5¹/₄ Zoll br.).

Die nicht eben schöne Zeichnung, der starke Lichteffekt und die etwas grössere technische Gewandtheit, unterscheiden dies Blatt von Schadows sicheren Radirungen, doch befindet es sich sowohl in der Königl. Akademie als im Kupferstichkabinet bei seinen Radirungen. (Die Skizzen von Schadows Hand waren im Besitz von Frau E. S. J. F.)

51. Najade.

Liegende nackte Najade, welche mit beiden Handen vor sich eine Muschel hält; zwei Ansichten übereinander gestellt auf einer Platte (8¹/₂ Zoll h., 5¹/₂ Zoll br.).

Diese schöne kleine Marmorfigur ist von Hagemann, einem talentvollen Schüler Schadows, um das Jahr 1800 verfertigt worden; er starb am 25. Februar 1806 in seinem 33. Jahre. Die Figur steht jetzt in der Bildergalerie von Sanssouci. In Schadows Aufsatz von 1802: die Werkstätte des Bildhauers, wird sie erwähnt (oben S. 65), man sehe auch Schadows Buch Kunstwerke und Kunstansichten S. 65 und 71.

52. Malerwerkstätte.

In der Königl. Kupferstichsammlung befindet sich bei den Schadowschen Radirungen ein Blättchen in braunem Aquatintadruck, welches eine Malerwerkstatte vorstellt, aber nicht mit Nr. 47 zu verwechseln ist. Ein kleiner Maler, von hinten gesehen, copiert eine auf der Staffelei stehende colossale Zeichnung eines antiken geflügelten Kopfes, zwei andere Maler schauen zu. Dies Blatt hat keine Aehnlichkeit mit Schadows Radirungen (1¹/₄ Zoll h., 2²/₃ Zoll br.).

53. Ein Spottbild, vielleicht auf die berühmte Belagerung von Gibraltar 1781 bezüglich.

Der Beginn eines Kampfes; ein französischer Officier steht mit gezücktem Degen, in der Linken hält er ein Blatt mit: *Projets pour exterminer les Anglais*, unter diesen Worten sind die französischen Lilien. Neben diesem steht ein Maskierter in spanischer Tracht (also ein Spanier), welcher das Schwert zieht, dem Franzosen zu helfen. Ihnen entgegen steht auf einem Felsen (Gibraltar) ein lorbeerbekranzter Held (General Elliot), ebenfalls mit gezücktem Degen, zu seinen Füssen liegt ein Zettel mit der Antwort auf jene »Projets«: *les battre*. Hinter ihm ein halb liegender Mann (wohl ein schlafriger Spanier?). Im Hintergrund sieht man das Segel eines Schiffes, auf dessen Wimpel steht: *ich werde kommen*, und auf der Raa sitzt ein Matrose, dem Kampfe zuschauend; auch steht noch ein anderer mit einem Ruder im Hintergrund, durch ein Fernrohr dem Kampfe zuschauend (England) (1¹/₂ Zoll h., 3 Zoll br.).

Nur auf Vermuthung beruht es, dass dies Blättchen sich auf die berühmte Belagerung Gibraltars durch Crillon und d'Arçon beziehe. Sie fand 1781 statt, Schadow war damals 17 Jahre alt. Das Blättchen ist sehr flüchtig, und kann sehr wohl eine Jugendarbeit von ihm sein.

Eine Einladungskarte zur Dürerfeier in Berlin am 18. April 1828, welche für eine Radierung Schadows gilt, ist nicht von ihm, sondern nach seiner Zeichnung von einem jungen Schüler Buchhorns radiert.

————————

Herr Dr. Nagler giebt in dem Artikel G. Schadow seines Künstlerlexikons noch folgende drei Radierungen an, welche hier nicht bekannt sind:

1. Scene aus Wieland. gr. 8.

4. Büste Mendelssohns mit Umgebung. gr. 8.

7. Satire auf die französische Revolution, Künstler, Kupferstichhändler und andere Figuren in einem Zimmer. Mit dem Pseudonym Kitzfeld.

3. Steindrucke.

Es steht nicht von allen hier angeführten Blättern fest, dass Schadow sie selbst auch auf den Stein übertragen hat. Doch von den meisten. Bei der Entscheidung hierüber ist Herr Kupferstecher Caspar berathig gewesen. Wahrscheinlich giebt es noch einzelne hierher gehörige Blätter, welche uns unbekannt geblieben sind.

1817.

1. Entwurf der Bildsäule Luthers, fast von vorn gesehen. In der Bibel steht: *1817 fc. G. Schado.* 4°.

1822.

2. Bildniss von David George; der Kopf eines alten Mannes im Dreiviertelprofil, linkshin. Unten steht: *18. Juli 1822 David George.* gr. 1°.

3. Zwei Knabenköpfe von vorn gesehen. Unten steht: *14. Herrmann. 7. Edmund.* Es sind die Söhne des Professors und Schlossbaumeisters Rabe, 14 und 7 Jahr alt. qu. 4°.

Die Zeichnung befindet sich in der Bibliothek der K. Akademie, und trägt auch die Jahrzahl 1822.

1825.

4. 5. Luthers Bildsäule in drei Ansichten auf einem Blatt, Folio, die vordere Ansicht auf einem anderen Blatt, 4°; diese beiden Blätter gehören zu dem Werke über Wittenbergs Denkmäler.

Nach einer Mittheilung des Herrn Professor Eichens hat Schadow diese beiden Blätter versuchsweise auf weisse Marmortafeln gezeichnet, die dann wie Lithographiersteine geätzt wurden, allein sich zu hart erwiesen.

1827.

6. Die Walpurgisnacht, nach einem Entwurf von Weitsch im Jahre 1827 von Schadow auf Stein gezeichnet.

Es sind nur 20 Exemplare dieses Steindrucks gemacht worden, eins davon befindet sich in der Bibliothek der K. Akademie. Auch hat sich eine handschriftliche Erklärung von Schadow gefunden, von welcher die genannte Bibliothek eine Abschrift besitzt.

1830.

7. Sein eigenes Bildniss, unten steht: *Mormo 1830.* 1°.

1831.

8. Eine knieende Frau ist zweimal von verschiedenen Seiten dargestellt. Und unten mit kleinen Figuren ein Wirthshausgarten, in welchem verschiedene Trinker sitzen. Bezeichnet: *Farnstädter 1831. G. Schadow.* qu.-Folio.

Farnstädt ist einer der Orte, wo die Sandsteine für den Steindruck gebrochen werden. Die knieende Frau ist die Prinzessin Friederike, Gattin des Prinzen Ludwig von Preussen, und nachherige Königin von Hannover. Diese Figur ist einem Entwurf zu dem unausgeführt gebliebenen Grabmal für den Prinzen Ludwig entnommen.

Ohne Jahresangaben.

9. Ein Querfolioblatt mit acht meist lachenden Köpfen, in zwei Reihen. In der oberen Reihe: in der Mitte eine lachende junge Frau mit einem Federbarett und ein

grinsender Knabe, zu den Seiten ein schreiendes und ein lachendes Kind. Alle vier fast von vorn. In der unteren Reihe: ein greises Paar im Profil, sich ansehend und lachend, zu Seiten ein Mann und ein Knabe, beide mit dreieckigen Hüten, der erstere im Dreiviertelprofil, der letztere von vorn. Rechts unten steht: *Kurrig'sches artistisch-lithograph. Institut in Berlin.*

10. Brustbild seines Bruders Rudolf Schadow, in halber Lebensgrösse, von vorn gesehen. In einem Kreise. Folio.

11. Derselbe in ganzer Figur, stehend, von vorn gesehen, mit dem Hute auf dem Kopf und einem Stock in der Rechten. Folio.

12. Zwei Riesensoldaten, von vorn gesehen, neben einander stehend, der eine (Namens Licht) in der Uniform der Garden mit der Grenadiermütze, und ein Kürassier (Namens Schulz, aus Schwetz bei Graudenz). Folio.

13. Vier russische Fusssoldaten, einer mit der Grenadiermütze, zwei andere von hinten gesehen, und ihnen gegenüber ein vierter mit einer kurzen Tabakspfeife im Munde. qu. 4⁰.

14. Vier russische Trommler und ein Trommlermajor. qu. 4⁰. Diese beiden Blätter sind Gegenstücke.

15. Ein Theil der Reliefs im Braunschweiger Schlosse (s. vorn Bildhauerwerke Seite 129) und auf demselben Blatte eine satirische Gruppe: ein Trompeter und ein Flötenbläser, einander gegenüber stehend, und in ihrer Mitte ein Zuhörer. Folio.

16. Brustbild eines älteren Mannes mit einer Brille, im Dreiviertelprofil rechtshin. Unten: *Schadow del.* 4⁰.

17. Paris und Helena auf dem vierspännigen Wagen, ein bekanntes antikes Terracottarelief, in der Grösse des Originals, mit einer bräunlichen Tonplatte und wenigem ausgesparten Weiss gedruckt. Querfolio.

18. Figurenalphabet. Die lateinischen Initialen von Figuren gebildet, in drei Reihen von je 8. Unter jedem Buchstaben steht ein origineller Reim, welcher sich auf die Darstellung im Buchstaben bezieht, deutsch und in freier Uebersetzung französisch. Gr. Querfolio.

19, 20, 21. Drei Blätter in Steindruck, die gleichsam Vorstudien zu den Nationalphysiognomien bilden, wo sie kleiner in Zinkdruck wiederholt sind, nämlich:

Ein Negerkopf von vorn und daneben im Profil, dazwischen eine Andeutung der Schädelbildung. qu. Folio.

Ein Blatt, auf welchem oben ein Knabe, unten ein Mann, je im Profil und von vorn, dargestellt sind. Unter dem Knaben steht: *Jonos V. 11 Jahr, July 1801*; unter dem Mann: *H. Simon V. 47 Jahr 1801* (es versteht sich, dass die Jahrzahl sich auf die Zeichnung und nicht auf den Steindruck bezieht). Folio.

Ein Blatt, auf welchem die Chinesen *Hoho* und *Assing* von vorn und im Profil gezeichnet sind, mit 1823 bezeichnet. Folio.

Ob einige der Steindrucke in dem Werke Wittenbergs Denkmäler, ausser den oben erwähnten, von Schadow selbst auf Stein gezeichnet sind, ist ungewiss.

4. Zinkdrucke.

Die Federzeichnung, auf besonders vorgerichtetes Papier mit chemischer Tinte gemacht, wird auf eine Zinkplatte umgedruckt; diese wird darauf geätzt und dann ähnlich wie eine Steinzeichnung behandelt. Da die Tinte dickflüssig ist, lassen sich nur Umrisse in starken Linien darstellen. Vgl. Schadow Kunstwerke und Kunstansichten S. 236.

Wahrscheinlich ist das folgende Verzeichniss nicht vollständig, obwohl der Herausgeber sich bemüht hat, alle vorhandenen Blätter kennen zu lernen.

1828.

1. Ein dreijähriges Kind, von drei Seiten im Umriss dargestellt, daneben die Händchen und ein Fuss, diese in natürlicher Grösse. Alles mit Angabe der Maasse. Unten links steht: G. S—w. gr. Querfolio.

2. Titelblatt zu einem Hefte Lithographieen, nach Aufgaben des Berliner Künstlervereins. Querfolio.

Vor einer Wand, welche mit Pfeilern und Blumengehängen verziert ist, steht ein Postament, auf welchem ein Bär, als Wappen von Berlin, dargestellt ist. Vorn am Postament: BERLINER KUENSTLER VEREIN. Auf der Stufe des Postaments sitzen zwei nackte Männer, ein Maler mit Pinsel und Palette, und ein Kupferstecher mit Platte und Grabstichel. Und an den Ecken dieser Stufe stehen zwei andere nackte Männer, welche jeder einen Fuss auf diese Stufe setzen, ein Bildhauer mit Meissel und Hammer, und ein Baumeister mit dem Maassstab. Neben diesem steht ein korinthisches Kapitell. Vorn an der Stufe steht G. SCHADOW DER VORSTEHER. PASCAL DER SCHREIBER. WITTICH DER SEKELMSTR. 1828.

3. Neujahrswunsch in gr. Querfolio. Die deutschen Buchstaben der Worte: *viel Glück zum neuen Jahr 1828* bestehen aus menschlichen Figuren.

Dasselbe Blatt, aber die Zahl ist zu 1829 verändert.

Dasselbe Blatt, aber die Zahl ist zu 1830 verändert und eine Einfassung umher gezeichnet.

1829.

4. Titelblatt zu: *Berliner Zeichnungen mit der Künstler Namen*. In Folio. In der Mitte sitzt Berlin als weibliche Figur mit einem Lorbeerzweig und dem Wappenschild, über ihr stehen die angeführten Worte. Zwei nackte Jünglinge sitzen zeichnend auf Büchern, welche mit *Albrecht Dürer* und *Leonardo da Vinci* bezeichnet sind. Unter diesen sind arabeskenartig Weinreben und Hopfenranken. Oben ist ein Halbrund, in welchem vier nackte Jünglinge, durch Reissfedern und Mappen als Künstler bezeichnet, mit einander kämpfen. Ueber ihnen steht: *Concors 1829.*

1831.

5. Einladungskarte. Schadow und Zelter waren von der Universität zu Berlin zu Doctoren der Philosophie ernannt worden, sie gaben gemeinschaftlich einen Doctorschmaus am 15. Januar 1831, und luden dazu mit dieser Karte ein. In einem Halbrund sieht man einen kleinen Theil einer gedeckten Tafel und die Hände eines welcher Suppe isst und zugleich nach einem Weinglas greift, ihm gegenüber die Hände eines welcher Fleisch schneidet; zu Seiten zwei Weinreben, und oben: *Spise Haus Meine Wallst. XI* (Schadows Haus). Unten ist Raum, die Einladung zu schreiben. Siehe Kunstwerke und Kunstansichten

S. 252. Das Datum ergiebt sich aus der vorliegenden Karte mit der Einladung für den mit beiden befreundeten Stadtrath Friedlaender.

1832.

6. Neujahrswunsch, gr. Querfolio. Oben steht 1832 mit verzierten Ziffern, unten die Worte (aus einer damals bekannten Theaterposse): „Nun darum keene Feindschaft nich". Die Buchstaben bestehen aus Figuren. Darüber ist ein Streifen mit vier leicht gezeichneten Scenen in Beziehung auf diese Worte. 1) Zwei, die sich im Vorbeigehn gestossen haben; 2) einer sieht zum Fenster hinaus, und erhält von hinten einen Schlag; 3) ein Tanz, einige prügeln sich, und ein Paar ist umgetanzt; 4) ein Bettler, welchem ein reicher Mann nichts giebt, während ein Lastträger ihm ein Geldstück in den Sack wirft.

7. Ein alter Maler, ganze Figur, in der Tracht des achtzehnten Jahrhunderts, stehend, rechtshin, in der Linken den dreieckigen Hut vorstreckend, unter dem rechten Arm eine Mappe und in der rechten Hand eine Reissfeder haltend. Unten neben seinen Füssen ist geschrieben: *psalm 39 v. 11 meine Kraft hat mich verlassen und das Licht meiner Augen ist nicht bei mir.* Oben in den Ecken steht, links: *Hiob Cap. 19 v. 14 meine Nächsten haben sich entzogen und meine Freunde haben meiner vergessen.* Und rechts: *Hiob Cap. 19 v. 31 Erbarmet euch, ihr meine Freunde.* Unten steht: *Berlin den 4ten Januar 1832, Englisch-Haus, Künstler-Verein, beschlossen: hiemit an den Seckel der Armen zu erinnern.* Folio.

Die Zeichnung befindet sich in der Bibliothek der Königl. Akademie.

1835.

8. Querfolioblatt, bezeichnet: *Seidu aus Madras 1835 in Berlin. G. Schadow.* Der Kopf von vorn und im Profil, mit vielen Beischriften, welche die Maasse, Nachrichten über diesen Indier, und sogar eine kleine hindostanische Wörtersammlung enthalten.

Ohne Jahresangaben.

9. Ein Blatt in Querfolio: fünf Figuren aus der Reihe der radierten Darstellungen der Vigano's (siehe Radierungen Nr. 6 u. f.), nämlich zwei Gruppen von je zwei und eine einzelne.

10. Das Publikum auf der Berliner Kunstausstellung, Querfolio. Fünf-zehn Personen, Männer, Frauen und ein kleines Mädchen, manche mit ernsten Kennermienen, besichtigten die an den Wänden hängenden Gemälde. In einem grossen Mann mit einer Brille, welcher stolz und unzufrieden aussieht, ist der bekannte Kunstforscher Hofrath Hirt dargestellt. Auch andere Figuren scheinen Bildnisse zu sein.

6. Zeichnungen,

auch Stiche und Steindrucke anderer Künstler nach Schadows Zeichnungen.

a. Zeichnungen.

Die unzählbare Menge der vorhandenen Zeichnungen macht es unthunlich, ein Verzeichniss zu geben. Auch würden selbst Beschreibungen hier nichts nutzen, da sie ja doch keine Anschauungen gewährten, während sie bei den Radierungen den Zweck haben, die Sammler auf diese Blätter, welche in mehreren Exemplaren vorhanden sind, also ihnen zuweilen vorkommen, aufmerksam zu machen.

Es genügt wohl die Nachricht, dass sehr viele und sehr schöne Zeichnungen in der Bibliothek der K. Akademie, einige im K. Kupferstich-Kabinet, zuletzt in der K. Nationalgalerie (in drei Mappen) besichtigt werden können, und dass viele Zeichnungen, besonders Bildnisse, bei seinen Nachkommen und Verwandten aufbewahrt werden. Hier sollen nur ein paar erwähnt werden, welche sich an anderen als den genannten Orten befinden.

Die Originalzeichnungen zu seinen Radierungen, so weit sie vorlagen, sind bereits bei diesen erwähnt worden.

Die in der Bibliothek der K. Akademie vorhandenen Zeichnungen sind zusammen aus seinem Nachlass angekauft worden und werden daselbst in zahlreichen Mappen grossen und grössten Formats aufbewahrt. Es sind 1062 (nach Dobberts Angabe), nämlich 1) sehr zahlreiche sorgfältige Studien nach Antiken, welche er in Rom meist mit Bleistift in grossen Skizzenbüchern, offenbar vor den Bildsäulen selbst, mit der grössten Ausdauer vollendet hat. Dazwischen sind auch einzelne Figuren nach dem Leben, selbst Karnevalsmasken skizzirt. Auch finden sich einige grössere mit Sepia ausgeführte Blätter nach Antiken, ohne Zweifel ebenfalls aus der römischen Zeit. 2) Zahlreiche Bildnisse und andere Zeichnungen nach dem Leben 3) Entwürfe und Studien zu seinen Bildhauerwerken und zu anderen Arbeiten. 4) Studien zu den Bilderwerken über die menschlichen Körpermaasse und die Nationalphysiognomien.

Besonders hervorzuheben ist das Bildniss der Königin Luise (la Regina 1802 dal vero à Potsdam) im Besitz des weiland Kaiser Friedrichs.

Die schönsten Blätter im Besitz der K. Akademie sind wohl die schwebenden Musen des Dramas, des Lustspiels und des Tanzes, sowohl die ganzen Gestalten in ansehnlicher Grösse, als besonders die drei kolossalen farbig ausgeführten Köpfe derselben, welche Schadow im Jahre 1801 für den Vorhang des damals von Langhans erbauten und im Jahre 1817 abgebrannten Schauspielhauses gezeichnet und Professor Niedlich auf den Vorhang selbst gemalt hatte.

In durchschossene Exemplare der Berliner Ausstellungskataloge hat er vielfach Skizzen nach ausgestellten Werken gezeichnet.

Einige Blätter aus seinen letzten Lebensjahren, als die vom grauen Staar geblendeten Augen ihm den Dienst versagten, sind bewunderungswürdig wegen des Muthes und der Ausdauer, mit welcher er diese Leiden ertrug und diesen Hindernissen trotzte. Ein paar davon haben die Aufschrift: in doloribus pinxit.

Einen seltsamen Beweis seiner mannigfachen Fertigkeiten giebt eine Zeichnung mit der linken Hand, ein Profilkopf in Rothstein, welche er, wie von fremder Hand darauf geschrieben ist, in einer Senatssitzung der K. Akademie gemacht hat. Sie befindet sich in der K. Sammlung von Kupferstichen und Handzeichnungen.

Eine Auswahl von etwa 60 Zeichnungen in Lichtdruck giebt Dobberts Werk.

1800.

Sokrates im Gefängniss, schöne ausgeführte Zeichnung in Sepia mit Weiss aufgehöht, 1 Fuss 8 Zoll hoch, 2 Fuss 3 Zoll breit: *G. Schadow*.

Sokrates sitzt in der Mitte des Bildes auf seinem Lager, und fasst die langen Locken des neben ihm tiefer sitzenden Phädon (er frägt: morgen wirst Du wohl dies schöne Haar abschneiden?). Kriton und Schüler jedes Alters stehen und sitzen umher, unter ihnen sieht man Moses Mendelssohns Kopf (in Beziehung auf dessen „Phädon" genannte Schrift). Es sind im Ganzen 16 Figuren. Hinter dem Sokrates liegt eine Rolle mit Μέθοδ Πλατωνος. — Der Stadtrath D. Friedlaender liess diese schöne Zeichnung anfertigen, sie befindet sich im Besitz der K. Nationalgalerie.

Im Ausstellungskatalog von 1800 ist sie aufgeführt.

Studien dazu befinden sich in der Bibliothek der K. Akademie. D o b b e r t Taf. XXXII.

1830.

Theseus. „Unter den herculanischen Gemälden befindet sich die Vorstellung, wie Theseus von den atheniensischen Jünglingen und Jungfrauen den Dank empfängt als Ueberwinder des Minotaur; dies wurde als Basrelief von mir ins Grosse auf Leinwand gezeichnet. Dähling führte es aus." Kunstwerke und Kunstansichten S. 243.

Dies Bild, in Helldunkel, befindet sich im langen Ausstellungssaale der K. Akademie der Künste (oben S. 140).

1832.

Eine Zeichnung: *Luther die Theses an die Kirchenpforte zu Wittenberg anschlagend*, war im Jahr 1832 auf der Berliner Kunstausstellung. Nach Mittheilung des Herrn Caspar besass Thorwaldsen auch eine Zeichnung desselben Gegenstandes von Schadow, welche also gewiss aus früherer Zeit ist (vgl. oben S. 126).

1841.

Eine Sepiazeichnung, *der Apostel Paulus vor Festus*, ward im Jahre 1841 im wissenschaftlichen und Kunstverein gezeigt. Sie befindet sich in der Bibliothek der K. Akademie.

Im Garten seines Hauses, in der Schadowstr. 11, hatte er auf die todte Wand eines kleinen Nachbarhauses ein grosses Bild in Oelfarben gemalt, von welchem jedoch in Folge eines Neubaues, welchen sein jüngster Sohn ausgeführt hat, nur wenige Spuren übrig geblieben sind. Es waren einzelne Gruppen idyllischer Gegenstände, Beschäftigungen im Garten und auf dem Lande darstellend, reliefartig, in gruner Farbe, mit aufgesetzten Lichtern.

b. Stiche und Steindrucke nach seinen Zeichnungen.

Die Stiche und Steindrucke nach seinen ausgeführten Bildhauerwerken sind bereits bei diesen angeführt.

1794.

Ein Titelkupfer. Malerei und Musik sitzen vor einem Felsen, Amor lehnt sich an sie, über dem Felsen sieht man die Grazien, im Hintergrund Apollo auf dem Wagen, und den Thierkreis. Diese Vorstellung ist zweimal neben einander auf derselben Platte gestochen, gewiss steht auf dem Felsen jedes Mal eine andere Inschrift, welche auf dem vorliegenden Probedruck fehlt. Jedes Bild ist in 12°. Unten steht: *Schadow i. Boll sc. 1794.* Ich weiss nicht, zu welchem Buch das Blatt gehört.

Die getuschte Zeichnung von Schadows Hand, in gr. 8°, besass Herr Professor Mandel, und dazu ein Gegenstück: Malerei und Musik sitzen oben auf dem Felsen, davor stehen die Grazien, und vor ihnen liegt Amor am Boden.

1801.

In einer Reihe von sechs Scenen aus dem Leben Friedrichs des Grossen befindet sich ein Blatt nach einer Zeichnung von Schadow, *die Schlacht von Rossbach;* der König ist zu Pferde rechts im Vordergrund dargestellt. Unten steht: *Friedrich II. der Siegende bei Rossbach am 5. Novemb. 1757.* Und dann theilt ein Adler noch sechs Schriftzeilen. *G. Schadow del Fr. Bolt sc. Berlin 1801.* qu. 4°. Abdrücke vor der Schrift haben eingeritzt: *Schlacht bei Rossbach,* und die Künstlernamen.

1813.

Sechs Blätter russischer Soldaten. Aquatintastiche von Buchhorn und Jügel nach Schadow, in Folio.

Sie gehören zu einem Hefte, auf dessen Holzschnittumschlag steht: *Russische Kriegsvölker, nach der Natur gezeichnet, von Schadow und Kolbe, geätzt von Buchhorn und Jügel, Heft von 7 Blatt, im Verlage bei Caspar Weiss u. Co. in Berlin* (und dasselbe russisch).

Das siebente Blatt „die ersten Kosaken in Berlin, den 20. Februar 1813" ist von Kolbe gezeichnet und von Jügel gestochen. Von den 6 von Schadow gezeichneten haben 5 *Schadow del. Buchhorn sc.,* und eins *Schadow del. Jügel fec.* Und alle haben die Adresse von Weiss, und neben der deutschen auch russische Unterschrift.

1) Kosack zu Pferd, linkshin. Unten: *Donscher Kosack* (und dasselbe in russischer Sprache).

2) Ein Landwehrmann (Druschina), ein Baschkir, und ein Kosack, dieser von hinten gesehen. Unten: *Kosack, Kalmuck, Landwehr.*

3) Ein Baschkir zu Pferd, linkshin, den Bogen abschiessend. Unten: *Baschkir.*

4) Rechtshin sprengender Kosack, mit eingelegter Lanze. Unten: *Kosack.*

5) Kalmuck, im Schritt rechtshin reitend. Unten: *Kalmuck.*

6) Drei Offiziere stehend, mit einem Pferde. Unten: *Husaren, Infanterie, Artillerie.*

1813.

Ein grosses Blatt: *Hettmann Graf Platow mit seinen Kosacken. Im Verlag von Casp. Weiss u. C. und Bapt. Weiss in Berlin. Gezeichnet von Schadow. Geätzt von Jügel.*

In der Mitte reitet der Hettmann, welchem eine Depesche gebracht wird; vor ihm her geht ein junger Kosack, welcher einen Kommandostab auf einem Kissen trägt. Neben dem Hettmann reitet ein Offizier mit der Standarte, auf welcher der Name Alexander und der russische Doppeladler gestickt ist; umgeben ist diese Gruppe von einer grossen Anzahl Kosacken. Im Vordergrund links sitzt ein Kosack auf einem todten Pferd und liest aus einer Zeitung zweien anderen vor, und rechts liegen zwei erfrorene Franzosen. Im Hintergrunde werden Franzosen von Kosacken einzingelt. Schneelandschaft.

Querfolio 12½ Zoll hoch, 18 Zoll breit.

Die bewunderungswürdige Originalzeichnung in Sepia befindet sich in der Sammlung des hochseligen Königs Friedrich August von Sachsen, Studien zu einzelnen Figuren in der Bibliothek der K. Akademie zu Berlin.

1814.

Die Fechtstunde, von Schadow wahrscheinlich der Contour radiert, von *Jügel* in Aquatinta.

Blücher und Napoleon fechtend. In der Mitte zwischen ihnen in einer Entfernung der Engländer. Auf der Rechten im Bilde: der Norddeutsche, beleibt, mit einem Bierkruge; der Süddeutsche, schlank, mit dreieckigem Hut, die Hände in den Hosenträgern; dahinter ein Kosack zu Pferde, die Lanze schwingend, das linke Bein erhebend. Auf der linken Seite: *la grande nation:* 1. ein Soldat. 2. *l'état militaire* und 3. *l'état civile.*

Obige Beschreibung aus einem Vortrag, in einem hinterlassenen Skizzenbuche niedergeschrieben. Unterschrift: *Schadow del. Buchhorn sc.*

Dies Blatt schliesst sich den beiden Spottbildern S. 146 Nr. 28, 29 an.

1825—1830?

Unter den „Berliner Witzen", welche in den zwanziger Jahren in der Gropius'schen Kunsthandlung erschienen, stellt ein Blatt einen französischen Grenadier vor, welcher im Dunkeln bei der Bildsäule des alten Dessauers im Lustgarten Schildwacht stehend das Gewehr fällt und ruft: Qui vive? Eine alte Waschfrau erwidert: Hab' Er sich man nich — la vache.

Die Zeichnung hierzu, von Schadow, befindet sich in der Bibliothek der K. Akademie.

Ebenso sind ausgeführte Studien nach der Natur zu einem anderen Blatt dieser Reihe vorhanden. In einem Speisehause ruft ein Gast: »Künftig bringen Sie mir Bouletten appart und Haare appart«.

Bildniss des Musikers Fasch, Stifters der Singakademie in Berlin. In einem seltsamen spitzbogigen Fenster ist sein Brustbild, den rechten Zeigefinger erhebend, dargestellt, als wenn er der Orgel lauschte, welche die durch das Fenster oben sichtbare heilige Caecilia spielt, begleitet von einigen Engeln. In den oberen Zwickeln steht *Karl Fasch*. Unten: *Gf. Schadow del. E. Henne sculpt.* 4°. Dies Blatt gehört zu einer Lebensbeschreibung Fasch's von Zelter.

Eine kleine Platte (etwa 2 Zoll hoch, 4 Zoll breit) von August Hüssener ist angeblich nach einer Zeichnung von Schadow gestochen. Sie stellt einen sitzenden Bauern dar, welcher mit beiden Händen eine Gans erhebt. Dem Stiche nach zu urteilen ist die Zeichnung nicht in seinem Stil.

Amor liegt schlafend auf dem Rücken, ein Gewand ist untergebreitet, die Rechte fasst den neben ihm liegenden Bogen, die Linke ruht auf dem Unterleib. Ein Kupferstich in qu. 8°, Umriss mit leicht angedeutetem Schatten. Auf einem Abdruck im Königl. Kupferstichkabinet steht mit Bleistift: *Schadow del. Eichens sc.*, und Herr Professor Eichens bestätigt diese Angabe. Vielleicht stellt dies Blatt das Relief von 1798 vor? Siehe Bildhauerwerke S. 97.

Steindrucke.

1826.

Steindruck in Folio, das Brustbild des Geheimen Raths von Hartein von vorn gesehen in einem Oval. Nach einer Zeichnung von Schadow 1826 von Ed. Eichens auf Stein gezeichnet. Das vorliegende Exemplar ist ohne alle Schrift. Diese Mittheilung wird Herrn Professor Eichens verdankt.

1828.

Mercur und Argus, Steindruck in qu. 4°, zu dem Heft Lithographien nach Aufgaben des Berliner Künstlervereins gehörig, siehe oben Seite 156.

Der nackte Mercur mit dem Petasus auf dem Haupte sitzt, fast vom Rücken gesehen, auf einem Stein, welcher mit seinem Mantel bedeckt ist. In der Linken hält er die eben vom Mund abgesetzte Flöte, in der Rechten das heimlich ergriffene Schwert. Ihm gegenüber sitzt der eingeschlafene Argus (einfach als nackter bärtiger Mann dargestellt), im rechten Arm hält er das Pedum, vor ihm liegt sein Hund. Hinter diesen beiden steht die Kuh Io. Unten *F. K.* (das Zeichen des Steinzeichners).

Dies Blatt ist, obwohl es Schadows Namen nicht trägt, unzweifelhaft nach seiner Zeichnung.

Brustbild eines Geistlichen im Ornat von vorn gesehen, Steindruck in Folio. Unten: *Gez. v. Direct. Dr. G. Schadow. Druck v. Helmlehner, lith. v. Eduard Meyer*.

Steindruck in Folio, das Brustbild einer schönen Frau in halber Lebensgrösse von vorn gesehen. Unten mit ganz kleiner Schrift: *Marianne von Paulsdorf geb. Schlegel — gez. v. G. Schadow. — lith. v. C. Hubner.*

In den Nationalphysiognomien Tafel XIX hat Schadow sie in fünf Lebensaltern vom dritten bis zum sechsunddreissigsten Jahre dargestellt; vgl. Dobbert Taf. XI 15.

6. Druckschriften und Bilderwerke.

1802.

1. *Die Werkstätte des Bildhauers.* Zuerst gedruckt in Eunomia, eine Zeitschrift des neunzehnten Jahrhunderts, herausgegeben von Fessler und Fischer, Berlin, zweiter Jahrgang, zweiter Band S. 346 ff.

Neu abgedruckt in dem Korrespondenzblatt des Düsseldorfer Kunstvereins 1863 und hier Seite 56 ff.

1804.

2. Im Neuen teutschen Merkur 1804, 2. Band 8. Stück S. 288 steht unter »Kunstnachrichten« ein von Schadow unterzeichneter Aufsatz: *Notizen was im Jahre 1803 im Königl. Bildhauer-Atelier bis Ende des Monats März 1804 gefertigt worden ist.*

Es ist ein blosses Verzeichniss mit kurzen Angaben.

1808.

3. *Johann Gottfried Schadow,* eine biographische Skizze, von Schadow selbst geschrieben, zuerst gedruckt in Meusels Archiv für Künstler und Kunstfreunde, 2. Band 4. Heft S. 94 ff. Dresden 1808.

Hier S. 1 ff. nach der Handschrift des Verf. wieder abgedruckt, mit Fortlassung einiger störenden Anmerkungen von Meusel.

1815.

4. Unzweifelhaft von Schadow, wenn auch ohne seinen Namen erschienen, ist das: *Verzeichniss von Gemälden und Kunstwerken, welche durch die Tapferkeit der vaterländischen Truppen wieder erobert worden und — — in den Sälen der K. Akademie der Künste — — ausgestellt sind. Berlin 1815.* 86 Seiten. 8⁰.

Dies Verzeichniss enthält einen ausführlichen Aufsatz (bis S. 27) über das Danziger Dombild und kunsthistorische Bemerkungen zu 59 Gemälden. Dann folgt eine kurze Angabe über die anderen wiedereroberten aber nicht ausgestellten Kunstwerke, Statuen, Terracotten, Münzen u. s. f.

1819.

5. *Über das Denkmal des Fürsten Blücher von Wahlstatt, als es am 26sten August 1819 zu Rostock feierlich aufgestellt wurde, vom Bildhauer Schadow, Director der Königl. Akademie der schönen Künste in Berlin, 1819.* (Ohne Ort.) 18 Seiten 4⁰.

1822.

6. *Sieben Bildnisse und zwei Marmor-Figuren mit Beschreibung. Erstes Heft. Berlin 1822.* Ein Heft in 4⁰ von zwei Bogen und einem Blatt, und von neun Kupfertafeln, welche sieben Bildnisse aus der Königl. Bildergallerie und zwei Marmorfiguren von Rudolf Schadow vorstellen. Der Text giebt kurze kunsthistorische Nachrichten über die Gemälde.

1825.

7. *Wittenbergs Denkmäler der Bildnerei, Baukunst und Malerei, mit historischen und artistischen Erläuterungen herausgegeben von Johann Gottfried Schadow. Wittenberg 1825.* VIII und 141 S. 4⁰.

Auf dem Titelblatt eine kleine Ansicht von Wittenberg. Die Kupfertafeln verschiedenen Formats sind bezeichnet A bis Q (Bildwerke) und 1 bis 16 (Bauwerke). Öfter sind mehrere Abbildungen auf einem Blatte. Es folgen Steindrucke: Luthers Krug, das Portal der Schlosskirche, die Bildnisse P. Vischers und L. Cranachs auf einem Blatte, und das Bildniss des Verfassers (welches dem Titelblatt gegenüber zu stehen pflegt). Endlich auf zwei Steindrucktafeln vier Ansichten der Schadowschen Bildsäule Luthers, welche beide letztgenannten Tafeln jedoch in dem französisch geschriebenen Verzeichniss der Abbildungen, das dem Werke beigegeben ist, fehlen.

Das Werk erschien mit Beihilfe des Ministeriums der geistlichen und Unterrichts-Angelegenheiten. Die Eleven der Kgl. Akademie Wolff und Köhler zeichneten und die Kupferstecher Berger, Gruner aus Dresden, Caspar, Eichens und Lüderitz stachen die Tafeln in Kupfer. Der historische Text ist vom Rector Friedemann geschrieben, nach dessen Tode ward Dr. Fr. Förster mit der Redaction beauftragt.

8. *Eine Reisebeschreibung von Freiwilligen des Berliner Künstlervereins.*

Ein Folioheft, es enthält zwei Blätter Text von Schadow, und vier Steindrucke: 1) einen Foliobogen mit 18 Bildnissen von Schadow; 2) ein Folioblatt, dieselben Künstler vor dem Gärtnerhause der Pfaueninsel, *Stürmer gezeichnet;* 3) ein Folioblatt, *Nikolsköe am 15. August 1825,* gez. von *J. M. Mauch;* 4) ein Folioblatt, die umrissene rechte Hand des Riesen auf der Pfaueninsel *Johann Carl Friedrich Licht 27 Jahre alt, 5 Fuss 23½ Zoll rheinl. M. gross, auf der Pfauen-Insel, August 1825* (gezeichnet von Schadow).

Die auf dem ersten Steindruck dargestellten Teilnehmer der Fahrt nach Potsdam sind: 1) Schadow; 2) Jachtmann, Medailleur; 3) Wittich, Kunsthändler; 4) Stürmer, Maler; 5) Jügel, Kupferstecher; 6) Ferd. Berger, Kupferstecher; 7) Mauch, Architecturzeichner; 8) Ottmer, Architect; 9) Tangermann, Miniaturmaler; 10) C. Kolbe, Maler; 11) Brandt, Medailleur; 12) Rungenhagen, Musiker; 13) Riese, Modelleur der K. Porzellanfabrik; 14) dessen Sohn; 15) Gentili; 16) Troschel, Justizrath; 17) der Russe Iwan von Nikolsköe; 18) Hofgärtner Fintelmann.

Dies Werk ist nicht in den Handel gekommen. Siehe Kunstwerke und Kunstansichten S. 220.

1830.

9. *Lehre von den Knochen und Muskeln, von den Verhältnissen des menschlichen Körpers, und von den Verkürzungen. In dreissig Tafeln zum Gebrauch bei der Königl. Akademie der Künste, Berlin 1830, Grossfolio.*

Ein Blatt Einleitung, ebenso wie die Tafel lithographiert, ist von G. Schadow und F. Berger unterzeichnet. Auch mehrere andere Tafeln enthalten nur Erklärungen.

1834.

10. *Polyclet oder von den Maassen der Menschen nach dem Geschlecht und Alter, mit Angabe der wirklichen Naturgrösse nach dem Rheinländischen Zollstocke, und Abhandlung von dem Unterschiede der Gesichtszüge und Kopfbildung der Völker des Erdbodens, von Gottfried Schadow. — Polyclète ou théorie des mesures de l'homme etc. Berlin 1834. 4⁰. VIII und 100 Seiten* (deutsch und französisch nebeneinander).

Dazu Atlas in Grossfolio von 29 nicht numerierten Tafeln mit Jnhaltsverzeichniss. (diese Tafeln sind von Schadow selbst auf Zink gezeichnet.)

Im Museum, Blätter für bildende Kunst, herausgegeben von F. Kugler, vierter Jahrgang, 1836, Nr. 5, ist eine Recension dieses und des folgenden Werks.

1835.

11. *National-Physionomieen oder Beobachtungen über den Unterschied der Gesichtszüge und die äussere Gestaltung des Kopfes, in Umrissen bildlich dargestellt auf 29 Tafeln, als Fortsetzung des*

Polyclet oder Lehre von den Verhältnissen des menschlichen Körpers; von Gottfried Schadow. — Physionomies nationales etc. Berlin 1835. 4°. VI und 112 Seiten (deutsch und französisch nebeneinander).
Dazu Atlas in Grossfolio von 29 Tafeln mit Inhaltsverzeichniss (diese Tafeln sind von Schadow selbst auf Zink gezeichnet).

1843.

12. *Bericht über die Vorstellung lebender Bilder, welche im Saale der K. Academie der Künste zu Berlin am 5. Mai 1843 stattfand (Relation u. s. w.)*. Heft in Quer-Quart, 15 Seiten Text, deutsch und französisch nebeneinander (die Vorrede ist von Schadow unterzeichnet). 6 Blätter Zinkdrucke, deren jedes zwei Abbildungen enthält.
Aus dem »Programm« in diesem Hefte ergiebt sich, dass unter den Darstellungen vier nach Schadow waren: die Gruppe der beiden preussischen Prinzessinnen, Fortuna, Adam und Eva, Venus. Abgebildet und besprochen ist hier keine derselben, so dass nicht bekannt ist, ob die drei letzten nach ausgeführten Werken oder nach Entwürfen dargestellt waren.
Siehe Kunstwerke und Kunstansichten S. 337.

13. *Kunstwerke und Kunstansichten von Dr. Johann Gottfried Schadow. Berlin 1849. 8°. XXVI und 376 Seiten.*
Dazu gehört ein Bilderheft unter dem Titel: *Erläuterungen der Abbildungen von den Bildhauer-Arbeiten des Johann Gottfried Schadow, seines Sohnes Ridolfo Schadow, und der Transparent-Gemälde des Professors Kolbe nach Gedichten des Wolfgang von Goethe. Berlin 1849.*
8 Seiten Folio und XXXIII »Blätter« Abbildungen (es sind jedoch mehrere Abbildungen auf einem Blatt und unzerschnitten ausgegeben, so dass es in Wahrheit 29 Tafeln Folio sind).

·—··—··—·

Ungedruckte Schriften.

1. Abschriften amtlicher Eingaben aus den Jahren 1786 bis 1802, ein Heft in 4°, im Besitz von Frau L. B. Dazu unter vielen auf die Bildhauerwerke bezüglichen Aktenstücke eine Eingabe aus dem Jahr 1839, betreffend den Ersatz älterer schlechter Sculpturen durch neue, im Besitz von E. S.

2. Ein Heft in 4°, enthaltend Tagebuchnotizen (1804 und 1805), Entwürfe zu Vorträgen und kleineren Aufsätzen, teilweis Studien zu den Nationalphysiognomieen. Zahlreiche Blätter sind ausgeschnitten. Dazwischen Skizzen zu den beiden Negern (S. 140), zum Buchstabenalphabet, und zu den russischen Soldaten (S. 160). Darin
    1. Ueber die Schönheit des Mannes, etwa 1805.
    2. Das Leben des Giotto, Vortrag.
    3. Die sechs Regeln der Sculptur des Eméric David.
    4. Von Europäischer Nationalfisionomie und Verbesserung der Menschenraçen (22. Aug. 1807).
    5. Fragment eines humoristischen Tagebuchs, dazwischen leicht hingeworfene Bildnissköpfe, unter denen zwei nach Schinkel.
    6. ‚Von den Grabreden‘, Vortrag.
    7. ‚Blücher und Napoleon‘, Erklärung zu der Radierung (oben S. 160), Vortrag.
    8. ‚Vom Tantet, als Fortsetzung der Lehre von den Gebärden‘, Vortrag.
    9. ‚Von der Verschiedenheit der Gesichtszüge u. s. w. bei den Menschen (nach den drei Raçen)‘, Vortrag; dabei das Profil Zelters.
    10. Humoristische Reise nach Potsdam, 1825; vgl. oben S. 163.

3. Die Rheinreise vom Jahr 1837, mit geistvoller Beschreibung des von den Düsseldorfer Künstlern damals G. Schadow dem Vater und Wilhelm Schadow dem Sohn gegebenen Festes. Eigenhändiges Manuscript von 86 S. 4°; im Besitz von Frau L. B.

4. Tagebücher, vollständig geführt in den Jahren 1803 bis zum Tode. Im Besitz von Frau E. S.

—·—·—

Schriften über G. Schadow.

Das Schadowfest. Am 20. Mai 1844. Eine Beschreibung der achtzigsten Geburtsfeier Gottfried Schadows. Berlin, Gropius'sche Buch- und Kunsthandlung, 27 Seiten 8°., mit einem Titelbilde: Schadows Bildniss von T. Neu.

Dr. G. Schadow. Vortrag bei der am 27. Februar 1850 stattgefundenen Gedächtnissfeier (Abdruck aus dem Preussischen Staats-Anzeiger Nr. 67). Berlin 1850. Verlag der Decker'schen Geheimen Ober-Hofbuchdruckerei. 8°. 11 Seiten. Von dem Secretar der K. Academie der Künste Herrn Geh.-Rath Dr. Tölken.

Johann Gottfried Schadow und seine Werke, von Friedrich Eggers, Deutsches Kunstblatt I (Berlin 1850 4°) S. 80 ff.

Johann Gottfried Schadow und Christian Daniel Rauch von Karl Eggers, in Dohmes Kunst und Künstler der ersten Hälfte des neunzehnten Jahrhunderts IV 1 (III), Berlin 1886, 100 S. 4° mit Abbildungen.

Handzeichnungen von Johann Gottfried Schadow, herausgegeben von der Königlichen Akademie der Künste zu Berlin. Text von E. Dobbert. Vierzig Tafeln Farbenlichtdruck von Albert Frisch. Berlin, Verlag von Paul Bette, 1886, Folio. Die Einleitung enthält eine Biographie Schadows von dem Herausgeber.

Gottfried Schadow. Vortrag, gehalten am Jahresfest des Architekten-Vereins zu Berlin am 13. März 1887 von Eduard Dobbert (Sonderdruck aus der Zeitschrift für Bauwesen XXXVII S. 377 ff.), Berlin 1887, 25 S. 8°.

Goethe und der Bildhauer Gottfried Schadow von Hermann Grimm, aus der Zeitschrift für Litteraturgeschichte Bd. I wiederholt in „Aus den letzten fünf Jahren". Gütersloh (Bertelsmann) 1890, S. 150—180.

—— —— · — —

Anhang.
Die Bildnisse, welche Schadow darstellen.

I. Bildhauerwerke.

1. Erzbildsäule auf dem Grabdenkmal. Schadow ist in halber Lebensgrösse, in seiner Tracht, mit den Bildhauerwerkzeugen in den Händen, dargestellt.

Diese Bildsäule ist glaubhaften Nachrichten zufolge von *Heinrich Kähler* aus Mecklenburg, einem Schüler Schadows, um das Jahr 1822 verfertigt. Nach Schadows Tod ist sie in Bronze gegossen worden. Das Grab ist auf dem Dorotheenstädtischen Kirchhof vor dem Oranienburger Thore.

Diese Figur ist auch im Kleinen, etwa einen Fuss hoch, von Devaranne wiederholt worden.

2. Büste in Lebensgrösse, ohne Angabe des Künstlers oder des Jahres. Schadow erscheint etwa dreissigjährig, das lange Haar ist nach der Sitte der neunziger Jahre hinten in einen Knoten gebunden.

In Thon, im Besitze seiner Schwiegertochter in Berlin.

3. Lebensgrosse Büste, im Jahre 1811 von Rauch modelliert. Der Hals und der Ansatz der Brust sind nackt. Siehe Schadows Kunstwerke und Kunstansichten S. 114.

Gipsabgüsse befinden sich im Rauchmuseum und in der Bibliothek der K. Akademie der Künste.

4. Lebensgrosse Büste in Marmor, von Schadows Neffen und Schüler *Emil Wolff* (einst Professor in Rom) im Jahre 1831 verfertigt. Am Halse sieht man den umgeschlagenen Hemdkragen, ein Gewand umgiebt die Brust. Die Marmorbüste, im Sitzungssaale der K. Akademie der Künste aufgestellt, ist bezeichnet *E. Wolff fc.* Ein Gipsabguss in der Freimaurer-Loge Royal York ist bezeichnet *E. Wolff fec. 1831.* Andere Gipsabgüsse sind unbezeichnet Lichtbild danach in **Dobberts** Werk S. 1.

5. Büste in halber Lebensgrösse, mit einem Käppchen, ohne Künstlernamen. Bei Frau A. Bendemann geb. Jung in Düsseldorf. Dies ist nur ein Abguss von der Bildsäule Nr. 1.

6. Kolossalbüste an der Front des Schadowschen Hauses in Berlin, von Professor Schievelbein ausgeführt im Jahre 1851, als das Haus nach Schadows Tode umgebaut wurde.

7. Profilrelief, linkshin gewendet, in Lebensgrösse, in einem runden Medaillon von dem Bildhauer Bläser dem jüngeren.

8. Kolossales Profilrelief, rechtshin gewendet, von Herrn Streichenberg an seinem Hause in der Bellevuestrasse in Berlin mit den Reliefs der anderen berühmten deutschen Bildhauer eingemauert (jetzt mit dem Hause verschwunden).

II. Denkmünzen.

1. Gegossene Denkmünze von K. Fischer. 2¼ Zoll im Durchmesser.

J. G. Schadow geb. Berlin 20. Mai 1764. Mitglied d. Akademie 1788. Director 1816. Brustbild mit Käppchen rechtshin.

KS. Die Gruppe des Perseus und der Andromeda, links daneben: *zu Rom 18 Oct. 1786 gekrönt v. d. Ak. S. Luc.* und rechts: *zu Berlin 20 Mai 1834 gefeiert v. d. Ak. d. K.* Am Felsen hinter der Gruppe steht *C. Fischer fec.*

2. Geprägte Denkmünze von Kullrich, 2 Zoll im Durchmesser.

Gottfried Schadow Bildhauer geb. d. 20. Mai 1764, gest. d. 27. Jan. 1850. Brustbild rechtshin mit Käppchen. Am Abschnitt W. K.

KS. Die Parzen vom Monumente des Grafen von der Mark. Am Sockel steht: *G. Schadow inv. et sculp. in marmore 1790.* Und im Abschnitt: *Longaevum servarunt Parcae.*

- - -

III. Gemälde.

1. Pastellbild von Schröder, im Jahre 1798 verfertigt. Brustbild in halber Lebensgrösse. Schadow trägt einen blauen rothausgeschlagenen Rock und hält einen Hammer in der Hand, im Hintergrund ist ein Torso sichtbar. Im Besitz seiner Nichte Frau Wolff in Berlin.

Der Kopf ist auf dem unten erwähnten Steindruck von Emma Matthieu wiederholt, aber von der Gegenseite.

2. Oelgemälde. Brustbild, im 56. Lebensjahre, von Wilhelm von Schadow gemalt. Im Besitz seiner Tochter zu Düsseldorf.

a) Ein Stich danach in Folio befindet sich vor dem Bilderheft zu den Kunstwerken und Kunstansichten. Unten steht in Facsimile: *Dr. Gottfried Schadow der Bildhauer* u. s. w. Und ferner: *L. Buchhorn dir. G. Seidel sculpt.*

b) Ein Steindruck danach hat: *W. Schadow pinx. Rolling del.* Und im Bilde selbst steht in einer oberen Ecke W. S. im Monogramm, und *Godfried Schadow im 56ten Jahre seines Alters.*

3. Oelgemälde. Brustbild von Julius Hübner 1832 gemalt, von vorn gesehen, im Pelz und mit einem Käppchen. Im Besitz der K. Nationalgalerie.

Ein Stich danach in gr. 4⁰ hat unten: *Dr. G. Schadow. J. Hübner pinxt. E. Mandel dirext. H. Brei sculpt. Verlag von L. Sachse u. Comp. in Berlin.*

4. Oelgemälde. Kniestück in Lebensgrösse von Professor Karl Begas, gemalt für die von König Friedrich Wilhelm IV. angelegte Bildnisssammlung der Ritter der Friedensclasse des Ordens Pour le mérite, im Königl. Schlosse zu Berlin.

5. Oelgemälde. Ganze Figur von Professor Carl Steffeck (jetzt in Königsberg i. Pr.) im Verein der Berliner Künstler (Architektenhaus).

6. Oelgemälde. Brustbild in Lebensgrösse nach einem Daguerreotyp aus den letzten Lebensjahren, gemalt 1889 von E. Bendemann in Düsseldorf und in dessen Besitz.

- - -

IV. Stiche und Steindrucke u. s. w. nach Zeichnungen.

a. Stiche.

1. Als Visitenkarte. Der Kopf im Profil linkshin, im Umriss. Auf dem umgeschlagenen Kragen des Hemdes steht *G. Schadow.* In den oberen Ecken des Blättchens sind Bildhauerwerkzeuge, Reissfeder und Zirkel.

Er ist etwa vierzigjährig.

2. Ausgeführtes Bildniss in Duodez. Das Brustbild ist fast von vorn. Unten: *Johann Gottfried Schadow* geb. zu Berlin den 20. Mai 1764. Ihm und seinen Freunden. *Buchhorn ad vivum del. et fecit.*

Er ist etwa fünfzigjährig.

3. In C. Vogel von Vogelsteins Portraitsammlung ist ein Stich nach einer Zeichnung, welche er im Jahre 1824 in Berlin gemacht hat (Naglers Künstlerlexikon).

4. Stich in gr. 4⁰. Brustbild von vorn, mit einem Orden. Unten: *Johann Gottfried Schadow Director* u. s. w. *F. Krüger del. A. Wolf sc.*

Die Originalzeichnung ist im Besitz seiner Schwiegertochter in Berlin.

b. Steindrucke und metallographische Drucke.
1820 (?).

1. Steindruck in Folio. Er ist in ganzer Figur stehend dargestellt, an einen Drehstuhl gelehnt, auf welchem das Modell zur Bildsäule Luthers steht. *Gemalt von Professor Buchhorn. Heine fecit.*

1822.

2. In der Reise nach Potsdam (siehe oben Seite 163) ist ein Steindruck mit den Bildnissen der Teilnehmer an der Fahrt. Schadow selbst ist nach einer Zeichnung dargestellt, welche Karl Sohn im Jahre 1822 verfertigt hat. Dies ergiebt sich aus dem Blatt von Emma Matthieu, welches hier unter Nr. 6 folgt.

1825.

3. Vor dem im Jahre 1825 erschienenen Werke Wittenbergs Denkmäler befindet sich ein Steindruck in 4°, Unterschrift: *Johann Gottfried Schadow.*

Von diesem Bildnisse giebt es eine Wiederholung und eine Copie von der Gegenseite, ebenfalls Steindrucke in 4°.

1830.

4. Steindruck, 4°, der Kopf von vorn, bezeichnet *Mormo 1830.* Von ihm selbst gezeichnet, daher auch vorn (S. 154) unter seinen Steindrucken angeführt.

1831.

5. Steindruck, 4°. Der Kopf von vorn, die Augen etwas nach oben gerichtet. Keine Schrift.

Nach dem zunächst folgenden Blatt von Emma Matthieu ist dieser Steindruck 1831 verfertigt.

1830 oder 1831.

6. Steindruck in Grossfolio, fünf Brustbilder Schadows aus verschiedenen Lebensaltern. Ueberschrift. *Gottfried Schadow geb. 1764.* Unterschrift: *Emma Matthieu lithographiert 1830.* Das erste Bildniss ist das von Schröder 1798 gemalte (siehe vorn Gemälde). Das zweite hat: *Gezeichnet 1818,* es ist das vor dem Werke Wittenbergs Denkmäler und auch sonst mehrfach wiederholte. Das dritte hat: *gez. von Carl Sohn 1822.* Das vierte ist nach dem Ölgemälde von W. von Schadow. Das fünfte ist mit 1831 bezeichnet.

· Dieser letzten Jahrzahl zufolge hat Emma Matthieu das Blatt, obwohl es 1830 bezeichnet ist, erst 1831 verfertigt.

Ohne Jahresangabe.

7. Steindruck in gr. 4° nach der Zeichnung von F. Krüger, welche Wolf gestochen hat, siehe vorn Stiche Nr. 4.

1843.

8. Metallographischer Druck, von Neu, in Folio. Schadow steht von vorn gesehen in ganzer Figur, etwas nach links gewendet, er trägt eine Mütze, stützt die Rechte auf einen Stock und stemmt die Linke in die Seite. Im Bilde steht F. Neu f. 1843. Unten in Facsimile: *Der Bildhauer Dr. Gottfried Schadow Director d. Königlichen Akademie zu Berlin, alt 80 Jahr. F. Neu f. 1843. Lithographische Anstalt von F. Silber. Metallographie.*

1843.

9. Metallographischer Druck, von Neu, in Quart. Der Kopf des vorhergehenden Bildnisses, grösser als dort, ebenfalls mit einer Mütze. Im Bilde steht F. Neu 1844. Unten facsimiliert: *Der Bildhauer Dr. Gottfried Schadow Director d. Königlichen Akademie zu Berlin.*

Das Bildniss gehört zu: Das Schadowfest am 20. Mai 1844. Eine Beschreibung der achtzigsten Geburtsfeier Gottfried Schadow's. Berlin, Gropius'sche Buch- und Kunsthandlung. 8⁰. 27 S. (oben S. 164).

Die Originalzeichnung von Neu befindet sich im K. Kupferstichkabinet.

Beide Bildnisse sind vortrefflich und geben völlig den Eindruck wieder, welchen Schadows Erscheinung im hohen Alter machte.

———

Ein Fries, nach den Entwürfen seines Schwiegersohnes E. Bendemann von seinem jüngsten Sohne Felix Schadow in einem Hauptzimmer des Gartenflügels seines Hauses in Berlin in Fresco gemalt, stellt die Hauptscenen aus dem Leben Schadows dar, umgeben von Bildnissen seiner Freunde und der Männer, welche bedeutenden Einfluss auf seine Bildung gehabt haben. Das Haus ist seitdem in den Besitz des Herrn Alexander Oppenheim übergegangen und beherbergt u. A. die Generalordenscommission.

Auf den Vorschlag der Königlichen Akademie der Künste ist 1876 Schadows Marmorbildsäule in der Vorhalle des Königl. Museums neben den Statuen von Schinkel, Rauch, Cornelius, Winckelmann, Otfried Müller, Chodowiecki und G. W. von Knobelsdorff aufgestellt worden. Die Statue Schadows ist von Hagen.

Register der Werke Schadows.

B. bedeutet Buste, C. Copie, E. Entwurf, D. Stein- und Zinkdruck, R. Relief, Ra. Radierung, S. Statue und Statuette, Z. Zeichnung. Die Zahlen bedeuten Seitenzahlen.